丛书策划　陈义望　朱宝元

看世界 | 区域国别史经典丛书

A HISTORY OF ISRAEL

以色列史

应许之地的现代叙事

Ahron Bregman

[英] 阿伦·布雷格曼——著

杨军——译

中国出版集团 東方出版中心

图书在版编目（CIP）数据

以色列史 / (英) 布雷格曼著; 杨军译. —上海:
东方出版中心，2015.11（2025.4 重印）
（东方 · 剑桥世界历史文库）
ISBN 978-7-5473-0920-9

Ⅰ. ①以… Ⅱ. ①布… ②杨… Ⅲ. ①以色列—历史
Ⅳ. ①K382

中国版本图书馆 CIP 数据核字(2016)第 023993 号

上海市版权局著作权合同登记：图字 09-2025-0240 号

以色列史

著　　者 [英] 阿伦 · 布雷格曼
译　　者 杨　军
丛书策划 陈义望　朱宝元
责任编辑 潘灵剑
助理编辑 陆　珺
装帧设计 钟　颖

出 版 人 陈义望
出版发行 东方出版中心
地　　址 上海市仙霞路 345 号
邮政编码 200336
电　　话 021-62417400
印 刷 者 上海盛通时代印刷有限公司

开　　本 710mm × 1000mm　1/16
印　　张 21
字　　数 280 千字
版　　次 2015 年 11 月第 1 版
印　　次 2025 年 4 月第 3 次印刷
定　　价 86.00 元

目录 Contents

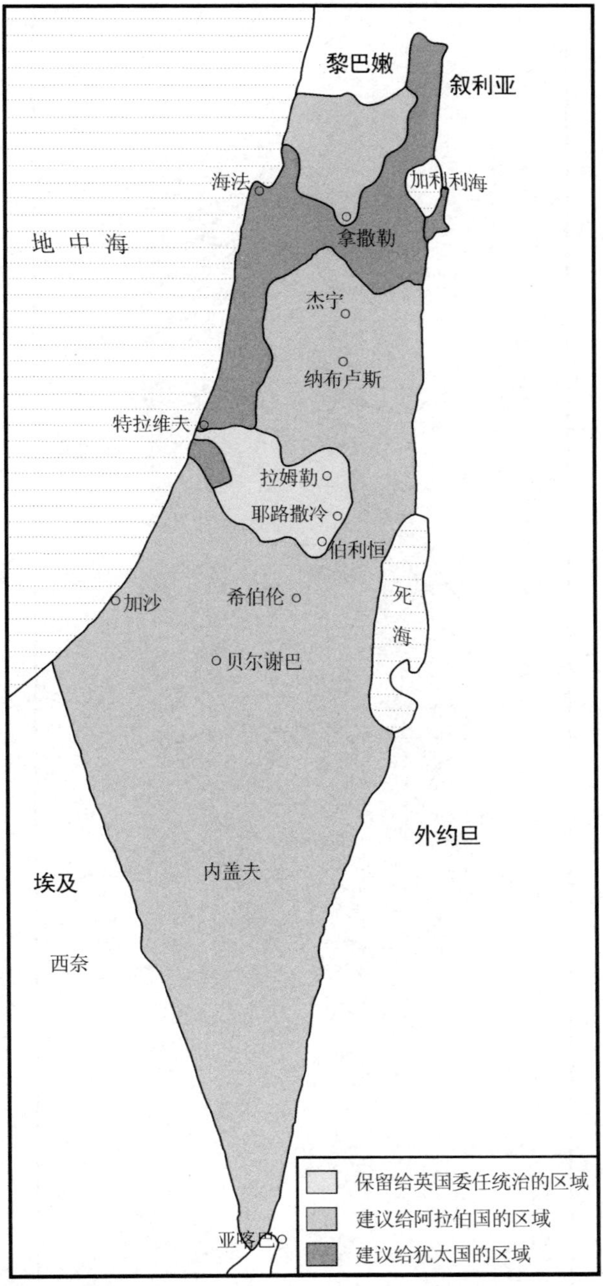

地图 1　皮尔巴勒斯坦分治计划，1937 年

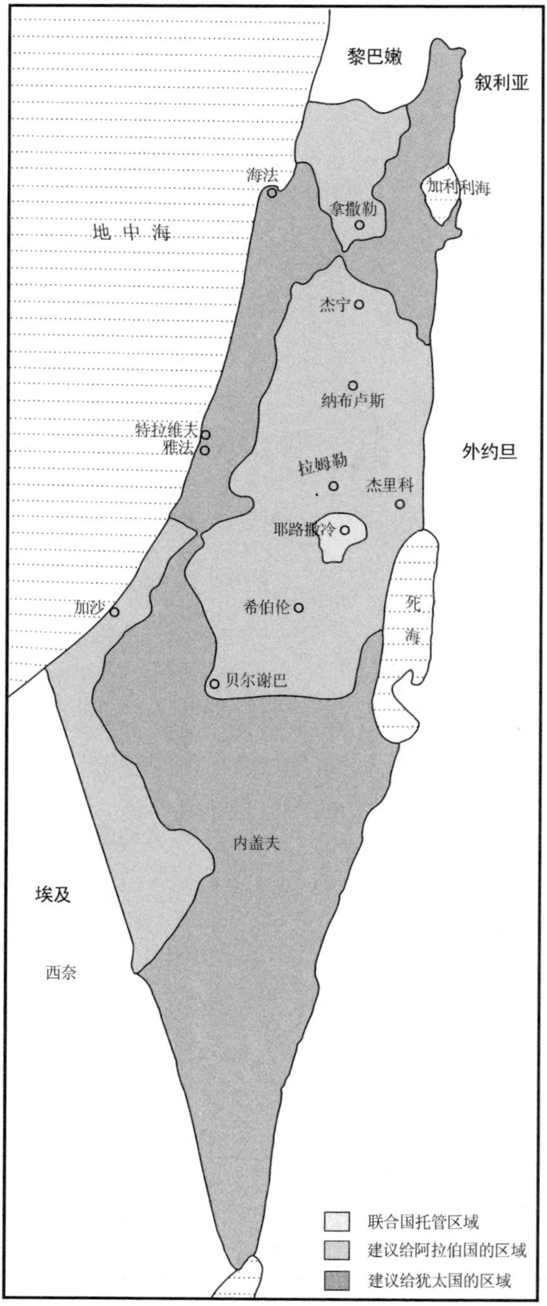

地图 2　联合国巴勒斯坦分治计划，1947 年 11 月 29 日

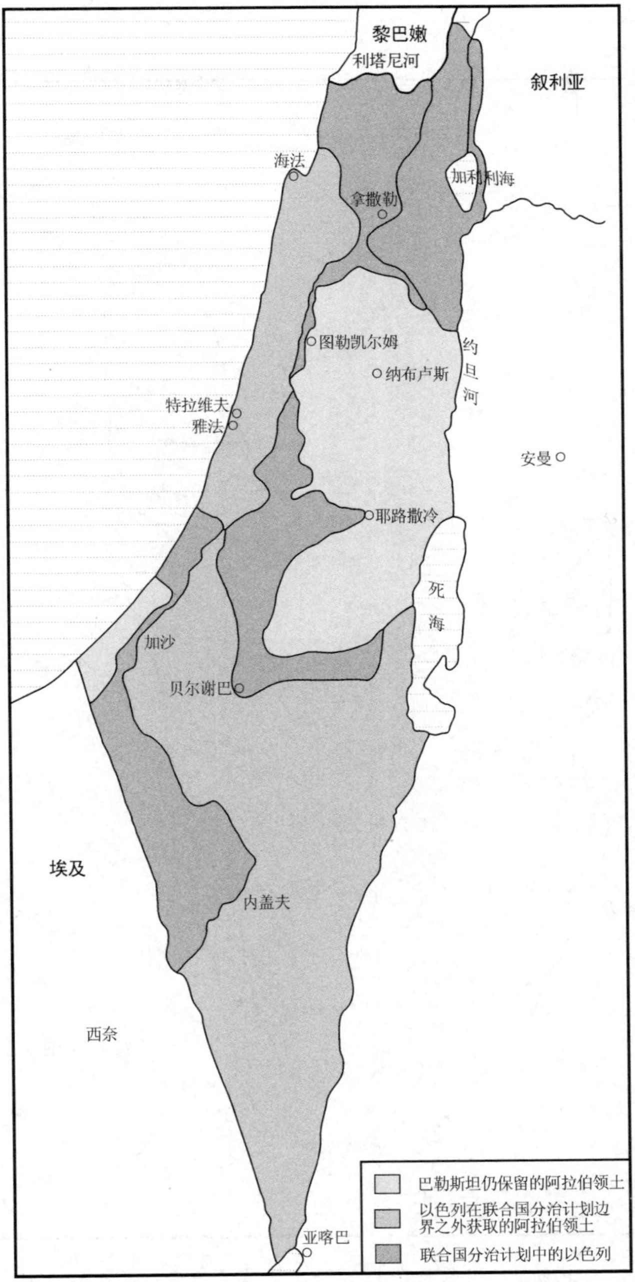

地图 3　1948—1949 年占领的土地(摘自 *The Birth of Israel: Myths and Realities*, Pantheon Books, New York, 1987, p. 50)

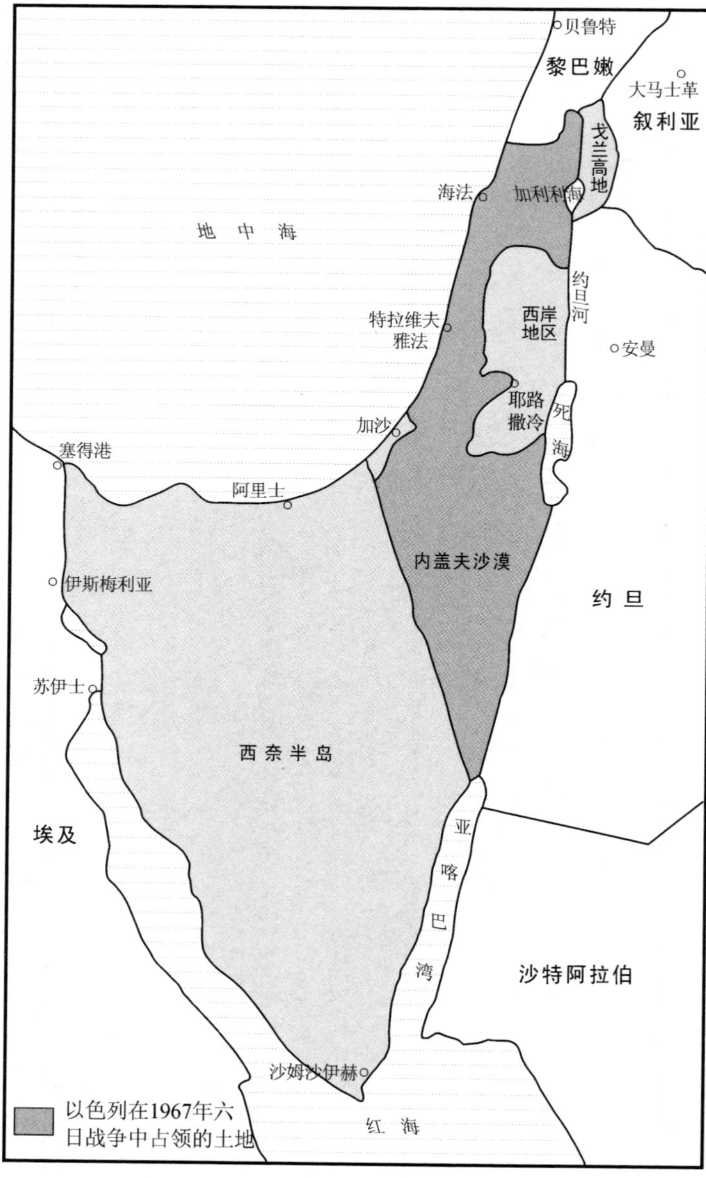

地图 4　以色列在 1967 年六日战争中占领的土地

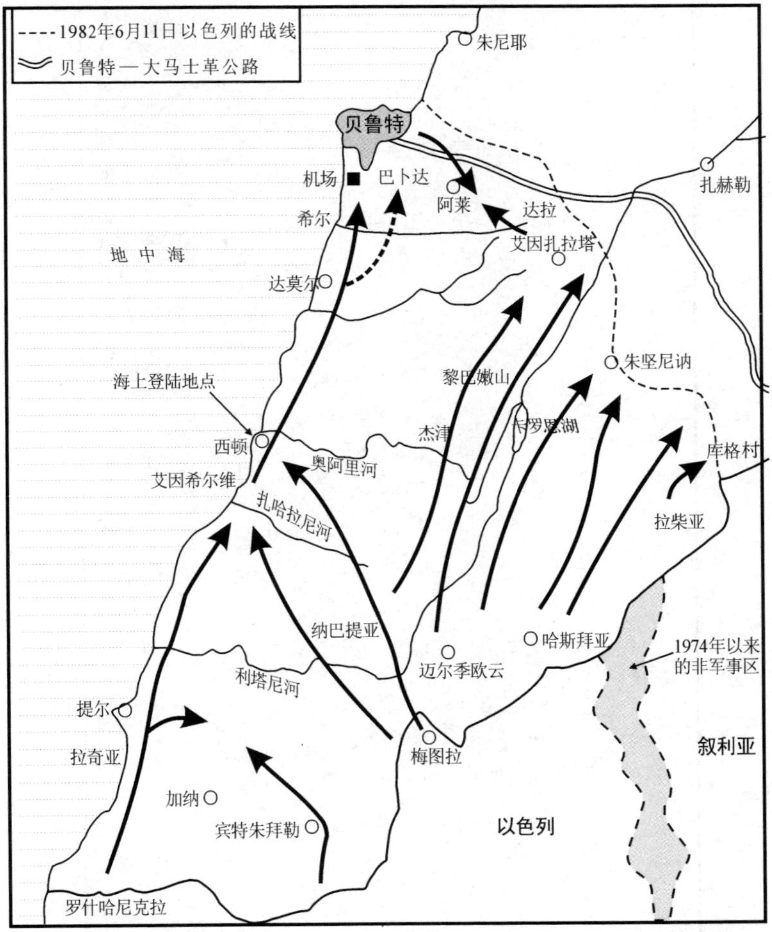

地图 5　以色列对黎巴嫩的入侵，1982 年 6 月 6 日—11 日

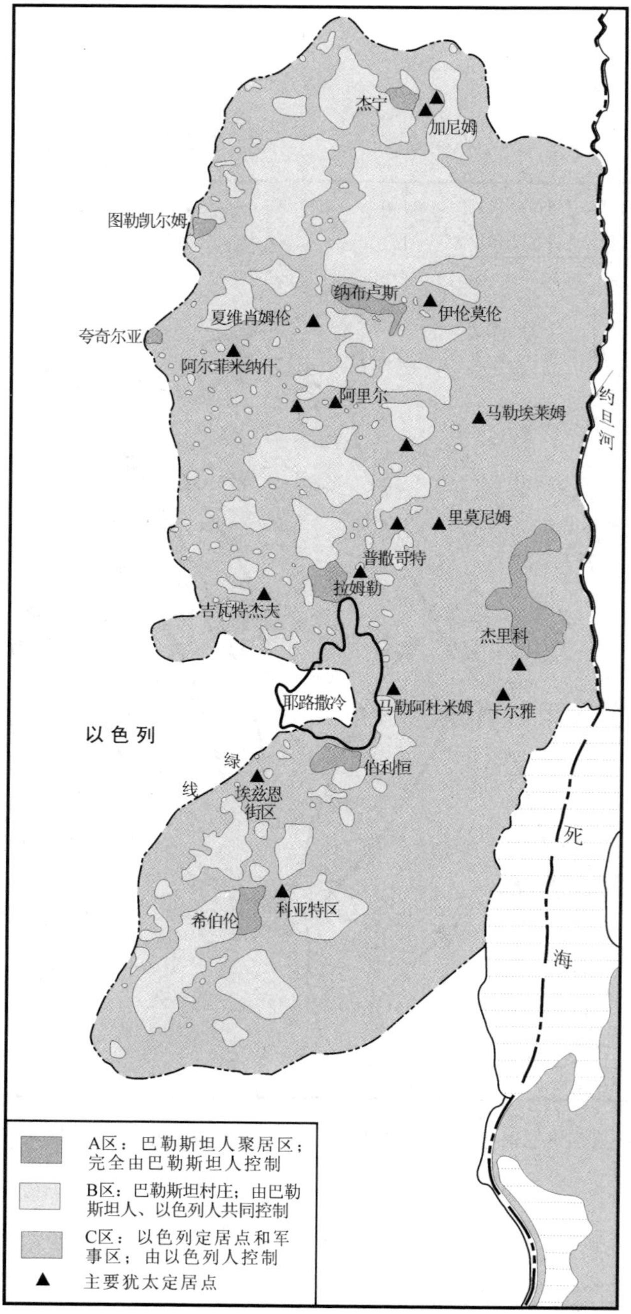

地图 6　第二次奥斯陆协议，1995 年 9 月

献给我的父母

摩西·布雷格曼和奥拉·布雷格曼

前　言

浏览一下以色列的电话簿，参观一家战争公墓，人们便对以色列现代历史有了个大致的印象：它是犹太人移民以色列和战争连绵不断的历史。20世纪70年代末以后，它也是多次努力谋求跟邻居和解的历史，其原则是以色列归还所占领的土地，换取同阿拉伯人、巴勒斯坦人的和平，换取邻居们的承认。有些和平尝试成功了，有些则没什么结果。

考察以色列的过去可以从各种角度切入，它既是家庭与音乐、体育、文化风格的历史，也同移民、战争、和平密切相关。对我来说，至少就一部以色列简史而言，它是将犹太人从世界各地汇聚到一块土地上的过程，这块土地曾经是巴勒斯坦，现在是以色列；它是犹太人在一个受敌视的环境里建设家园的斗争的历史，扩张国际社会所分配土地的边界的历史；最后，它是以色列国尝试通过归还部分——不是全部——从战争中获取的土地，允许一些——不是全部——巴勒斯坦战争难民返回家园，来终结战争怪圈、换取和平的历史。没有对这些的充分理解，要写出更深层次的以色列史不说是不可能的，也将是非常困难的。因此，本书把对其他一切事情的关注降到了最低限度，而把战争、移民与和平努力作为叙述的主线。

可是，从哪里说起呢？当然是一开始。但哪里是一开始？讲述以色列的故事时，历史学家往往追溯到圣经时代，似乎在声明现代以色列的发展是《圣经》预言的实现，或者是犹太人民不可避免地回归到先辈们的土地和国家的重生。这在那些犹太裔历史学家中特别常见。我不准备这么写，不认为以色列在 1948 年的诞生是圣经预言的实现，不认为那是从前在这块土地上的任何经历的延续，而把它看作两个悲剧性因素的后果。首先，一些国家拒绝接受生活在那里的犹太人，拒绝把犹
xvii 太人当作社会的固有成员；其次，犹太人——当然不是全部——不肯从身体和文化上完全同化于所在国家的人们，宁愿生活在社会的边缘，像谚语说的那样，宁愿做“一个独居的民族”。一方不愿接受，一方不愿被吸收，两个因素导致了各国历史中不断重复的一种情形，即这个未能成为任何一个社会的固有成员的人群往往被当作了替罪羊，尤其是在社会遭遇困境的时期。

这主要发生于欧洲社会，在那里，对犹太人的迫害由来已久，并最终在第二次世界大战时达到骇人听闻的程度。在我看来，正是迫害行为把建造一个犹太人避难所的想法变成了现实。没有什么圣经预言的实现，没有什么国家的重生，使得以色列在巴勒斯坦诞生和发展的是**严酷的现实**。现代以色列和圣经历史关系不大，我之所以从 1897 年犹太复国主义发端讲起，理由正在于此。作为一场犹太人的政治运动，犹太复国主义谋求在巴勒斯坦建立一个犹太家园。

虽然作者是一名专业历史学家，但本书不仅仅是写给其他学者的，而同样面向所有想了解以色列近期历史的人们：它是如何诞生的？如何在中东发展和巩固的？借用历史学家泰勒的话，我的目标是讲述并帮助读者“理解发生了什么，为什么发生”。这并不容易，因为以当代史为主题的作者需要记录那些尚未完结的事态。有些作者跟研究对象——比如说法国大革命——有一段时间间隔，可以站得稍远些，从容地评论资料记载的事件。当代史作家没有这种优势。此外，决定忽略哪些内容也很伤脑筋：现在看起来很重要的事到 100 年后就未必如此了，那时候，人们有可能将它们放在较大的背景中考量。然而，要讲述历史就必须有所取舍，必须大刀阔斧地取舍。从这个角度来说，本书中

的以色列故事远非包罗万象和面面俱到。

虽然如此，这本篇幅较短的小书包含了一些未曾发表过的新材料，其中有关于“六日战争”第 4 天情况的珍贵资料，它们记录了空军控制 xviii
中心与以色列飞行员的无线电通话，表明以色列人当时早已经意识到自己轰炸的是美国“自由号”船（USS *Liberty*），但仍继续攻击；1977 年，以色列外交部长摩西·达扬和埃及总统萨达特的密使哈桑·图哈米在摩洛哥进行了秘密会谈——与常见的观点不同，会谈备忘录显示，在萨达特总统访问以色列之前，以方并未**事先**承诺他可以收回西奈半岛；1992 年的叙利亚原则声明是叙以和谈的基础，它在本书中首次全文呈现。更为值得一提的是一项独家报道，它披露了摩萨德在埃及乃至阿拉伯世界的一名最高级别间谍的工作，披露了在最后时刻，这名间谍如何背叛了摩萨德和以色列人，并对其加以误导，从而构成了 1973 年 10 月战争中埃及欺骗计划的最重要环节。本书接受他是纳赛尔总统亲戚的说法。

有些读者可能熟悉我之前的作品，会立刻发现，虽然各本书的主题不同，但写作方法是一致的，即连续的叙述，偶尔停顿下来补充一些材料，这些材料可能是书面的，也可能来自口述史。如我解释过的那样，记忆会同过去捉迷藏，有些事件只记得一部分，有些记错了顺序，有些被证人用来美化自己的过去。尽管如此，就我们对过去的理解而言，口述史仍是文字的重要补充。以回忆录帮助了我及慷慨地抽出时间接受采访的人们，他们的名字可以列成一张长长的名单。不过，我要特别感谢梅厄·阿米特、摩西·阿伦斯、埃胡德·巴拉克、哈伊姆·巴—列维、莫迪凯·巴尔—奥恩、本雅明·贝京、约西·贝林、约西·本—阿哈龙、本雅明·本—埃利泽、阿维多尔·本—加尔、约瑟夫·伯格、沃伦·克里斯托弗、本—蔡恩·科恩、阿拉海姆·达尔、罗伯特·达萨、乌兹·达扬、阿巴·埃班、拉菲尔·埃坦、米利亚姆·艾希科尔、耶夏亚胡·加维什、莫迪凯·加奇特、埃利·格瓦、本雅明·吉布里、莫迪凯·古尔、埃坦·哈伯、耶胡沙法特·哈卡比、伊塞·哈雷尔、亚尔·赫希菲尔德、莫迪凯·霍德、伊扎克·霍菲、耶西尔·卡迪夏、卢·凯达尔、大卫·金奇、特尔杰·罗德·拉尔森、伊

扎克·列维—列维察、阿姆拉姆·米茨纳、伊扎克·莫尔克、乌兹·纳基斯、
伊扎克·纳冯、本雅明·内塔尼亚胡、马塞勒·尼尼奥、梅厄·佩尔、丹·帕
特、马提亚胡·佩莱德、西蒙·佩雷斯、利娅·拉宾、伊扎克·拉宾、伊塔马
尔·拉宾诺维奇、吉迪恩·拉菲尔、兰·罗讷恩[Ran Ronen 皮特
xix (Peker)]、埃亚基姆·鲁宾斯坦、耶胡沙·萨古伊(Yehoshua Saguey)、约
西·萨里德(Yossi Sarid)、乌里·萨维尔、安农·利普金—沙哈克、什洛
莫·沙米尔、伊扎克·沙米尔、雅科夫·夏里特(Ya'akov Sharett)、阿里
埃勒·沙龙、以色列·塔尔、阿拉海姆·塔米尔、埃泽·魏茨曼、阿哈龙·亚
里夫、丹尼·亚托姆、里哈瓦姆·泽维、埃利·泽拉。最后,聚光灯下的是
我的三颗明星,世界上最有耐心的人:达娜(Dana)、丹尼尔、马娅
(Maya)。

阿伦·布雷格曼

xx 伦敦,2002年

第一章　建国之路(1897—1947)

西奥多·赫茨尔

讲述现代以色列史,从第一届世界犹太复国主义大会开始再恰当不过。1897 年 8 月 29 日,星期天,大会在瑞士巴塞尔市政娱乐场(Municipal Casino)的音乐厅召开。盛大的会议场面既庄重又壮观,197 名犹太代表齐聚一堂,商议发动犹太复国主义运动。经过三天不乏争论的商讨,大会发布了后来被称为巴塞尔纲领的四点原则声明。

"犹太复国主义的目标,"纲领定义道,"是在**巴勒斯坦**为犹太人民建立一个受公共法律保护的**家园**。"代表们认为,当时统治着巴勒斯坦的奥斯曼人不会喜欢"国家"(state)这个字眼,于是特意选择了"家园"(home)一词。不过,代表们毫不犹豫地指出,巴勒斯坦将是建设犹太家园的地方,方式是通过"犹太农业、工业工人殖民巴勒斯坦。"[1]纲领还要求犹太家园必须"受公共法律保护",即得到国际大家庭的承认。在瑞士的这次盛会上,代表们决定,大会是一个新的世界犹太复国主义组织的最高权力机关,其执行机关是包括 23 名成员的中央行动委员

---

① "The Basle Declaration, 1897", in Walter Laqueur and Barry Rubin(eds), *The Israel-Arab Reader* (London, 1995), p.10(着重号为本书作者添加)。

会，它将负责大会闭幕期间的复国主义活动。这次大会还组建了 5 人
1 执行委员会。代表们同意，犹太复国主义组织的成员应年满 18 岁，遵守巴塞尔纲领，每年交一个谢克尔(shekel)的会费。谢克尔是一种古老的希伯来硬币，相当于奥地利的一先令。

时年 37 岁的西奥多·赫茨尔是巴塞尔大会的召集者。1860 年 5 月 2 日，赫茨尔出生于布达佩斯，希伯来语名为本雅明·泽夫(Binyamin Ze'ev)，匈牙利语名为毛焦尔·提瓦达(Magyar Tivadar)，德语名为西奥多。从 6 岁到 9 岁，小西奥多上了一所犹太学校，学了些《圣经》希伯来语和宗教知识。不过，毫无疑问，对于犹太人的历史、文学、哲学、律法和教礼，他顶多知道一点皮毛。他的成年礼仪式是在布达佩斯的犹太会堂举行的，在他的模糊记忆中，那可能是他生活中有犹太特色的最后一件事。1878 年，赫茨尔家迁居维也纳，在那里，赫茨尔进了大学，学的是法律。结束学业后，他先是为司法部工作，但很快便厌倦了。他抛开法律，专注于文学事业。

赫茨尔异常英俊，留着一脸经过细心修剪的络腮胡子。在和平年代的维也纳，作为新闻从业者，他懒散地享受着一个年轻人的快乐，不时写一些流行剧、忧郁的游记、小品文。后来，他接受奥地利《新自由报》(*Neue Freie Presse*)的聘请，成为驻巴黎记者。正是在法国，在报道 1894 年 12 月的德雷福斯案件期间，赫茨尔彻底地改变了。

阿尔弗雷德·德雷福斯是法国总参谋部的一名军官，犹太人，在军事法庭上，他被诬指替德国从事间谍活动，犯有重大叛国罪。他被判有罪，受到公开的羞辱：剑被折断，徽章和制服被扒下，他被人用链条锁着带走。他将在圭亚那魔鬼岛(Devil's Island)上的监狱里终身服刑。审判期间，法国爆发了令人作呕的反犹主义，民众高喊着“去死，犹太人去死”(A mort, A mort les Juifs)。这一切深深震动了赫茨尔，唤起了他对自己从前经历过的反犹主义情绪的回忆。以前，他没把这类情绪看作常态，而认为它们是孤立的、偶然的，不曾重视过。然而，整个德雷福斯闹剧发生在颇有文化素养的、文明的现代法国，发生在《人权宣言》发表 100 年后——这让赫茨尔心中久久不能平静，并促使他形成了新

的观点,即反犹主义不仅是宗教的,也是种族的,顽固的犹太问题需要新的解决方式。赫茨尔写出了《犹太国》(*Der Judenstaat*)一书。在巴塞尔犹太复国主义大会召开前的1896年,一个维也纳小书商出版了这 2
本简短的、有些天真的著作,首印500册。赫茨尔在前言中写道:"我在这个小册子里阐述的是一个旧的观点:重建犹太国。"①

尽管《犹太国》一书后来成了犹太复国主义运动的圣经,赫茨尔成为犹太复国主义运动的主要推动者,但重建犹太国的观点的确不算新颖,赫茨尔也不是第一个分析犹太人在各国处境的人——那些恶劣的状态常常令人震惊,导致人们思考以建国作为解决犹太人问题的方式的可能性。早些时候,在考察了犹太人的状况后,兹维·希尔施·卡利舍(1795—1848)拉比得出了结论,认为应该通过一场有组织的运动,实现使犹太人重返故园的神圣许诺,而"以色列地"应该成为犹太人的"安置地"。德国犹太人摩西·赫斯(1812—1875)经历了同化的所有阶段,到晚年的时候,他又回到了自己的人民当中,于1862年出版了《罗马与耶路撒冷》(*Rome and Jerusalem*)。在这部只卖了160本的书中,他要求建立一个犹太中心,以解决犹太人受苦和遭歧视的问题。赫斯认为,犹太人曾为人类作出很大贡献;犹太教是一个族群—精神实体,应予保留和加强,因为其中蕴涵着未来的力量,赫斯把这一未来和以色列地联结起来,在那里,精神的复兴将注定充分实现。列奥·平斯克(1821—1891)是敖德萨(Odessa)的一名医生,在《自我解放:一个俄国犹太人对同胞的警告》(*Auto-emancipation: a Warning of a Russian Jew to his Brethren*, 1882)一书中,他分析了反犹主义产生的心理与社会根源,将犹太问题的核心定义为一个事实,亦即,在各个国家中,犹太人构成了"无法同化"的一个群体。他的结论是,犹太人只能自己行动起来,进行自我解放。他呼吁全力以赴地建立一个犹太民族中心——但不一定在巴勒斯坦——将犹太人从那种无助的境地解救出

---

① 出自赫茨尔的《犹太国》,转引自 Walter Laqueur and Barry Rubin(eds), *The Israel-Arab Reader*, p. 6。

来;它将把犹太人改造为各民族中的一员,并恢复犹太人的尊严。此外,还有许多作者讨论过“犹太问题”——人们经常用的就是这个词——讨论应如何解决,如何更好地应对反犹偏见和歧视。

赫茨尔和前辈们有什么不同?其他人主要是一些**思想家**,而首先
3 及最重要的是,赫茨尔是一个**领导者**,一个力求实际结果的**行动者**,一个强调建立机构的必要性并通过机构将观念转变为现实的**组织者**。尽管并非完全如此,但比较而言,赫茨尔的前辈们的主要影响在于对犹太问题作出了**诊断**,而赫茨尔开出了详细的**处方**。

起初,甚至还在召集巴塞尔犹太复国主义大会之前,赫茨尔试图将犹太富豪们拉进这一事业,他们有能力资助犹太人大规模移民和殖民巴勒斯坦。赫茨尔找过金融巨头莫里斯·德·希尔施男爵等一些人。希尔施曾有一个计划,想在阿根廷安置犹太人,为此花了许多钱。但这位比利时大亨冷淡地拒绝了赫茨尔,说道:

> 犹太人总想爬得很高,这是我们一切不幸的根源……我的想法是不让犹太人冲得太猛……几年以后,(通过阿根廷)我会向整个世界表明,犹太人也能够成为好农民。这样,或许犹太人也将被允许耕作俄国的土地。①

在罗斯柴尔德家族的维也纳分支,赫茨尔接触了其领袖阿尔伯特·冯·罗斯柴尔德男爵(Baron Albert von Rothschild),同样没什么结果。吸引犹太显贵们的努力全告失败后,赫茨尔转向了小人物,于是有了召集巴塞尔大会的决定。

发动犹太复国主义运动后,赫茨尔对着日记倾诉了自己的想法:“在巴塞尔,我建立了犹太国,”他并且马不停蹄地实施着将观念转变成现实的行动。赫茨尔强烈反对在巴勒斯坦零散地安置犹太人,也就是

---

① Theodor Herzl, *Diaries*, 2 June 1895,转引自 Yoram Hazony, *The Jewish State: The Struggle for Israel's Soul* (New York, 2000), p. 100。

所谓的“犹太人的逐步渗透”。这种作法在巴塞尔第一届犹太复国主义大会前就已开始了。他坚持谋求一张移民安置的特许状:在近三个世纪的时间里,颁发特许状已经被证明是殖民活动行之有效的方式。对于统治着巴勒斯坦的奥斯曼人,德国皇帝威廉二世有很大影响力。1898 年 10 月 18 日,赫茨尔见到了德国皇帝,敦请他在与土耳其苏丹即将进行的会面中,让奥斯曼人的首领同意颁发一张特许状,允许犹太复国主义者殖民巴勒斯坦。几周以后,赫茨尔于 11 月 10 日再次见到德国皇帝,后者已同土耳其苏丹会过面。然而,德国皇帝表现得很矜持、很冷漠。后来人们得知,皇帝甚至没有跟苏丹提过犹太人安置的事,倒是推动了德国圣殿派(Temple Sect)宗教组织殖民巴勒斯坦的计 4
划。这一挫折并没有使赫茨尔灰心,他也没有改变自己的主张。在 1899 年 8 月举行的第三届犹太复国主义大会上,在 1900 年举行的第四届伦敦大会上,赫茨尔仍坚持要求,犹太复国主义政策的首要目标是犹太人移民巴勒斯坦和建立家园,但只是在获得殖民的特许状以后。

由于犹太人的处境不断恶化,尤其是在俄国和罗马尼亚,赫茨尔不畏艰险,请求与苏丹正式会面。1901 年 5 月 17 日,他和苏丹在伊斯坦布尔进行了会谈,但结果并不如意。“渺小、卑鄙的”奥斯曼苏丹没有给他留下很深的印象。赫茨尔后来回忆,苏丹的胡子“染得很难看”,“一口长长的黄牙,右上部有豁口,声音绵软无力,虚弱的双手戴着一副过大的白手套”。赫茨尔提出向苏丹提供经济帮助,由犹太富豪承担和管理奥斯曼人的巨额国际债务,以换取犹太人殖民巴勒斯坦的特许状。可是,虽然急于用“虚弱的双手”抓住犹太人的钱,苏丹仍坚持说,他同意移民巴勒斯坦的条件是犹太人成为土耳其公民,在土耳其军队中服役,并要求犹太移民分散居住。这跟赫茨尔的目标相去甚远。

经过这次外交失败的打击后,赫茨尔逐渐转向了英国,英国殖民大臣约瑟夫·张伯伦是个扩张主义者,富于想象力,同情赫茨尔的事业,并在其中扮演了一个重要角色。1902 年,张伯伦赞成赫茨尔的一项提议,同意在西奈沙漠北部边缘地带的一个绿洲阿里什(El Arish)安置犹太移民。在赫茨尔看来,阿里什主要有三个优点。首先,当地居民稀少;其次,它在政治上与埃及是分离的;第三点或许是最重要的:由于和巴勒斯坦毗邻,阿里什是一个绝好的跳板。然而,英国驻埃及的总领事克罗默勋爵(Lord Cromer)反对这个计划,理由是一个犹太定居点需要的水量五倍于那里所能提供的水资源,而勋爵大人还说,尼罗河水不能提供给定居点使用。计划流产了。

张伯伦提出了另一个设想,在英属东非为犹太人建定居点。这个
5 犹太家园位于肯尼亚高原,与乌干达交界,犹太人将拥有某种形式的“地方自治”,在那里种植棉花和甘蔗。赫茨尔本人倾向于接受,他在加紧寻找一个避难所(*Nachtasyl*),一个现成的、临时性的犹太避难处,因为在比萨拉比亚(Bessarabia)的基什尼奥夫(Kishinev)[①],犹太人正面临着可怕的屠杀。这项提议遭到了强烈的反对,来自处境艰难的俄国犹太人中的复国主义代表尤其不满。而颇具讽刺意味的是,“乌干达计划”首先考虑的就是帮助俄国犹太人。按照后者的话说,犹太家园应该在“巴勒斯坦而不是其他任何地方”。赫茨尔辩称,他不准备用东非代替巴勒斯坦;像摩西一样,他将带领人民迂回地接近目标。这些话并不能让俄国代表信服。无论如何,乌干达计划很快不再有现实意义:英国的非洲殖民者拒绝俄国犹太人向那个地区大规模移民,张伯伦撤销了提议。

赫茨尔渴望在有生之年看到一个犹太家园的出现,但这个梦想未能实现。建成犹太家园需要的时间比他希望的要长得多,而他又疾病缠身。繁重的工作损害了他的健康,在44岁那一年,赫茨尔死于心脏衰竭,人们把他安葬在维也纳他父亲的墓旁。45年后,赫茨尔的遗骨被迁至耶路撒冷以西的一座小山上,小山自此被命名为赫茨尔山,后来成为一个大型的以色列阵亡将士公墓。

赫茨尔留下了什么遗产?基于后见之明,我们可以说,在不到9年

---

① 比萨拉比亚,地区名。位于欧洲多瑙河下游北岸,介于普鲁特河和德涅斯特河之间,东南临黑海。面积44 400平方公里。基什尼奥夫是该地区的中心城市,1991年改名“基希讷乌”,现为摩尔多瓦首都,经济文化中心。——译者注

的时间里,他设计和创立的犹太复国主义运动发展成一股政治力量;此外,他最主要的贡献是在世界政治版图中放进了犹太复国主义这股力量。用现在比较常见的话来说——从公共关系的观点来看,赫茨尔极其成功地使犹太复国主义观念深入人心,无论他们是不是犹太人。他最大的失败是什么?或许是他没有意识到犹太人,尤其是东欧犹太人那种爱国主义,使他们只能接受在巴勒斯坦建立犹太家园的提议。赫茨尔在阿里什或非洲安置犹太人的尝试注定要失败,除了分裂犹太复国主义运动外,不会有任何其他结果。事实上,赫茨尔留下的是一个分裂的组织,领土主义者和锡安犹太复国主义者(Zionists-of-Zion)在其中争吵不休。前者急于在巴勒斯坦之外为犹太人找到一块土地,而圣地犹太复国主义者是大会中的多数派,忠实于以色列地,把它作为建设犹太家园的唯一地点。英国作家以色列·赞格威尔领导着领土主义者,他们的事业始终停留在探讨在苏里南、利比亚、伊拉克、安哥拉、加 6
拿大、洪都拉斯、澳大利亚、墨西哥、阿根廷甚至西伯利亚获取土地的可能性,一一失败之后渐渐归于沉寂。另一方面,圣地犹太复国主义者逐渐胜出,不仅战胜了领土主义者,也战胜了其他犹太组织,尤其是与犹太复国主义组织同年诞生的“崩得”[①]。后者活动于俄国和东欧,狂热地反对犹太复国主义,认为它因投身于一个毫无希望的梦想而分散了犹太人的力量,损害了崩得的更加现实的事业,即改善犹太人在各国的命运。

1905 年 7 月 27 日—8 月 2 日,第七届犹太复国主义大会在巴塞尔召开。代表们发誓忠于以色列地,正式埋葬了于巴勒斯坦之外建立犹太家园的设想。

以色列地

然而,什么是以色列地?在许多犹太人的心目中,它是“应许之地”

① Bund 的音译,意为“联盟”。犹太人的社会党,1897 年 10 月成立于立陶宛首府维尔纳(今维尔纽斯),全称为立陶宛、波兰和俄国犹太工人总联盟,以后也扩展到其他欧美国家。——译者注

和"流着奶和蜜的地方",但事实上,那是一个贫瘠、多砂石的偏远省份,自1517年以来,一直由奥斯曼帝国统治着。在地中海东岸,犹太人和阿拉伯巴勒斯坦人共同生活在这块并不肥沃的狭小土地上。到第一届犹太复国主义大会在巴塞尔召开之时,这里有40万阿拉伯人。犹太人是少数,大约有5万,绝大多数是虔诚的正统派教徒,靠欧洲犹太社团的慈善捐赠生活。这些捐赠被称作哈鲁卡①。欧洲的犹太社团专门建立了一些叫做"克勒利姆"(*kolelim*)的公共组织,负责分发这些慈善捐赠。起初,犹太人前往以色列地是为了祈祷和研究,其次是想死在和埋葬在圣地,但从19世纪末、20世纪初以来,新型的、往往有些理想主义的世俗犹太移民开始出现在巴勒斯坦,其中许多人是遭迫害而从故乡被赶出来的。

第一次阿利亚

这些人不是稀稀拉拉逐渐地来到圣地的,而是形成了一波波的移民潮,希伯来语称为Aliot,复数形式为Aliyah,意思是"上升"。第一次阿利亚出现在1882年到1903年,原因是,1881年沙皇亚历山大二世
7 被革命者刺杀,从这年春开始,南方刮起了屠杀犹太人的风暴。从敖德萨到华沙之间允许犹太人定居的地方生活着700万犹太人,反犹骚乱席卷了整个区域并持续达8个月之久,导致大批犹太人移民西欧、南美——特别是美国,在那里,犹太人建立了历史上最大、最强盛的犹太社区。有25 000人决定去圣地,绝大多数是世俗的年轻人,曾受到第一批犹太民族主义组织的意识形态影响。这些组织包括锡安热爱者,它于19世纪80年代初成立于敖德萨;与之类似的比卢(取自《圣经·以赛亚书》2:5,"来呀,雅各家,我们走!"一句的希伯来语首字母)1882年1月成立于哈尔科夫(Kharkov)地区。这些坚强的年轻人颇有献身精神,把自己看作先锋而不是难民,决心以农业定居点和犹太人的劳动

① *haluka*,意为"分配",犹太人救济巴勒斯坦穷人的制度,资金来自其他国家犹太人的捐赠。这种制度古已有之,17世纪以来变得相当系统和完备。——译者注

为基础,在巴勒斯坦建设一个新的现代希伯来社会。

1882 年 7 月 31 日,在雅法东南 8 英里处一块未经开垦、荒无人烟的狭长砂地上,第一批阿利亚带来的新居民建立了一个被称作里雄来锡安(Rishon Le zion,意为“圣地中的第一个”)的新定居点,它是来自巴勒斯坦之外的犹太移民建成的第一个定居点。在这个后来被人们称为“里颂”的城镇里,犹太先锋们开办了这个地区的第一所希伯来语幼儿园和小学。纳夫塔里·赫尔兹·伊姆贝尔是一个罗马尼亚犹太诗人,以后移居美国,成了一个穷困潦倒的酒鬼。为纪念里颂镇的建成,他写了一首名为《哈提克瓦》(*Ha-tikvah*,“希望”)的诗,它后来成为犹太复国主义者的圣歌。而在稍加改动后,《哈提克瓦》又成为以色列国歌。诗中这样写道:

只要心灵深处
犹太灵魂仍在思慕
朝着东方的眼睛
还在望着锡安山

回到父辈们的土地上
回到大卫的城市中
我们古老的希望没有丧失

不过,对于第一次阿利亚的年轻犹太先锋来说,圣地的生活远非诸事顺遂。这些年轻人曾遭遇重重困难,如对巴勒斯坦气候的适应、疾病、贫 8
瘠的土地带来的麻烦、农业知识的缺乏、奥斯曼官员和当地阿拉伯人的强烈反对、雇佣保卫者的需要,等等。种种问题耗尽了先锋们的资源和精力,将这些犹太人推到破产的边缘,甚至经常挨饿。要知道,这些先锋们完全是在孤军奋战,他们来到巴勒斯坦时,犹太复国主义运动根本就还没诞生。

罗斯柴尔德家族在法国的首领埃德蒙·德·罗斯柴尔德男爵

(Baron Edmond de Rothschild)扮演了拯救者，他“收养”了巴勒斯坦的犹太村庄，把第一次阿利亚的犹太先锋从崩溃的边缘拉了回来。尽管性格上有些偏执、有些独断，男爵还是被犹太人称作“著名慈善家”。他迅速给了里颂来锡安3 000法郎，并为这里引进了葡萄园。后来，里颂酿的葡萄酒非常成功，在1900年的巴黎博览会上荣获一枚金牌，得以与1899年的玛尔戈(Margaux)与拉菲堡(Chateau-Lafite)红酒等历史名酒并肩而立。

在16年的时间里，男爵投入了大笔金钱，给早期的犹太定居点以直接的支持。他建造学校和医院，为定居者提供最先进的农业设备、训练及其他服务。不过，男爵是一位商人，他把殖民地看作是一桩生意而不是慈善事业，从支出与收益的角度看待对巴勒斯坦的投资。这很令犹太定居者沮丧，因为后者的初衷是购买土地。逐渐地，男爵的人与定居者间的关系紧张起来。1900年，男爵注意到犹太农民的积极性消退了，越来越多地依靠阿拉伯劳动力：那时候，兹奇伦雅克夫(Zichron Ya'akov)的200名定居者雇佣了1 200名阿拉伯人，里颂来锡安的40个犹太家庭雇佣了300个阿拉伯家庭。于是，埃德蒙宣布不再援助定居点，停止往那里输入资金。这引发了一场可怕的危机，定居点很快走到了毁灭的边缘。到年底的时候，差不多1/4的犹太家庭离开了。

第一次阿利亚没有产生著名的领导人和有影响的机构，未能在巴勒斯坦未来的犹太社区中留下自己的印记。直到今天，历史学家仍在争论着它的实际意义。第一次阿利亚宣称，它发起了犹太人在巴勒斯坦的农业定居点建设。这不太真实，因为在它之前，巴勒斯坦已经有了
9 农业定居点，如1878年的定居点之母佩塔提克瓦(Petach Tikva，希望之港)，它是约尔·摩西·萨拉蒙带领一些有经验的耶路撒冷人建立的；还有巴勒斯坦北部的罗斯皮纳(Rosh Pinna，奠基石)，由来自萨法德的犹太人建成。虽然如此，不可否认的是，在19世纪末、20世纪初，在奥斯曼人统治着的巴勒斯坦，那些殖民者投身此地，克服巨大的困难，建设了容纳5 000多犹太人的28个农业定居点，面积达62 350英亩。更

重要的是,正是在第一次阿利亚成员建立的农业村庄,未来移民潮中的犹太人找到了第一个落脚点。

第二次阿利亚

同第一次一样,1904 年开始的第二次阿利亚也由俄国的反犹骚乱引发。1903 年,犹太社区受到了攻击。比萨拉比亚的基什尼奥夫发生了残暴的屠杀,在警察于第二天下午介入前,45 名犹太人死去,1 000 多人受伤,1 500 多座房屋和店铺遭到抢劫和摧毁。如前所述,作为新生的犹太复国主义运动的领袖,干劲十足的赫茨尔急于为这些地方的犹太人找到一个临时避难所,如非洲或别的什么地方。然而,骚乱波及地区的犹太人没有坐等救援,开始向美国等地大规模移民,其中一部分去了巴勒斯坦。到第一次世界大战爆发前,在移民巴勒斯坦的 35 000 名犹太人中,94.3%来自骚乱地区。

第二次阿利亚送来了包括以后成为犹太国国父的那一代人,最著名的是早期的三位总理:大卫·本—古里安(又叫 Gruen[格鲁恩])、摩西·夏里特(又叫 Shertok[舍托克])、利维·艾希科尔(又叫 Shkolnik[斯科尼克]),以及其他一些领袖,如以色列第二任总统伊扎克·本—兹维,议会(Knesset)第一位议长约瑟夫·斯普林查等。这是第二次阿利亚最显著的特征。在这些人中,本—古里安可能是最重要、最能干的一个。

1886 年,本—古里安出生于波兰,那时他叫大卫·格鲁恩。1906 年 9 月 7 日,他到了雅法港。震惊于雅法的肮脏和贫困,他立刻离开这里,前往佩塔提克瓦。他很快将名字改成本—古里安,意为“格鲁恩的
儿子”。他曾在许多地方做农业工人,包括第一次阿利亚成员建立的里 10
颂来锡安的葡萄园。他的身高只有 1.6 米,花岗岩般的下颚挑战性地向前突出着。这是一个性格坚定、目标专一、原则性强的年轻人,具有出色的组织能力。

他属于一群富于理想主义的世俗年轻人,其中有男有女。这些人胸怀强烈的使命感,致力于“赎买土地”,力图证明自己并不像犹太人的

诋毁者指责的那样，只能从事商业，也同样适合体力劳动。这群人崇尚斯巴达人的刻苦精神，对个人行为有很高的标准，拒绝一切享受，如漂亮衣服、烈酒、香烟，并拒绝私人财产。他们的食物是小扁豆和大豆汤，住的泥棚常在烈日下坍塌，帐篷也是破漏的，经常被冬季的大雨冲走。青年先锋们切断了与故乡、家庭和先前的整套生活方式的联系，不仅跟自然抗争——许多人死于疟疾——还要和第一次阿利亚的成员斗争，因为后者更乐意雇佣阿拉伯人，不喜欢工价较贵、经验较少、不那么听话的第二次阿利亚的哈卢兹姆(*chaluzim*，意为“先锋”)。这些年轻人的生活异常艰难；自从双脚踏上巴勒斯坦土地的那天起，一切有关流着奶和蜜之地的幻想全都破灭了。只有十分之三的人留在了巴勒斯坦，其余的或是返回了故乡，或是去了欧洲或大西洋的另一边。

不过，虽然困难重重，在第二次阿利亚持续的10年左右的时间里，巴勒斯坦的犹太机构和文化仍有了相当大的发展。以前，赫茨尔与他的继承者大卫·沃尔夫佐恩寻求移民巴勒斯坦的特许状，但如今，犹太复国主义运动全力以赴地进行它曾强烈反对的“渗透”。1908年，复国运动在雅法建立了在巴勒斯坦地区的第一个办事处，由德国经济学家和农业专家阿瑟·鲁平领导。办事处使用一笔30 000法郎的年度预算，为新移民购置土地，卖家包括叙利亚、黎巴嫩、巴勒斯坦的不在地地主，还有教会和外国公司。

第二次阿利亚成员的政治意识逐渐觉醒，产生了建立表达自己意愿的组织的想法，由此，巴勒斯坦诞生了一些政党。1905年，青年工人
11 党成立。它强调集体安置，以此作为一个犹太国家的基础；它重视推广希伯来语和希伯来人的劳动，在帮助工人方面付出了很大的精力，如创办合作工厂、幼儿园、商店、医疗资金、劳工交换处及图书馆。一个月后的1905年11月，锡安山工人党成立。它不如青年工人党团结；党内的一个派别把社会主义放在第一位，由后来的以色列总统伊扎克·本—兹维领导，主要成员是来自罗斯托夫(Rostov)的移民。本—古里安领导着另一个派别，民族主义色彩较浓。此外，与青年工人党不同，锡安山工人党把自己看作国际劳工阵营的一部分，经常红旗招展地庆祝五一

劳动节。

1909 年,以色列·绍哈特创建了哈绍梅尔(意为“警卫”),它成为巴勒斯坦犹太社会中的第一个防卫组织。这可能是青年工人党最重要的成就。哈绍梅尔们骑在马背上,戴着阿拉伯头巾,携带武器,是希伯来式的牛仔。其成员包括 20 名妇女,总人数则从未超过 90 名。同第二次阿利亚的其他人一样,哈绍梅尔们想彻底斩断和流散地(Diaspora)历史的联系,扭转犹太人不能战斗的形象,所采用的方法之一是改名,如巴拉克(Barak, 意为“闪电”)、特苏(Tsur, 意为“岩石”)、埃坦(Eytan,意为“坚强”)、奥兹(Oz,意为“力量”)等。哈绍梅尔的意义不在于向下一代传递了军事经验,而是促成了一种精神上的转变,表明总是暴力与侮辱的牺牲品的犹太人也能拿起武器,保护自己的生命和财产。

1910 年,在位于加利利海南岸的乌姆朱尼(Um Juni),第二次阿利亚的成员建立了第一个基布兹(Kibbutz),名为德加尼亚(Degania,意为“矢车菊”)。基布兹是一种新型的农业定居点,其原则是合作劳动,收获平均分配。到 1914 年,巴勒斯坦有了 14 个这样的农庄。在这个重要的时期,城镇建设也在蓬勃发展。经第八届犹太复国主义大会批准,巴勒斯坦办事处主任阿瑟·鲁平给一家私人开发公司提供了一笔贷款,后者在雅法城外的沙丘上建造了一个不大的花园城区。到 1914 年,它拥有 139 幢房屋,1 419 名犹太居民。这就是特拉维夫,意为“泉山”,取自《圣经》提到的一个地方。在第一任市长梅厄·迪津戈夫强有 12
力的管理下,它发展成第一个纯犹太人的城市。

不过,在这些年里,犹太人在巴勒斯坦的发展不仅仅体现在物质方面,文化方面的进展也很引人注目,尤其是希伯来语成了日常用语。这是《圣经》用语希伯来语的一场革命,因为在那个时候,它被认为是一种死语,不适合日常使用。经过一位出生于俄国的语言学家的不懈努力,渐渐地,希伯来语重新焕发了生机。他就是埃利泽·珀尔曼,但人们更熟悉的是他的另一个名字——埃利泽·本-耶胡达。在复活希伯来语的过程中,早先定居在巴勒斯坦的正统派教徒们曾予以顽固的抵制,认为把希伯来语用于世俗目的是一种亵渎。1904 年,本一耶胡达出版了一部希伯来语词典的第一卷,并继续编辑另外三卷。像巴勒斯坦的许多事情一样,采用希伯来语为日常用语远不是一帆风顺的。第一次世界大战爆发前不久,一场后来被称为语言之战的风暴席卷了伊休夫①。1913 年 10 月,在离海法技术学院开办还有几个月的时间时,语言之争达到了它的顶峰。德国犹太援助协会(Hilfsverin der Deutschen Juden)资助了学院,它规定采用德语而不是希伯来语教学。整个巴勒斯坦的犹太教师抗议这一决定,并得到海外的支持。最终,当地的教师们迫使该协会同意,在四年之内,使希伯来语而不是德语成为学院的唯一教学语言。

一战中的巴勒斯坦

1914 年 8 月,战争爆发了。10 月 31 日,统治着巴勒斯坦的奥斯曼加入了中部列强德国与奥匈帝国一边。它废弃了将巴勒斯坦犹太人作为外国侨民加以保护的协议条款,命令驱逐"敌国侨民"。第一批遭到驱逐的犹太人有 6 000 人,1914 年 12 月 17 日,这批人经雅法港去了亚历山大。到战争结束时,从巴勒斯坦被赶出来的犹太人数量达到15 000 人。

剩下的犹太人中有许多申请了奥斯曼国籍,以免惹人注意。战争爆发后,经济困难成了首要问题。因为那时,当地大多数犹太人仍靠在
13 流散地募集到的资金过活。资金主要来自奥斯曼的敌对国家,因战争而逐渐枯竭。由于赖以为生的柑橘、葡萄酒出口被战争打断,犹太农业定居者也遇到很大麻烦。1915 — 1916 年,灾难性的蝗灾给农田和种植园带来极大的破坏。定居者们用扫帚和麻袋扑打,燃起火堆熏,但收效甚微。普遍的艰难生活、驱逐、迫害和疾病的流行导致巴勒斯坦的犹太人口显著下降,从战争的爆发到结束,人数从86 000 人减少到56 000人。

① Yishuv,以色列建国前的巴勒斯坦犹太社区。——译者注

一战开始的时候,犹太复国主义组织总部设在柏林。考虑到对阵双方都有犹太人参战,复国运动领袖们宣布中立。但在巴勒斯坦及其他地方,许多犹太人认为奥斯曼人的失败对自己更有利,决心帮助英国人赢得战争。弗拉基米尔(泽夫)·亚伯廷斯基就是采取这种行动的人之一。

1880 年 10 月 5 日,泽夫·亚伯廷斯基出生于黑海港口敖德萨。他成长于那里的一个世俗犹太人家庭,后远赴波恩和罗马学习。东欧掀起的反犹主义骚乱深深震动了他,亚伯廷斯基开始对作为反犹主义解决方案的犹太复国主义产生兴趣。21 岁那年,他参加了第六届犹太复国主义大会。在复国运动中,他属于右翼,他们是社会主义者的主要对手,认为犹太复国主义的目标是在巴勒斯坦创造犹太人占多数的现实,为此不惜对抗占多数的阿拉伯人的意愿;认为应筑起犹太武装力量的"铁墙",以保卫犹太人在巴勒斯坦的存在。亚伯廷斯基魅力十足,颇具文学和语言天赋,是个很有吸引力的演说家。在以后的岁月里,他成了以色列右翼的精神教父。

一战爆发时,亚伯廷斯基碰巧在埃及,是俄国一家著名大报《俄罗斯新闻》的记者。在那里,他遇到了约瑟夫·特鲁佩尔多。特鲁佩尔多尔曾是俄国军队中的一名犹太军官和有名的军人,1904 年,在沙皇军队于阿瑟港(Port Arthur)[1]的战斗中,他失去了左臂。被奥斯曼人驱逐出巴勒斯坦后,他来到了埃及。经英国人批准,1915 年 3 月,他与亚伯廷斯基共同组建了一支犹太军事力量:锡安骡马队(Zion Mule Corps)。 14

骡马队的绝大多数成员是从近 30 000 名犹太难民中招募的,当时,这些人被拘押在亚历山大城外的加巴里(Gabbari)检疫处。骡马队有自己的肩章,上面是大卫盾牌。英国人训练军团和运输补给品和弹药。协约国军队登陆加利波弟(Gallipoli)时,骡马队被动员起来,承担加利波弟战役中的运输任务。特鲁佩尔多做了这支犹太部队中的一名

---

① 中国的旅顺港,今属大连市。——译者注

上尉，与他一起创建骡马队的亚伯廷斯基却拒绝加入，认为让犹太人的部队做运输工作是一种耻辱。

在巴勒斯坦北部的阿斯利特（Athlit）有一个农业实验站，那里的主任阿龙·阿龙森是一个犹太复国主义者。他和助手阿夫夏洛姆·芬伯格也相信，只要奥斯曼人统治着巴勒斯坦，犹太定居点就没什么前途，因此，帮助英国人占领巴勒斯坦对犹太人是有利的。阿龙森组织了一个间谍网，命名为“尼里”，取自希伯来语 *Netzach Yisrael Lo Yeshaker*，意思是“永恒的以色列决不会灭亡”。作为一名受尊敬的农学家，阿龙森可以在巴勒斯坦自由活动。利用这一优势，阿龙森四处搜集重要的资料。乘着夜色，英国的护卫舰每两周来阿斯利特海岸一次，将资料取走。其时，英国将军埃德蒙·艾伦比（Edmund Allenby）准备从南方侵入巴勒斯坦，阿龙森的小组替他搜集奥斯曼军队调动的情况，在贝尔谢巴周围的防御状态，以及天气、水源、孳生疟疾的沼泽的分布等情报。然而，阿龙森的小组没有存在很长时间。1917 年 9 月，小组的一只信鸽落在了奥斯曼人手中，他们包围了小组，逮捕了除设法逃脱的领导阿龙森之外的其他成员，百般折磨后全都杀害了。

迫于犹太人的压力，1917 年 8 月，英国政府同意组建一支犹太步兵部队，一个犹太军团(Jewish Legion)，参与巴勒斯坦前线的作战，帮助英国从奥斯曼人手中解放巴勒斯坦。部队番号为第 38 皇家燧发枪营，注明“朱迪亚人”（The Judaeans）。英国军队戏称它为“国王的施奈德们”(Schneiders)。这个营由约翰·亨利·帕特森中校指挥，他以前担任犹太骡马队指挥官。最初的 120 名士兵来自原骡马队的老兵；在亚
15 伯廷斯基从幕后的大力推动下，这个营得以从伦敦东区的犹太移民中招募新兵。亚伯廷斯基自愿做一名列兵，但后来被提升为中尉，成为帕特森的副官。1918 年 2 月，第 38 皇家燧发枪营举行了成立仪式，从位于伦敦塔区（Tower）的营房出发，枪上刺刀，列队行进到东区的怀特察珀（Whitechapel）。在市长官邸前，伦敦市长接受了部队的致敬。接着，这个营被送到了巴勒斯坦，与另外两个犹太营会合。第 39 营在美

国和加拿大招募,由埃利泽·马戈林中校指挥,第40营的指挥官是斯考特(M. F. Scott)上校,由巴勒斯坦的志愿者组成。然而,这些部队实际上都没有在战争中起很大作用。

《贝尔福宣言》

在巴勒斯坦,尽管战争显著地阻遏了伊休夫的发展,将犹太社区抛入危机之中,但在国际舞台上,犹太复国主义运动的力量不断增强。通过机智地进行了长期的劝说、游说和施加影响后,到1917年冬,英国的一些犹太复国主义者说服了英国政府,使之同意发布一个宣言,表明支持在巴勒斯坦为犹太人建立"民族家园"。这正是某种形式的国际特许状,20年以前,赫茨尔企图从奥斯曼获得而没有成功。《贝尔福宣言》最重要的推动者和策划者是哈伊姆·魏茨曼,他后来成为以色列第一任总统。

1874年,魏茨曼出生于俄国科布林(Kobrin)区的莫托尔(Motol)镇,这是个靠近波兰边界的小镇,他在这个犹太家庭的12个孩子中排行老三。在就读于柏林工艺学校时,他知道了西奥多·赫茨尔的活动。后来,他对赫茨尔持批评态度。在世纪之交,年轻的魏茨曼来到爱德华七世时代的英国,进入曼彻斯特大学教授生物化学。1906年,命运促成了他与阿瑟·詹姆斯·贝尔福的一次历史性会面。其时,贝尔福在竞选大选中曼彻斯特选区的一个议会席位。我们还记得,贝尔福在1902年时是首相,他的殖民大臣约瑟夫·张伯伦向赫茨尔提议,在东非安置犹太人。当时包括魏茨曼在内的许多犹太复国主义者反对这个计划。这令贝尔福很好奇。他很想见见那些反对者,听听他们的反对原因,于是有了与魏茨曼的会面。为什么犹太人不接受英国的提议,不愿以乌干达替代锡安?魏茨曼用蹩脚的英语作了解释:"如果我提议给 16
你巴黎而不是伦敦,你接受吗?"魏茨曼问道。"可是,魏茨曼博士,"贝尔福说道,"我们有伦敦。"对此,魏茨曼回答说,"没错,不过在伦敦还是一片沼泽时,我们就有了耶路撒冷。"如贝尔福后来回忆的那样,他从未忘记这次交谈。离开的时候,他对犹太人与巴勒斯坦的牢固联系有了更多的认识。

魏茨曼不是赫茨尔的直接继承者，他要到1920年才被推举为犹太复国主义运动的领袖，并将这一地位保持到1946年。但在登上领导之位前，他已逐渐成为世界犹太复国主义运动的主要发言人，尤其是在它的东欧分支中。魏茨曼发明了术语“综合的犹太复国主义”(Synthetic Zionism)，要求在争取建立一个位于巴勒斯坦的犹太国时，将两条路线综合起来：“政治的”犹太复国主义致力于通过外交努力以获得国际特许状，“实践的”犹太复国主义强调在巴勒斯坦购买土地和建设定居点。

与之前的西奥多·赫茨尔一样，魏茨曼给犹太复国主义运动留下了个人印记；但两人的不同之处在于，赫茨尔仅仅在各国领导人中活动，和普通人没什么联系，而魏茨曼在两个世界都很自在。他和蔼——虽然往往有从想入非非跳跃到洋洋自得而后再回到想入非非状态的倾向——聪慧，是精明的犹太复国主义事业宣传家。他总是知道如何提出实际、可行的要求，在成功地为犹太人争取到《贝尔福宣言》的活动中，这一点非常关键。

1917年11月2日的这份宣言包含在一封信中，由英国外交大臣阿瑟·詹姆斯·贝尔福(后来成为贝尔福伯爵)写给不列颠犹太领袖、复国主义协会主席罗斯柴尔德男爵。9月3日和10月5日，英国内阁会议事先讨论过信的内容。当时的内阁中只有埃德温·蒙塔古是犹太人，时任印度事务大臣。有趣的是，他强烈反对英国发布这样的声明。当然，在10月31日内阁投票表决并赞成发布贝尔福宣言时，他是少数派。

信很短，只有一个包括68个词的句子，但意义重大。一个大国公开保证全力支持犹太人拥有自己的“民族家园”，这在历史上是第一次，
17 何况作出保证的还是世界第一流的强国，何况在当时的巴勒斯坦，阿拉伯人占了人口的87%。不过，魏茨曼最初期待的更宏大，希望英国支持“**将**(着重号是作者所加)巴勒斯坦建成犹太人民的民族家园”，而不是含糊地定义为英国支持“在巴勒斯坦为犹太人民建立一个民族家园”。虽然如此，这仍是一项伟大的成就，在英国、美国以及巴勒斯坦，

宣言受到魏茨曼和同事们的热烈欢迎。

很难说为什么劳合·乔治政府会授权贝尔福写这样一封信给罗斯柴尔德勋爵。一个经常提出的理由是，贝尔福把犹太人看作自古代希腊人以来最具天赋的种族，但因没有一块领土而缺乏尊严，这种状况应予纠正——由英国纠正。另一种解释认为，英国政府相信，发布一个亲犹太复国主义的宣言将使美国犹太人偏向协约国，促使伍德罗·威尔逊总统站在协约国一边参战。还有一种意见认为，公开支持犹太复国主义将切断俄国犹太人与布尔什维克党的联系，使革命限制在较温和的状态，使俄国留在与英、法的军事同盟中。无论真假对错，这些企图解释英国发表意义深远的贝尔福宣言原因的理由常常被人提起，但它们中的有些似乎过度夸张地估计了犹太人的世界影响力。

再回到中东地区。1917 年 12 月 11 日，攻入巴勒斯坦的艾伦比将军来到了耶路撒冷。到 1918 年，在艾伦比将军击败加马尔·帕夏(Gamal Pasha)的第四军后，整个巴勒斯坦落入英国人手中，结束了奥斯曼土耳其人对巴勒斯坦长达 4 个世纪的统治。

战后时期

从军事上看，犹太人对英国占领巴勒斯坦的贡献是微不足道的，不管有没有这些贡献，英国军队都能打败奥斯曼人。但另一方面，通过推动人们加入英国军队，通过对奥斯曼人的间谍活动，犹太人的确帮了英
国人的忙。他们期待后者投桃报李，将贝尔福宣言付诸实施。1918 年 18
1 月，英国内阁的中东委员会作出决定，派一个犹太复国主义委员会去巴勒斯坦，协调那里的管理机构与犹太社区的关系，为“建立犹太人的民族家园”做准备。看起来犹太人就要得到期待中的回报了。4 月，魏茨曼化名瓦阿德·哈茨里姆(Va'ad Ha'tzirim)，率领委员会到达巴勒斯坦，然而，当地的英国政权不像伦敦的主人那样合作。可能对一位客观的观察者来说，巴勒斯坦的英国人冷淡对待魏茨曼的犹太委员会的原因不难解释：英国政权刚刚成立，最讨厌的就是一个犹太委员会的不停唠叨和指手画脚。后者要求立即兑现犹太人的权利，提出了许多要

求，如在官方公告中，要求给予希伯来语和阿拉伯语一样的地位；要求任命犹太人做耶路撒冷市市长，确保犹太人的人数占市政委员会的一半；解除对犹太移民数量的限制；吸收犹太人进入公共事业机构。在当时的巴勒斯坦，犹太人是一个极小的少数群体，只有 55 000 人，而阿拉伯人有 560 000 人。考虑到这一事实，上述要求确实有些过分。不过，魏茨曼并不是客观的观察者，而是一个犹太复国主义者，曾为犹太人争得贝尔福宣言，使英国人保证帮助犹太人在巴勒斯坦建立民族家园。魏茨曼觉得，在巴勒斯坦的军事与外交机构中，许多人很冷漠甚至怀有敌意，对其不再抱有幻想。当他认为巴勒斯坦军事机构所作决定不合适时，魏茨曼常常在伦敦进行活动，力图撤销那些决定。当然，这样做无助于修补他的委员会与巴勒斯坦政府之间的裂痕。

第三次阿利亚

虽然巴勒斯坦英国人的冷淡态度令人沮丧，犹太领导层仍寄希望于英国的自由形象和它在贝尔福宣言中的保证，期待这将吸引越来越多的犹太人移民巴勒斯坦。对于民族家园的建设来说，这一点非常重
19 要。一战后，的确有犹太人前往巴勒斯坦，但比犹太领导层期望的要少：从 1919 年到 1923 年，26 900 名犹太移民到达巴勒斯坦。

这波移民潮被称作第三次阿利亚，其中大批来自俄国的成员得到了犹太复国主义移民机构黑哈卢茨（He'chalutz，意为"先锋"）的帮助。抵达巴勒斯坦后，这些新来的人立刻建立了自己的组织：格杜哈沃达（Gdud Ha'avoda），即劳动大队。到 1921 年，大队的人员已经遍布巴勒斯坦，到处排干沼泽，修建道路。这些人住在帐篷里，把全部收入都交给一个中央委员会。在战后的岁月里，另一个到达巴勒斯坦的先锋团体来自波兰的加利西亚（Galicia）及其他地区。像劳动大队一样，波兰人参与了巴勒斯坦需要的任何工作，尤其是修路。除修建道路外，这些人还留下了诗歌。参加修路的团体构成了一种独特的文化繁荣的温床，孕育了新型的希伯来诗歌与文学，激励了阿拉海姆·斯兰斯基、乌里·兹维·格林伯格、亚历山大·佩恩等诗人。战后移民的气质最明显

地展现在第三次阿利亚的文学中,特别强调自我牺牲和民族复兴。

不过,贫瘠的巴勒斯坦地区一直就有人定居。这里的阿拉伯人阴郁地注视着犹太移民建设基础设施的活动,虽然他们自己也能从中获益。阿拉伯人狂热地相信这块土地只属于自己,而犹太人却想建立一个排他性的国家。由于担心持续的移民及土地购买将导致犹太人居于多数地位,巴勒斯坦阿拉伯人决心用暴力阻止对方的计划,或至少以此表达不满的情绪。1920 年 3 月 1 日,在巴勒斯坦北部,巴勒斯坦阿拉伯人攻击了孤立的特尔海犹太定居点,约瑟夫·特鲁佩尔多和他的七个同志被杀。前面提到过,在第一次世界大战中,他与亚伯廷斯基一起创建了锡安骡马队。特鲁佩尔多不是第一个这样死去的人,然而,却是那种令人肃然起敬的人,是民族神话与传说中的人物。据记载,当重伤不支躺倒在地时,他说:“为我们的国家而死,死得其所。”——或者,这是无可逃脱的俄国诅咒的结果?不管怎样,他的话成了以色列神话的一部分。阿拉伯暴乱仍在持续。1920 年 4 月 4 日是犹太人的逾越节,这一天,一支穆斯林游行队伍冲进耶路撒冷的犹太区,杀死 6 人,打伤 200 人。阿拉伯人死了 6 个,32 人受伤。 20

这些可悲的事件并未阻止犹太民族家园的建设。1920 年 4 月 19 日,占登记选民总数 70%以上的 20 000 名犹太人选出了阿瑟法哈尼哈里(Asefat Ha'nivharim,代表大会),作为投票代表机构。10 月 7 日,大会在耶路撒冷召开,属于 20 个党派的 314 名成员选出了民族委员会(Va'ad Leumi),一个 38 人的执行机构,它将担负起在巴勒斯坦英国政府前为犹太社区谋福利的任务。1920 年 12 月,巴勒斯坦工人运动建立了希斯他助,即犹太工人总工会,由本—古里安领导。名义上这是一个工会,但它发展得超越了工会的职能,逐渐成为一个大型合作社和工业实体的所有者,还参与促进犹太移民的工作,提供雇佣服务,推动了一个来源广泛的工人阶级的形成。

在这一时期,希斯他助最重要的成就可能是创建了哈加纳(意为“防卫”)。事实上,它是一个秘密组织,其成立并未经过巴勒斯坦英国政府的批准。面对当时严重的阿拉伯暴乱，它致力于保卫犹太定居点的安全。与第一次阿利亚移民建立的精英组织哈绍梅尔不同——它的成员彼此关系密切——哈加纳希望成为以工人为基础的军事机构，其成员首先来自参加过一战的老兵，即曾在锡安骡马队和犹太军团服役的犹太人。哈加纳产生了一些杰出的军事领导人，如埃利亚胡·戈洛姆，一个创造性的战术大师和未来的哈加纳司令，还有伊扎克·萨德，一个粗壮的俄国移民、红军老兵、诗人和斗士。在后来的岁月里，哈加纳发展为以色列军队的核心。

英国委任统治

战争结束时，英国征服了巴勒斯坦，它的军队驻扎在这块土地上。1920 年 4 月 24 日，圣雷莫会议(San Remo Conference)决定，国际联盟将巴勒斯坦的委任统治权交给英国。正式的批准还要等到 1922 年 7
21 月国联投票表决以后，但那不过是追认一个既成事实。

委任统治文件里包含着对巴勒斯坦作为犹太民族家园的原则的正式承认，被犹太人视为一项外交胜利。1917 年 11 月 2 日，贝尔福宣言提出了这一原则。在某种意义上，委任统治文件的重要性超过了贝尔福宣言。后者不过是一次政策声明，以后的英国政府有可能不予重视，而委任统治是授权一项国际任务，由协约国列强通过国际联盟签字认可，因此，它不仅涵盖了贝尔福宣言，还将之提升到条约的地位。

不久，英国撤销了军事政府，负责管理巴勒斯坦的民事政府取而代之，赫伯特·塞缪尔爵士被任命为驻巴勒斯坦高级专员。他是个受尊敬的英国犹太人和犹太复国主义者，出色的政治家，在英国内阁中任职多年，以正直著称。至少开始的时候，他被犹太人看作新弥赛亚，将带领这个民族回到飘扬着英国国旗的故土。

面对持续的犹太移民和土地购买活动，阿拉伯人的愤怒持续积聚着。1921 年 5 月 1 日，两个民族间的流血冲突再度爆发。在犹太移民进入巴勒斯坦的门户和最主要的落脚点雅法，骚乱首先发生；那里最常出现犹太人与阿拉伯人的摩擦。骚乱从雅法蔓延到拉姆勒附近的穆斯林圣墓纳维撒勒(Nevi Saleh),又沿海岸线向南北两个方向的犹太城镇扩散。伤亡人数令人震惊,47 名犹太人被阿拉伯人杀死,48 名阿拉伯人死去——主要是英国警察干的;146 名犹太人和 73 名阿拉伯人受伤。虽然阿拉伯人是流血冲突的始作俑者,但赫伯特·塞缪尔正确地认识到,犹太移民是问题的根源,因此颁布了对移民的临时禁令。1921 年 7 月,禁令解除。

在犹太复国主义运动的支持下,巴勒斯坦犹太人克服了阿拉伯人暴动和英国限制的困扰,干劲十足,继续推进着犹太中心的发展。在伦敦,犹太复国主义者召集了一次会议,决定成立巴勒斯坦基金会(Keren Ha'Yesod),它将与 1901 年第五届犹太复国主义大会建立的民族基金会(Keren Ha'Kayemet)并肩工作,相互配合。后者致力于土地的赎买,新基金会则主要负责农业定居点的建设。1921 年,巴勒斯坦基金会在耶泽里尔(Jezereel)新造了 10 个犹太定居点,面积达17 500 22
英亩,其中有纳哈拉(Nahalal)。它是第一个莫沙夫(Moshav),即小土地所有者定居点。同年,犹太人平哈斯·鲁森伯格拿到了在巴勒斯坦发电的特许证。鲁森伯格来自俄国,一战后移居巴勒斯坦。他想开发约旦河与雅姆克河(Yarmuk)的水力资源,为巴勒斯坦提供电力,在这个计划上花费了很大精力。其后的 5 年里,鲁森伯格在特拉维夫、海法、太巴列(Tiberias)建造了发电站,对以后巴勒斯坦犹太工业的发展意义重大。

1922 年 7 月 1 日,为安抚阿拉伯人,伦敦英国政府发布了一个新的政策声明,即后来广为人知的"丘吉尔白皮书"。白皮书把外约旦[①]

---

① Transjordan,现约旦王国前身。1920 年,英国成为巴勒斯坦地区的委任统治国,次年将它以约旦河为界一分为二,西部仍称巴勒斯坦,东部称外约旦,扶持汉志王侯赛因次子阿卜杜拉·伊本·侯赛因为外约旦统治者,作为交换,阿卜杜拉承认英国的委任统治权。1946 年外约旦与英国签订伦敦条约,废除英国的委任统治,不久,改国名为外约旦哈希姆王国,阿卜杜拉登基为国王。第一次中东战争爆发后,外约旦军队占领 1947 年联合国分治决议划归巴勒斯坦人的约旦河西岸的大部分地区和耶路撒冷旧城,1950 年 4 月,外约旦宣布把该地区纳入本国版图,国名改称约旦哈希姆王国,简称约旦。——译者注

划出巴勒斯坦委任统治区，从而将犹太民族家园限制在约旦河以西；它还拒提建立一个犹太人占多数的国家的概念，而将犹太移民限制在“地区经济吸收能力”之内。

第四次阿利亚

但这种移民限制并不起作用。随着波兰愈演愈烈的反犹主义，那里的政府颁布了近乎抢劫性质的收入税，重点针对犹太商人，与此同时，美国又对犹太移民关闭了大门，这样，巴勒斯坦成了波兰犹太人的主要目的地。从 1924 年到 1926 年，63 000 名犹太人来到巴勒斯坦。

新来者和以前的犹太移民很不一样，不是热情的犹太复国主义先锋，不打算像前期的阿利亚成员那样作出个人牺牲。第四次阿利亚来的是些普通的城镇犹太人，更喜欢城市生活，不愿意去修路或到孤立的定居点从事农业。80%的人拥挤在城市里，尤其是特拉维夫，引发了前所未有的建筑热潮。房屋以令人惊愕的速度造了出来，全无计划和长远规划的意识。特拉维夫向北、向东扩张着，从 1924 年中算起，在 18 个月的时间里，它的人口从 21 500 增加到 40 000，差不多翻了一番。在巴勒斯坦北部，海法出现了新区哈达哈卡莫(Hadar Ha'Carmel)，耶路撒冷也新增了贝特哈克莱(Beit Ha'Kerem)区和里哈维亚(Rehavia)区。

到 1926 年，随着一场经济危机的爆发，巴勒斯坦的发展遭遇了
23 挫折。这一年，波兰出台了新的货币政策，以防止资金外流。它曾是为巴勒斯坦提供移民最多的国家，但新政策限制了犹太人的离开。从 1926 年到 1927 年，巴勒斯坦新到移民数量从近 14 000 人下降到 3 034 人，1928 年降到 2 178 人。不久，公寓开始积压，建筑部门濒于崩溃，失业人口急剧上升。此时，犹太工会希斯他助已成为巴勒斯坦犹太人的最大雇主，它建立了新的劳工部门和经济实体以缓解局势，尽可能地提供社会和经济救助。1929 年，移民数量开始回升，5 249 名犹太人来到圣地。有清楚的证据表明，巴勒斯坦正在缓慢而稳定地走出经济困境。

同年，苏黎世犹太复国主义大会设立了犹太代办处，由魏茨曼领导。代办处总部在耶路撒冷，在伦敦有一个分部。面对巴勒斯坦英国政府，它将是世界犹太人的代表。犹太代办处设立的消息震惊了巴勒斯坦阿拉伯人，被视为建立犹太国的又一步骤。随着气氛变得越来越紧张，两个民族间发生了一场荒唐的争执：犹太人要求在靠近哭墙(Wailing wall)[①]的胡同里建一道屏障，以隔开男女祈祷者，穆斯林反对。这场争执点燃了火药桶，引发了一波灾难性的暴力冲突。1929 年 8 月 23 日，冲突从耶路撒冷开始，蔓延到希伯伦南部和萨法德北部，一路席卷了各犹太定居点。在一个星期的骚乱中，133 名犹太人被阿拉伯人杀死，其中 60 人死在希伯伦，339 人受伤。犹太人杀了 6 名阿拉伯人，而英国警察共杀死 110 人，打伤 232 人。

按当时的惯例，英国政府委派了一个调查委员会，由退休大法官沃尔特·肖爵士率领。委员会的任务是调查冲突爆发的直接原因，提出防止更多暴力行为的政策建议。1930 年 3 月 31 日，经过 5 周的听证，委员会发布了调查报告，其结论是，阿拉伯人觉得犹太移民正在逐步控制巴勒斯坦，发动骚乱是他们这种感觉的反映；深层原因是阿拉伯人担心自己的经济前途。另一个委员会由约翰·霍普—辛普森爵士率领，他是一名退休的印度民事官员、农业经济专家。委员会来到巴勒斯坦，任务是报告犹太移民可能对阿拉伯人农村生活产生的影响。在 3 个月的
旅行调查和从空中审视土地占有状况后，1930 年 10 月 20 日，霍普—辛 24
普森发布了 185 页的冗长报告，基本观点是，任何新增犹太移民都将不可避免地危害阿拉伯人的状况；这个地区已没有农业进一步发展的空间。10 月底，基于这些发现，英国殖民大臣帕斯菲尔德勋爵——更为

① 哭墙又称西墙(western wall)，是耶路撒冷旧城第二圣殿护墙的一段，也是第二圣殿护墙的仅存遗址；亦有“叹息之壁”之称。长约 50 米，高约 18 米，由大石块筑成。公元 70 年左右，希律王几乎将耶路撒冷夷为平地，大部分犹太人被驱逐。直至拜占庭帝国时期犹太人才可以在每年安息日时获得一次重归故里的机会，无数的犹太教信徒纷纷至此，面壁而泣，“哭墙”由此而名。尽管该围墙为伊斯兰圣地西墙的一段，但犹太人仍然把它视为本民族信仰和团结的象征。今每逢犹太教安息日时，尚有人到哭墙去表示哀悼，还有许多信仰者将心愿或悼念之辞写于纸上塞进墙壁的缝隙里。——译者注

人熟知的是西德尼·韦布这个名字——发表了一份白皮书，即对巴勒斯坦政策的新声明。白皮书不仅预示着对移民更严厉的限制，也给犹太人购买土地设置了障碍。

犹太复国主义者掀起一片抗议声，还公布了自己收集的资料，表明帕斯菲尔德的说法是不准确的；他说，“在巴勒斯坦吊死一只猫”的空间都没有了，但事实上，由于犹太移民的到来，由于犹太资本对土地、工资、租金、服务等方面的投入，巴勒斯坦阿拉伯人的生活水平有了很大提高。极度震惊的犹太复国主义者认为英国人在利用阿拉伯暴乱，违背委任统治文件的字句和精神，否认贝尔福宣言的目的。犹太人对帕斯菲尔德冷嘲热讽，把他视为自哈曼[1]以来本民族遇到的最大敌人。更糟糕的是，为表示抗议，哈伊姆·魏茨曼辞去了世界犹太复国主义组织主席和犹太代办处主任的职务，这被视为对犹太复国主义与英国关系的沉重打击。魏茨曼象征着英国和犹太人民间的联系，这一点谁也比不上。

由于犹太人对帕斯菲尔德白皮书的强烈抗议，首相拉姆齐·麦克唐纳不得不给魏茨曼写了封信，撤销了白皮书中表达的政策。他说，英国仍将推动犹太移民，帮助犹太人集中定居在巴勒斯坦土地上，这些“仍是委任统治的明确职责”，能在“不危及巴勒斯坦人口中的其他部分的权利与状况”的前提下实现。麦克唐纳否定了帕斯菲尔德白皮书，事实上埋葬了它，这让犹太人很高兴，然而，他的反应也让犹太人和阿拉伯人觉得，只要施加足够的压力，英国的巴勒斯坦政策是可以改变的。

让我们再回到巴勒斯坦。1931 年 1 月，犹太人走向投票站，选出了新的代表大会。两个主要政党进行了竞争，其中马帕伊[2]是劳工运动中的社会主义政党，由本-古里安等人领导，主张建立温和的社会主
25 义社会，实行生产工具和土地的国有化；另一个是亚伯廷斯基领导的修正主义政党，它把自己看作资产阶级和资本主义的代表。关于在巴勒

① Haman，《圣经·以斯帖记》中的波斯宰相，曾计划灭除全国的犹太人，但为犹太王后以斯帖挫败，哈曼反被处死。为庆祝这一胜利，犹太人开始庆祝普珥节，节日中包括对哈曼的嘲弄和谴责。——译者注

② Mapai，巴勒斯坦工人党。——译者注

斯坦建国的最佳战略,两党有不同意见。马帕伊满足于仅在约旦河一边即西岸建国,修正主义者则要求立即在约旦河两岸建立犹太国家。马帕伊赢得了选举的压倒性胜利,它的对手获得 20%的选票,仍然为巴勒斯坦的第二大党。

第五次阿利亚

从 1932 年到 1939 年,欧洲的反犹主义愈演愈烈,作为其结果,被称为第五次阿利亚的移民潮给巴勒斯坦带来 175 000 人。移民中的大多数来自波兰,那里仍是世界上最大的犹太人聚居地;德国犹太人只占 21%。尽管如此,人们还是把这次移民潮叫做“德国阿利亚”,原因可能是对德国犹太人的新鲜感。到那时为止,这个地区主要是东欧犹太人建设的。基于犹太复国主义领袖与德国外交部达成的转运协议,德国犹太人可以将自己的积蓄以物资出口的形式转到德国之外。这笔总计 6 300 万英镑的钱投资在巴勒斯坦,造成了显著的经济扩张,尤其是在金属、纺织、化学工业领域。1930 年,工业公司有 6 000 家,1937 年则有了 14 000 家,工人的数量也在同期从 19 000 增加到 55 000。由于如此巨大的资金的流入,在全世界遭遇严重的萧条时,巴勒斯坦却出现了小规模的经济繁荣。此外,新到的移民中有许多专业人士,这强有力地推动了学术机构的建设,如希伯来大学和其他研究及医疗单位。

德国犹太人带给巴勒斯坦的不仅是资金与专业技能,还有文化转变的种子。古典文学领域和音乐创造力受到特别的重视。随着演奏者和爱好者的抵达,在著名小提琴手布罗尼斯勒·休伯曼——他 10 岁时就在维也纳的弗兰茨·约瑟夫皇帝面前表演过——的推动下,巴勒斯坦交响乐团成立了,后来扬名全世界。 26

至于这次阿利亚的主要特征,可能就在于它给发展中的巴勒斯坦犹太社会带来了鲜明的欧洲特征,带来了规范的转变:以前是急风暴雨般的俄国先锋,胸中燃烧着理想的火炬,如今,新到的是更为稳重的人,只在冷静地考虑和精确地计算后才投身于某一事业。德国移民脱颖而出,开始异常显著地活跃在巴勒斯坦舞台上。他们通常被称作耶客(Yecke)。这个名字显然来自 Jacke 或 jacket,即“夹克”;这是因为德国移民很有绅士派头,在巴勒斯坦这样一个暖和的地方也穿着正式的长衣,而其他的犹太人一般穿圆领短袖 T 恤,不穿夹克。新来者主要是城市居民,也集中定居在城镇里,相应地带来了城市更大规模的扩张。特拉维夫吸收了不下一半的新移民,耶路撒冷的犹太人数量急剧膨胀,而在海法,犹太人口从 1931 到 1935 年增长了近两倍。

正是在这个时期的巴勒斯坦犹太社区,社会主义者与修正主义者的竞争达到了令人震惊的高潮,出现了残忍的谋杀。1933 年 6 月 16 日,哈伊姆·阿罗索洛夫在特拉维夫海岸被人近距离枪杀。他是马帕伊最有名的青年领袖,极富才华。在一些犹太人看来,阿罗索洛夫太过温和,是魏茨曼的门徒,鼓吹同英国委任政府保持良好的关系。没有人因这次谋杀受到指控,但人们的怀疑锁定在一个亚伯廷斯基的修正主义追随者阿拉海姆·斯塔夫斯基身上。这场悲剧十分令人吃惊:在犹太政治生活中,虽然相互辱骂是家常便饭,但杀戮事件闻所未闻。

阿拉伯起义,1936—1939 年

与此同时,阿拉伯人越来越担心被不断增加的犹太移民淹没,在绝望中爆发了公开的起义。1936 年 4 月 19 日,雅法传出流言,说两名巴勒斯坦阿拉伯人在邻近特拉维夫的地方被犹太人杀死。起义由此开始,阿拉伯暴徒到处攻击犹太人,在持续三天的骚乱中,16 名犹太人被杀,5 名阿拉伯人被赶来制止暴力行为的英国警察射杀。一周后的 4
27 月 25 日,通常四分五裂的巴勒斯坦阿拉伯人展示了空前的团结,联合组建了阿拉伯高级委员会,由一位高级宗教人士领导,即耶路撒冷穆夫提(Mufti)哈吉·阿敏·侯赛尼。他是一个很有才干的野心家,一个固执的民族主义者,心胸狭隘。他号召发起了总罢工,这很快发展为一场全面民族起义,席卷了整个巴勒斯坦。

起义的主要参与者是费拉因(*fellahin*),即阿拉伯佃农。由于富裕的地主与犹太人的交易,他们失去了自己出生于此的和赖以为生的土地。根据 1920 年的土地转让法令,人们在进行土地交易时,应留给阿拉

伯佃农一块足够维持生计的土地。然而，犹太购买者不希望土地上有这些佃农，经常在交易条款中插进一项要求，即转交的土地上没有佃农。

阿拉伯起义打击的不仅是犹太人，矛头更多地倒是指向英国委任当局。起义者要求当局中止犹太人向巴勒斯坦移民。阿拉伯人破坏道路、桥梁、电报线，攻击警察局和英国官员，瘫痪了委任统治的正常运转。

阿拉伯人诉诸暴力，想要阻挠巴勒斯坦犹太社区的发展，然而具有讽刺意味的是，起义却促进了相反的结果，因为犹太人不得不更多地依靠自己。由于起义，阿拉伯人的劳动力供应急剧减少，犹太人劳动力迅速填补了空缺。市场上不再有阿拉伯人的水果和蔬菜，犹太人的产品取而代之。而且，在阿拉伯人关闭雅法港后，1936 年 5 月 15 日，英国人允许犹太人在特拉维夫建一座码头，由此，后者实现了一个期盼已久的梦想，拥有了自己的独立港口。

在巴勒斯坦，阿拉伯起义加速了犹太军事力量的发展，这一点或许更有意义。1936 年，暴力冲突开始后不久，英国人招募了第一批 1 240 名犹太人，作为对警力的补充。它被称做诺特里姆(Notrim，意为“卫士”)。在这一年的晚些时候，英国人通知犹太复国主义组织的领袖：如果后者答应解散早已存在的哈加纳并交出武器，英国同意犹太人拥有一支临时警察队伍。哈加纳成立于 1920 年，是犹太人的地下自卫组织。由于阿拉伯人的暴力行为愈演愈烈，英国人默默地放弃了自己的要求。在其后的两年里，犹太人的武装力量进一步扩大，到 1939 年增 28
至 14 500 人，占伊休夫总人口的近 5%。

由于阿拉伯人的起义，英国人加强了与犹太人的合作，其中后者最大的收获是一支名为夜间特别巡逻队(Special Night Squads，SNS)的武装。这支队伍尤其得益于同一个古怪的小个子苏格兰人的合作：他叫奥德·查尔斯·温盖特，是个虔诚的基督徒，但基于某种神秘的原因，他也成了一名狂热的犹太复国主义者。

1936 年 9 月，温盖特上尉来到巴勒斯坦，当时他是英国军情五处的情报官员。其时，将军阿奇博尔德·韦弗尔爵士是英国驻巴勒斯坦军队的司令；征得他的同意后，温盖特上尉从哈加纳中召集人员，组织了夜间特别巡逻队。他想利用巡逻队开展游击战,对付起义的阿拉伯人,特别是保护伊拉克石油公司的输油管道。管道是阿拉伯非正规武装人员的破坏目标,经常被炸断和点燃。[①] 温盖特亲自训练他的犹太队伍,反复向巡逻队灌输进攻的原则,灌输大胆、突然的远程渗透及快速机动的战术,并带领犹太人实施打击巴勒斯坦阿拉伯人的行动。短短几个月里,在巴勒斯坦犹太人的心目中,温盖特就成了自贝尔福以来最受欢迎的英国人,被魏茨曼描述为"我最喜欢的疯子"。在某种意义上,他是希伯来人的劳伦斯。尽管如此,在镇压阿拉伯人起义方面,温盖特的战术并不比英国军队强很多。英国政府急于解决这个问题,将70岁的皮尔勋爵派到巴勒斯坦,以调查骚乱的原因,提出应对的方案。

皮尔勋爵有着坚强的个性,既通情达理又富于想象力。自1936年11月11日来到巴勒斯坦后,他举行了66次听证会,走遍了整个地区,然后回到英国,于1937年7月7日发布了他的裁决——一份冷静而公正的庞大报告,长达404页,包括地图与数据索引。勋爵大人的结论令人沮丧,认为调停政策已经走到了尽头并且失败了;他宣称,犹太人基于历史与宗教联系而对巴勒斯坦提出的要求是正当的,阿拉伯人基于13个世纪的持续占领而提出的要求也是正当的,两个民族在巴勒斯坦的冲突不是谁对谁错的问题,因为双方都是对的。皮尔勋爵相信委任统治是"无法实行的",循所罗门的裁决策略抛出了一个大胆的方案,即将土地
29 分别划给阿拉伯人和犹太人,重组巴勒斯坦。他建议将巴勒斯坦西北部分给犹太人,包括沿海地带和加利利,共约3 125平方英里,让犹太人在那里建国。虽然这是最肥沃的地区,但仅占巴勒斯坦面积的20%。勋爵提出,其余的土地给阿拉伯巴勒斯坦人,让后者与埃米尔阿卜杜拉的外约旦酋长国联合成立一个阿拉伯国家。耶路撒冷、伯利恒(Bethlehem)及一条通向海岸的走廊仍由英国进行委任统治(参见地图1)。

---

① 有关SNS的行动,可参见"Personal Recollections: Soldiers Diaries, S. N. S., 1938", in Haganah Archive (HA), 80/69/15;另见"Organization and Training of Special Night Squads", Wingate's Papers, HA, 80/69/10, August 1938。

1937 年 8 月 3 日到 17 日在苏黎世，第 20 届犹太复国主义大会讨论了皮尔计划。虽然大会认可了这一计划，但在分离主义者(被称为“毫无主见的人”[1])和反分离主义者(“否决者”)之间，争论异常激烈。前者由魏茨曼、本—古里安、摩西·舍托克领导；舍托克时任犹太代办处政治部主任。魏茨曼争辩道，犹太人若不肯接受一个国家就太蠢了，尽管它只有“一块桌布大小”——用魏茨曼的话来说；皮尔勋爵的提议是个不容错过的历史性机会，应该充分加以利用。另一方的发言人是梅纳赫姆·乌西施金，他身材粗壮，精力充沛，是老一辈的犹太复国主义者。乌西施金坚决反对接受任何面积小于整个巴勒斯坦地区的犹太国。亚伯廷斯基和修正主义者已脱离犹太复国主义者，另外成立了自己的机构；尽管不再是大会的正式会员，他和他的追随者也激烈反对皮尔计划。最终，“毫无主见的人”胜利了，皮尔计划成为与英国政府作进一步谈判的基础，但他们期待在谈判中获得更有利的边界。

为什么犹太人愿意接受皮尔计划？犹太国将拥有的土地非常狭小，而且总的来说，计划在许多方面都是不完善的。一种主要的解释是，由于德国犹太人的处境持续恶化，在巴勒斯坦获取一个避难所的任何提议都极有吸引力，足以压倒各种各样的批评意见。另一种解释基于一个许多人认可的观点，即皮尔计划仅被看作**临时性**协议，一块通向未来的踏脚石；随着犹太国在皮尔计划中分配的土地上的成立，一支强大的犹太军队将组建起来，然后犹太人就可以放弃分治计划，扩张到整个巴勒斯坦。 30

然而阿拉伯人终结了皮尔计划。1937 年 9 月 8 日，400 名与会者聚集在叙利亚的布卢丹(Bludan)，代表除也门以外的所有阿拉伯国家，包括一个巴勒斯坦代表团。经过漫长而激烈的辩论，会议最终拒绝了皮尔计划，宣布巴勒斯坦是阿拉伯人的家园的内在组成部分，不容分割与转让。

面对阿拉伯人及国内的强烈反对意见，英国政府把眼光从皮尔计

① Jasagers，德语。下文还有德语 Neinsagers，否决者。——译者注

划挪开，建立了另一个委员会，由它提出了另一份报告，即“伍德黑德报告”。新报告声称实施分治异常困难，从而宣布皮尔计划是“无法实行的”。计划被放弃了，但不是永久性的。十年以后，分治计划又复活了。

由于拿不出解决巴勒斯坦困局的外交方案，阿拉伯人再度爆发起义，更大的风暴席卷了整个巴勒斯坦。阿拉伯游击队袭击犹太定居点、公共汽车和平民，在各处造成伤亡和破坏。就如何应对阿拉伯暴力的问题，伊休夫内部出现了激烈的辩论。

辩论中产生了两种策略。官方的政策得到了伊休夫组织的大多数人认可；它要求自我克制，要求不进行报复——希伯来语称为哈夫拉加(Havlagah)。这种政策号召犹太人武力自卫，坚守岗位，但不主动打击恐怖活动的发起者，不采取报复行动。犹太人希望凭借良好的行为换来英国人的善意，在某种程度上把委任政府留在自己一边，并最终获得应有的奖赏。然而，哈加纳的一些成员认为哈夫拉加极其不得人心，尤其是哈加纳 B。后者是一个小派别，已于 1931 年春脱离了组织。它主张回击阿拉伯的进攻者，以暴力对付暴力。由于观点的差异和性格的冲突，哈加纳 B 后来再次分裂，一部分人回到了哈加纳，但超过一半的成员建立了一个新组织：伊尔贡·茨瓦伊·柳米(意为“民族军事组织”)，即人们熟知的伊尔贡。

与此同时，尽管有持续的阿拉伯暴力活动，新定居点还是以不断加快的速度建设着。犹太人使用了一种被称为“塔楼与栅栏”的独特方
31 式，其原理很简单：夜幕降临后，年轻的犹太人冒险在土地上搭起建筑物的雏形，外面以栅栏和带有探照灯的木塔楼保护，从而在英国当局和阿拉伯人面前造成既成事实。在阿拉伯起义期间，犹太人建造了 55 个这样的定居点。显然，这对缓解阿拉伯人的焦虑、停止巴勒斯坦的暴力冲突毫无帮助。

进入 1939 年，欧洲的紧张局势有增无减，人们猜测着希特勒的意图，担心他吞并捷克斯洛伐克的其余部分。在阴郁的气氛中，2 月，英国在伦敦圣詹姆斯宫召集了阿拉伯人与犹太人的圆桌会议。此时，对英国来说，制止巴勒斯坦的暴力冲突、平息中东地区局势变得很重要；

欧洲的战争看来是不可避免的，英国需要动员一切力量，希望可以从巴勒斯坦抽出尽可能多的军队。

1939 年 2 月 7 日，圣詹姆斯宫会议召开。来自阿拉伯高级委员会的成员，来自埃及、伊拉克、沙特阿拉伯、外约旦、也门的代表不愿和犹太人坐在一张桌子上，结果，张伯伦的欢迎致辞不得不对阿拉伯人和犹太人各念一遍。英国主人承担了一项令人沮丧的任务，充当双方的中间人，徒劳地调解着难以调解的两边代表。由于会议未能达成任何协议，2 月 15 日，英国向双方提出了一系列最终建议，要求犹太人接受今后几年内的移民限额，之后进一步的移民要征得阿拉伯人的同意；要求阿拉伯人接受作为少数民族的犹太人。阿、犹两边立刻拒绝了这些建议。会议由此走入死胡同，虽然谈判一直持续到这一年的 5 月。其时，国际上又出现了重大事件：5 月 7 日，德国和意大利正式建立了军事同盟。

随着会议的失败，英国提出了自己的解决方案，决心把它强加给双方。1939 年 5 月 17 日，英国以白皮书的形式发布了新的政策声明，它是二战爆发前英国在巴勒斯坦的最后一次重要努力。这一次，白厅的跷跷板偏向了阿拉伯人一边，使后者获得了前所未有的满足，犹太人则重重地摔了下来。移民受到明确的限制，在之后的 5 年里只允许 75 000犹太人进入巴勒斯坦，5 年后也只能在阿拉伯人同意的前提下移
民。白皮书还将巴勒斯坦划分为三个区，在向犹太人出售土地的问题 32
上，一个区不受限制，一个受限制，一个禁止，硬性限制了土地从阿拉伯人转手犹太人。

白皮书重新解释了委任政府的责任，标志着英国政策的彻底转变。从白皮书来看，巴勒斯坦将出现一个阿拉伯人占多数的独立政治实体，再没有建立犹太国家的任何希望。正当纳粹在德国和奥地利的迫害行径变得极其现实、极其可怕的时候，白皮书又给了犹太人一个沉重的打击。新的政策路线最终毁灭了英、犹间的合作，虽然其过程是缓慢的。二者的关系起起落落，一向不是很稳定，而且除了早期的一些阶段，这一关系从来不是融洽的，英、犹合作也从未取得很大的成就。从此以后，越来越多的犹太人把英国看作犹太复国主义的敌人。

二战中的巴勒斯坦

1939年9月1日,希特勒入侵波兰,9月3日,英、法对德宣战。与世界上的大多数地方一样,事态震惊了巴勒斯坦。新的局势还意外地导致了巴勒斯坦的经济灾难,加剧了这一地区的痛苦。由于地中海贸易受阻,建筑业停工,柑橘加工业骤然下滑,巴勒斯坦的就业状况急剧恶化,到这一年底,巴勒斯坦的一半劳动力无工可做。

战争的爆发令伊休夫的领导们很困惑。一方面,犹太人因英国政府的巴勒斯坦政策而与之发生冲突,另一方面,英国正在与纳粹搏斗。伊休夫该如何自处?巴勒斯坦犹太社区领导本—古里安提出了一条复杂的政治路线,其口号是:"我们将与英国并肩作战,如同没有白皮书一样,并同白皮书作战,如同没有战争一样。"不像大多数其他口号,本—古里安明确界定了路线方针,与希特勒**和**白皮书作战成为犹太复国主义主流的两个目标,在战争期间一直贯彻实施着,没有偏废任何一边。

如今,犹太人的科学与医疗机构交由英国使用,伊休夫的经济也同英国的战争努力结合起来,并因此缓解了由于战争爆发而出现的经济
33 困难。约85 000名犹太男人和54 000名女人报名为战争服务,近250名巴勒斯坦犹太人自愿空投到纳粹占领的欧洲,组织抵抗运动。在一次空投行动中,32名自愿者绝大多数被捕,受严刑折磨后牺牲。自愿者中有一名妇女汉娜·泽内施,她的就义成了犹太传奇的一部分。

如在第一次世界大战中一样,二战时的犹太人热切希望加入英国军队:既渴望参与同纳粹的战斗,也期待战后的回报,无论是可更多地向巴勒斯坦移民还是别的什么形式。然而,建立犹太武装力量的设想遭到了强烈的反对,尤其是巴勒斯坦委任政府。幸而取代张伯伦成为首相的丘吉尔持另一种观点;由于他的支持,1944年9月,一个犹太旅成立了,旅长是欧内斯特·本雅明。这支部队全由犹太人组成,打的是犹太复国主义的旗帜,部队的蓝、白色肩章上饰有大卫盾。1945年初,约3 400名犹太旅士兵被船运到欧洲承担作战任务,隶属英国第8军,参加了在意大利的战斗。战事结束后,犹太旅的成

员利用在欧洲的机会解救犹太难民,将其送到巴勒斯坦。犹太旅还组织了一支称为“复仇者”(Avengers)的队伍,在整个欧洲范围内暗杀纳粹分子。

在依照本—古里安的政策与英国人合作的同时,巴勒斯坦犹太人也在努力突破后者对移民的限制。这经常演变为英、犹间的暴力冲突。1939 年 9 月,“虎山”号船成功停靠在特拉维夫海边,绝大多数移民上了岸,并躲过了英国警察的搜捕。1940 年 11 月 11 日,英国海军拦截了“太平洋”号与“米洛斯”号(Milos),将它们押送到海法港,在那里将 17 000 名犹太难民转移到“帕特里亚”号上,打算送回毛里求斯岛。11 月 24 日,哈加纳实施了爆破行动,企图破坏引擎,使船只搁浅,从而迫使英国人允许犹太人留下来。然而,爆破人员出现了失误,导致 240 名难民和 12 名警察被炸死或淹死。在战争期间,尽管困难重重,还是有超过 50 000 名犹太非法移民踏上巴勒斯坦海岸。 34

莱希和伊尔贡

由于英国人只允许很少一点移民上岸,巴勒斯坦犹太人的反感与日俱增。犹太人内部的争论也很激烈,一些人希望与英国合作,打击希特勒,另一些人主张,反对委任政府的斗争不能只采用非法移民这种间接形式,还应有更实际的行动,以将英国人赶出巴勒斯坦为目标。战争初期,伊尔贡和哈加纳一样,在是否攻击英国人的问题上很克制。随着越来越多的人反对延续与英国的停战协定,1940 年 8 月,伊尔贡分裂了,阿拉海姆·斯特恩率领一批人离开,成立了一个新的地下组织“争取以色列自由战士”,以其希伯来语首字母缩写“莱希”之名而广为人知,英国人称之为“斯特恩帮”。

阿拉海姆·斯特恩有个化名叫亚尔(Yair)。1907 年,他出生于波兰的一个地方,其时,那里属于俄国。1925 年,他移居巴勒斯坦。斯特恩异常聪慧,是个卓越的学者、诗人,相貌英俊,在那些喜欢穿短裤、粗布敞领衬衫、拖鞋的人们主导着社会风尚的巴勒斯坦,他也总是身着套装,打着领带。斯特恩和他的追随者谴责伊尔贡与英国人的停战协定为投降主义;他们深深地潜入地下,开展对英国的非法战争,打击的目标不仅有机构设施,也包括军事人员。斯特恩写了莱希的战歌,名为《无名战士》(*Hayalim Almonim*),是这个小而坚决的组织献身精神的写照:

> 我们在房屋里、街道上倒下,
> 我们被悄悄地、安静地埋葬,
> 但还会有千千万万个我们
> 继续战斗、死亡,
> 直到永远。

虽然仅有一个中央委员会,没有军官、军阶、司令部,但莱希有极其严明的纪律。对英国人的刻骨仇恨甚至引领着它寻求与意大利法西斯的联
35 系,希望墨索里尼能征服中东,同意在巴勒斯坦建立一个犹太国。墨索里尼的部队在北非被击败后,斯特恩又试图联络德国在叙利亚维希政权的特使奥托·冯·亨提希(Otto von Hentig),想与德国达成类似的协定。然而,斯特恩的努力没有任何结果。在这些尝试的细节被新闻界获悉后,公众舆论彻底地站在了他的对立面。1942 年 2 月 12 日,在特拉维夫喧闹的南部城区,英国军官杰弗里·莫顿率领伦敦警察厅刑事调查部(CID)的一个小队,闯入斯特恩藏身的阁楼,将这位地下领袖从衣橱里拖出来,带上镣铐枪杀了。沉寂了一段时间后,莱希在二战的晚些时候又东山再起。

二战期间,伊尔贡有过三任领导。在亚伯廷斯基于 1940 年去世后,继任者是大卫·拉齐尔,他的任期的特征是与英国人的战争努力密切配合,甚至参与英国发起的行动。1941 年 5 月 20 日,在伊拉克,拉齐尔参加了英国对亲纳粹的阿里·基拉尼(Rashid Ali el-Keylany)起义的镇压,并在行动中丧生。之后,伊尔贡任命了一位临时领导,直到梅纳赫姆·贝京接任。

贝京出生于波兰,是一个富有的木材商的儿子,在有着浓郁犹太气氛的城市布列斯特—立陶夫斯克(Brest-Litovsk)长大。他在华沙大学

完成了法律专业的学习;在那里,他遇到了泽夫·弗拉基米尔·亚伯廷斯基,犹太复国主义修正主义派的创立者和领导者。贝京加入了这个组织。1939 年 9 月,苏联军队占领了波兰东部,贝京被捕,被解往西伯利亚监狱。他于 1942 年获释,并在不到一年的时间里被安排乘船去了巴勒斯坦,接受英国人的高级训练。在他的警官的默许下,贝京离开了队伍,加入了伊尔贡。

贝京脸型瘦长,严肃而威严。毫无疑问,他是位很有魅力的领袖,对最琐屑的细节问题也能耐心对待。他还是个极具天赋的宣传家。拉齐尔死后,伊尔贡陷入了一场重大的危机,但贝京在接任的几个月内便恢复了伊尔贡的士气。作为对英国坚持限制犹太人移民巴勒斯坦的政策的回应,1942 年 2 月,贝京宣布结束停战。他的理由是,德国于 1942 年 11 月在阿拉曼遭到失败后,英国军队胜利地沿着北非海岸向西挺进,不再有德国入侵巴勒斯坦和民族家园毁灭的危险;此时,英国人成 36
了犹太民族家园发展的主要障碍,成了犹太人的最大敌人。在贝京领导下,伊尔贡在英国政府机构、警察局和兵营安放炸弹,攻击军火库,也不排斥暗杀行动。1944 年 8 月,针对离任的高级专员哈罗德·麦克迈克尔爵士,贝京的人员实施了一次未遂暗杀行动。犹太人认为,对于 1942 年 2 月 24 日的"斯特鲁马"号海难,这位前高级专员应予负责。由于英国拒绝船只停靠巴勒斯坦,"斯特鲁马"号带着船上的 768 名犹太难民沉没在黑海中。

莱希也从失去阿拉海姆·斯特恩的打击中恢复过来,如今由一个三人组成的中央委员会领导。拿单·弗莱德曼—耶林担任委员会主席,他是个聪明而无情的人,化名格拉(Gera)。另外两人分别是学者以色列·埃达德和伊扎克·耶彻尼茨基。后者即沙米尔,他肩膀宽阔,眉毛浓密。沙米尔性情孤僻,是个喜欢躲在幕后的人。他以爱尔兰爱国者迈克尔·科林斯(Michael Collins)的名字迈克尔作为自己的化名。科林斯是爱尔兰自由邦军(Irish State Army)司令,1922 年被暗杀。在三人委员会中,格拉是策划者,埃达德是宣传家,迈克尔—沙米尔负责军事行动。

在新领导的指挥下,莱希不时地抢劫银行、敲诈犹太商铺店主,以补充经费,并展开了对英国警察的无差别攻击及暗杀行动。1944年11月6日,莱希的两名年轻成员在开罗暗杀了英国中东事务大臣莫因勋爵,令英国及犹太复国主义主流派领导大为震惊。由于担心世界舆论转而反对犹太人,主流派领导命令它在巴勒斯坦的军事组织哈加纳采取行动,将伊尔贡和莱希的活跃分子的名单交给英国人。这一行动发生在1944年11月到1945年6月,以"季节"之名为人所知。

反抗英国人

1945年5月8日,德国投降。7月,工党在英国大选中获胜。这个党一直奉行亲犹太复国主义政策,在竞选中主张废除1939年的白皮
37 书,明确保证不反对通过更多的移民使犹太人在巴勒斯坦成为多数。然而上台以后,克莱门特·艾德礼(Clement Attlee)的外交大臣欧内斯特·贝文宣布,英国将继续执行1939年白皮书。在20世纪英国史上,诺言与实际行为之间的反差极少有像工党政府表现得那么明显的。由于对阿拉伯国家石油的迫切需求,贝文急于维持同阿拉伯人的良好关系,几乎从上任的第一天起便尽力取消贝尔福宣言。

为执行1939年的白皮书政策,英国政府将军队部署在巴勒斯坦,促使愤怒的犹太人实现了一项几乎难以想象的联合:本—古里安较温和的哈加纳与两个更倾向暴力抗英的组织伊尔贡、莱希携起手来。它们建立了犹太联合抵抗运动,在整个巴勒斯坦范围内攻击和破坏英国人的机构设施。英国的反应是增派80 000军队,徒劳地希望扑灭犹太人的反抗。1946年6月22日,持续的抵抗行动达到了高潮:在耶路撒冷,伊尔贡炸毁了大卫王饭店的一角——饭店里有委任统治政府秘书处和英军司令部。在英国人正确地称之为恐怖主义的这次行动中,包括15名犹太人在内的91名平民丧生。爆破不仅造成了惊人的损失,还产生了巨大的象征意义,深深地震动了巴勒斯坦和不列颠岛上的英国人。1946年6月29日,星期六,巴勒斯坦的英国人出动了庞大的军

事力量,以鲨鱼行动(Operation Shark)进行了回击,逮捕了 787 人,发现了一些军火储藏处,但没能实现行动的首要目标,即抓获伊尔贡的梅纳赫姆·贝京。

与此同时,犹太特使在欧洲购买船只,将大屠杀的幸存者转送到巴勒斯坦。船只大多从法国港口启航,但也有一些从意大利出发。至 1946 年初,抵达巴勒斯坦的非法移民每月超过 1 000 人。为阻止难民潮,英国人进行了持久的努力,包括在难民所在国和登船港口的拦截,海军在大海上、警察在巴勒斯坦的搜捕,但没有多大效果。1946 年 12 月,犹太复国主义大会在巴塞尔召开。面对英国人的巴勒斯坦政策,代表们的愤怒再也无法遏止。亲英的魏茨曼是犹英关系最重要的象征, 38
但在这次大会上受到了前所未有的孤立,被罢免了犹太代办处和犹太复国主义组织主席的职务。

分治与国内战争

至此,人人都能看出,委任统治消耗着英国人宝贵的生命和巨额费用,却未曾向英国回报任何利益。1947 年 2 月 14 日,失去了耐心的大英政府宣布,它将把巴勒斯坦委任统治权交回联合国,一个多月后的 4 月 2 日,它真的这么做了。

1947 年 4 月 28 日和 5 月 15 日,联合国大会讨论了所谓巴勒斯坦问题,决定成立一个 11 人的巴勒斯坦特别委员会(UNSCOP)。对一切有关巴勒斯坦的问题和事务,委员会拥有评估、记录、调查的全权。在 11 人中,6 位是外交官,4 位是法官,1 位是教授。6 月 14 日,委员会到达巴勒斯坦,停留了 5 周,期间会见了犹太人的代表们。由于联合国拒绝采纳所谓"自然路线"(natural course),即宣布阿拉伯巴勒斯坦的独立,代表巴勒斯坦阿拉伯人的阿拉伯高级委员会抵制了联合国的调查。这是阿拉伯人的一次重大判断失误。由于阿方的缺席,犹太人更容易对联合国的委员会提出强有力的论据,要求分割巴勒斯坦,在其中的一部分建立犹太国。值得注意的是,这一立场偏离了世界犹太复国主义先前的官方立场。二战期间,在纽约的比尔特莫(Biltmore)饭店,

600名犹太代表参加了一次特别会议，主张把未经分割的巴勒斯坦重建为一个单独的“犹太国家”，事实上是要求在约旦河以西的**全部**巴勒斯坦建立犹太国。

正当联合国的委员会在巴勒斯坦进行调查的时候，内河船只“1947年出埃及”号载着4 539名难民，蹒跚地抵达巴勒斯坦海岸，试图突破英国人的封锁，把移民送上岸。就英国一方来说，明智的做法应该将它看作一个特例，做出特别的让步，允许它靠岸。然而，怒气冲冲的贝文
39 决心给犹太人一个教训，命令船只回到它出发的港口，法国马赛西面85英里处的小城塞特(Sete)。这是贝文臭名昭著的多次雷霆大怒中的一次。1947年7月18日，英国军队粗暴地对待这些犹太难民——大屠杀的幸存者，企图让这些人返回欧洲。联合国巴勒斯坦特别委员会的成员见证了这一可怕的场景，坚定了自己的决心，准备提出结束英国在巴勒斯坦的委任统治的建议。

1947年8月31日，特别委员会发布了调查报告。多数成员提议，在一个尽可能早的实际可行的时间，终止委任统治，在保证宗教圣地安全的前提下给予巴勒斯坦独立地位，并在犹太人和阿拉伯人之间分割这一地区。少数派的报告也发表了，主张建立一个联邦，犹太移民应在巴勒斯坦吸收能力的范围内进行。1947年11月29日，星期六，在纽约举行的一次激动人心的会议上，联合国大会采纳了巴勒斯坦特别委员会的多数派解决方案，将巴勒斯坦分给两个民族；33个国家赞成，13个国家反对，10个国家弃权[①]。由于对600万欧洲犹太人命运心存歉疚，基督徒普遍认为应给幸存者一个公平的机会；此外，为争取所需的联合国2/3的绝对多数票，犹太人进行了卓有成效的外交努力，最终获得了对自己有利的结果。根据联合国第181号决议，约10 000平方英里的土地用来分配给了阿拉伯人和犹太人，前者人口为1 364 330，得到4 300平方英里，608 230名犹太人得到5 700平方英里。耶路撒冷和伯利恒成为独立主体(*corpus separatum*)，由联合国管理(参见

① 对1947年分治方案投弃权票的国家应为10个，原文作13个。——译者注

地图 2)。

自贝尔福宣言发表以来,这是犹太人取得的最大政治胜利。按照联合国的决议,犹太人将能独立控制面积两倍于 1937 年皮尔计划所分配的土地。对于阿拉伯人来说,分治决议是一次沉重的打击,终结了他们在整个巴勒斯坦建立阿拉伯国家的希望。既然在近 30 年的时间里,阿拉伯人曾拒绝就犹太民族家园作出任何妥协,那么,现在接受联合国分治决议也只意味着一场彻底的羞辱。联合国大会投票以后,阿拉伯高级委员会宣称:"实施一个违背阿拉伯人与生俱来的权利的决议将导致动乱、流血甚至第三次世界大战。"战争期间成立的阿拉伯联盟在黎巴嫩的阿莱(Aley)集会,反对分治,建立了一个联合司令部,打算军事 40
干预巴勒斯坦,以阻止土地的分割。

在巴勒斯坦,1947 年 12 月 2 日,阿拉伯人开始了一场为期 3 天的罢工,抗议分治决议的通过。在英国,1947 年 12 月 11 日,殖民大臣阿瑟·克里奇·琼斯在下院宣布,英国军队将于 1948 年 5 月 15 日撤出巴勒斯坦。如今,英国人只想以最小的伤亡离开,不再操心巴勒斯坦的秩序。犹太人和阿拉伯人大打出手,这一地区陷入了无政府状态。阿拉伯人抗议分治决议的罢工很快发展成两个民族间的全面内战,昔日的邻居成了不共戴天的敌人。像绝大多数内战一样,战争进行得异常残酷。1947 年 12 月,阿拉伯人杀害了 39 名海法炼油厂的犹太人;1948 年 1 月,增援古什埃蔡恩的 36 名犹太人被杀;2 月,在伊尔贡杀害 10 多名阿拉伯人和 2 名英国士兵后,一队英国士兵开着一辆满载炸药的汽车,驶入耶路撒冷的本—耶胡达大街,炸死了 60 多个犹太人。4 月 9 日,在小村庄代尔亚辛,110 名阿拉伯人被屠杀;作为报复,阿拉伯人攻击了去耶路撒冷哈达萨(Hadasa)医院的 77 名犹太医护人员,将其全部杀害。这些只是所有血腥事件的一小部分。

内战不仅有偶尔的杀戮,也是有组织的武装力量间的战斗。在巴勒斯坦的阿拉伯军队由三名司令官指挥:法齐·卡瓦吉得到了阿拉伯联盟的授权;约翰·巴格特·格拉布爵士和他的 45 名英国军官指挥着外约旦的阿拉伯军团;阿卜杜勒·卡德尔·侯赛尼从穆夫提的高级委员会获得授权,指挥耶路撒冷的阿拉伯军队。犹太人的主要军事力量是哈加纳,它的组织较为严密,受本—古里安领导的巴勒斯坦犹太权力机构的统一指挥。莱希和伊尔贡也同阿拉伯人作战,有时甚至与哈加纳合作。

在内战的初期,阿拉伯人的军事态势似乎远胜于犹太人,这严重影响了国际社会对巴勒斯坦动荡局势的态度。由于阿拉伯人占据了上
41 风,美国政府受到越来越大的压力,开始从先前的立场退缩,重新考虑它的中东政策。需要指出的是,在 1947 年的最后几个月里,当分治方案的支持者与反对者激烈斗争的时候,美国不仅赞成分治,还在投票前的关键时刻动员了一切力量,争取分治决议通过所需要的票数。没有美国的游说,分治方案很难说能获得联合国大会的 2/3 多数。但是现在,美国震惊于巴勒斯坦不断恶化的局势,担心一旦英国军队离开,这里将爆发全面的战争,还担心对犹太人的支持会把苏联推到阿拉伯人那边,给它插足中东的机会。美国开始改变支持分治的态度,逐渐倾向于以托管制度取代分治方案。

对于美国的回缩,犹太领导层受到了极大的震动,决心以更大的努力争取军事上的胜利。1948 年 3 月 10 日,哈加纳执行了 D 计划,开始实施全面进攻,最终控制了联合国于 1947 年 11 月分给犹太国的绝大部分领土。另一方面,犹太人对美国政府施加了巨大的压力,反对托管制度,加上苏联人也反对托管,美国最后打消了这个主意,将注意力转向在巴勒斯坦实现停火。

与此同时,犹太人进攻的力度越来越大。从 4 月 3 日到 15 日,纳赫肖恩行动(Operation Nachshon)成功打开了去耶路撒冷的通道,给被包围的城市送去了食物。在巴勒斯坦的另一边,犹太部队占领并控制了 4 座住有两个民族居民的城市:4 月 18 日占领太巴列,4 月 22 — 23 日占领海法,4 月 30 日占领雅法,5 月 10 日占领萨法德。到了 5 月,除内盖夫外,犹太部队控制了联合国分配给犹太国的绝大部分地区。

正是在内战期间,“巴勒斯坦难民问题”出现了,并随着战争的进程而越发严重。起初,仅有少量的阿拉伯人逃离巴勒斯坦,大多数住在孤

立的阿拉伯聚居区,再加上一些较富裕的巴勒斯坦阿拉伯家庭;后者觉
察到即将到来的麻烦,决定暂避他乡,等待战事平息。然而,由于巴勒
斯坦的阿拉伯领导层和中产阶级的离去——尽管自以为只是暂时
的——由于犹太人对较贫穷的巴勒斯坦人的“劝说”和常常进行的武力 42
驱赶,以及由于关于血腥屠杀阿拉伯人的流言,恐惧的气氛在整个巴勒
斯坦弥散,将阿拉伯难民的涓涓细流变成了一股股洪流。对阿拉伯人
的屠杀曾在代尔亚辛村发生;1948 年 4 月 9 日,犹太人杀害了 110 名
平民。最终,离开巴勒斯坦的阿拉伯人估计有 750 000,导致人口的分
布状况变得对犹太人极其有利。到英国对巴勒斯坦的委任统治结束的
时候,犹太人已经成了这个地区的多数。 43

第二章　以色列的诞生(1948—1949)

1948 年 5 月 14 日,星期五

1948 年 5 月 14 日,星期五。这是一个不寻常的日子,一个历史性的节点,这一天发生了三个重大事件。首先是以色列宣告独立;其次,英国的委任统治结束了;第三,阿拉伯国家准备侵入巴勒斯坦—以色列,5 支正规军已进入出发阵地,还得到了沙特阿拉伯和也门特遣部队的增援。

下午 4 点,在特拉维夫罗斯柴尔德大街 16 号,200 人参加了宣告国家成立的仪式。举行仪式的地点是市长迪津戈夫的私宅,那里有本城唯一的一个大厅。成立仪式很简短,但意义重大;51 年前,开始于巴塞尔市政娱乐场,其时,37 岁的西奥多·赫茨尔发动了犹太复国主义运动,致力于在巴勒斯坦为犹太民族建立一个"家园",而它则是一段漫长、疲惫的旅程的终点。

如今,在赫茨尔的巨幅画像下面,本—古里安敲响了木槌,示意由第五次阿利亚成员组建的巴勒斯坦交响乐团开始演奏国歌《哈提克瓦》。它由伊姆贝尔作词,原是为纪念里雄来锡安于 1882 年的建立而写的。国歌做了一些修改。第二段原来写作:

> 回到父辈们的土地上
> 回到大卫的城市中
> 我们古老的希望没有丧失 44

现在改成了:

> 回到锡安和耶路撒冷的土地上
> 在我们自己的土地上成为自由的民族
> 我们两千年的希望没有丧失

本—古里安宣读了有1 027个字的声明。他从描述以色列地开始,把它称作犹太人民的诞生地,精神、宗教、民族特征形成的地方,在这里,犹太人写出并向世界贡献了圣经。本—古里安说,这是一块犹太人从未停止为之祈祷的土地,犹太人一直盼望着返回的土地。他描述了西奥多·赫茨尔的努力,提到了英国政府在贝尔福宣言中有关帮助犹太人在巴勒斯坦建立“民族家园”的保证,提到了国际联盟在委任统治训令中对这一保证的重申。接着,本—古里安提到吞没了数百万欧洲犹太人的大屠杀,证明了建立一个国家对于解决犹太人无家可归的问题的必要性。1947年11月,联合国大会的决议允许犹太人建立自己的独立国家;提及这一决议后,本—古里安宣布:

> 因此,在英国结束巴勒斯坦委任统治的今天,我们民族委员会的成员们——代表以色列地的犹太人民和犹太复国主义运动——在此集会,基于我们的自然与历史权利,基于联合国大会的决议……我们宣布犹太国在巴勒斯坦成立,它的名字叫以色列国(Medinat Yisrael)。[①]

---

① Walter Laqueur and Barry Rubin, *The Israel–Arab Reader*, p. 108.

本—古里安向听众们保证，以色列国将对一切国家的犹太移民开放，将为促进它的居民的福祉而不断发展，国家的原则将是自由、公正与和平，将为推进全体公民彻底的社会与政治平等而努力——不因宗教、种族或性别而有所歧视，将确保宗教、良心、教育、文化的自由，将保护所有宗教的圣地，将遵守《联合国宪章》的原则。接着，本—古里安呼吁以
45 色列国的阿拉伯居民维护和平，在“完全与平等的公民权利”的基础上参与这个国家的发展。本—古里安说，以色列向所有阿拉伯邻国和人民“伸出和平之手”。然而，值得注意的是，本—古里安没有提到以色列国的边界，也许是不想排除一种可能性，即以色列军队将国界扩张到联合国于 1947 年 11 月分给犹太人的土地之外。

念完独立宣言后，本—古里安和其他 37 个人将名字签在一张空白羊皮纸上。这些卓越的犹太领袖们建立了一个国家，却没能及时找到一位圣经抄写员，用鹅毛笔以古体事先将宣言誊抄下来。因此，独立宣言书上先有签名，一周后才把宣言全文补上。

对于国家的正式成立，巴勒斯坦犹太社区和全世界的犹太人一片欢腾，本—古里安却在他的《战争日记》中写道，自己“在兴高采烈的人群中像个失去了亲人的哀悼者”。他意识到，由于犹太人宣告独立，与阿拉伯邻国的战争将不可避免。[1]

与以色列的诞生有关的事态不仅限于巴勒斯坦一地。特拉维夫的独立仪式进行的时候，在大西洋的那一边，6 个月前宣告了犹太人民建国权利的联合国大会就一项提案展开了辩论，该提议不支持犹太国的独立，而要求建立国际委任统治。

与此同时，在华盛顿，美国国务卿乔治·马歇尔和总统杜鲁门进行了一场激烈而尖刻的争论，前者反对承认以色列，但总统作出了相反的决定。杜鲁门不仅对欧洲犹太人的困境感慨不已，还清醒地认识到，为确保在即将到来的大选中拿到犹太选票，他需要和犹太人站在一起。这样，在本—古里安宣告独立 11 分钟后，以杜鲁门总统的名义，美国驻

① David Ben-Gurion, *War Diary* (Tel Aviv, 1983), 14 May, 1948(希伯来文)。

联合国代表沃伦·奥斯汀宣读了一份简短的声明,其要点是一个犹太国家已在巴勒斯坦宣布独立,它请求华盛顿予以认可,美国政府接受了请求,承认那里的临时政府是新以色列国事实上的领导机构。不久以后,俄国和危地马拉也承认了以色列。

在以色列国宣布成立和国际社会认可的同时,这一天还发生了另一件大事,即除了留在海法港保护撤离的一支小分队外,英国人告别了 46
巴勒斯坦。自国联委任统治训令要求英国"促进犹太民族家园的建立"以来,26 年过去了。国联的托管决定如梦幻一般,在法律意义上和历史中都没有先例。人们曾在数年间对它寄予厚望。后来,特别是在 1939 年之后,英国逐渐放弃了它在 1917 年的贝尔福宣言中申明的义务,放弃了国际社会支持犹太人在巴勒斯坦建立民族家园的保证。然而,与人们通常的指责不同,这并非出于英国人的反犹偏见;由于巴勒斯坦的多数民族阿拉伯人强烈反对犹太人的计划,英国试图予以安抚,在阿拉伯人和犹太人的要求中找出某种中间路线。这不可避免地冲击了以前对犹太人的保证。

在这个星期五,在午夜降临前半小时,在以色列国宣告成立几个小时后——为赶在安息日到来前,仪式需要在那个时间开始——第七任也是最后一任英国驻巴勒斯坦高级专员、中将阿兰·坎宁安爵士离开了他在耶路撒冷的山顶官邸,登上皇家海军舰艇"尤亚卢斯"号(Euryalus),从海法湾出发回英国,由此结束了英国在巴勒斯坦长达 30 年的存在。

犹太国成立并得到认可了,英国人也在撤离,但在这个戏剧性的星期五,还有一件大事在紧锣密鼓地进行着:阿拉伯人准备并开始了对以色列属巴勒斯坦的入侵。埃及军队越过了边界,前进到内盖夫南部;开罗通知联合国安理会,"为消除混乱和无序状态,重建安全与秩序",它的军队进入了巴勒斯坦。在这个国家的北方,一支黎巴嫩的小部队正准备入侵,一支伊拉克人的分遣队逼近了约旦河,外约旦的阿拉伯军团已经沿河展开,叙利亚的一个旅也做好了攻击的准备。

战争

阿拉伯人的进攻

47 阿拉伯人的入侵由以色列的独立宣言引发。如果推迟宣布建国，战争有没有可能避免？我们永远也不会知道答案，不过，既然一个犹太国已经实际存在，那么，犹太领导层改变一下发布宣言的时间，接受美国提议的、已在运作中的停火协定，即将到来的战争也许可以避免。纳胡姆·戈德曼是犹太复国主义运动的重要外交家，1947 年 11 月 29 日的联合国分治决议的策划者之一；他常常说，本—古里安坚持在那个时候宣布建国是“以色列的原罪”。如果有两条路，一个有事实上的国家而没有战争，一个向全世界宣告犹太国的诞生并因此引发战争，本—古里安看来会选择后一个。根据《战争日记》中的一处记载，本—古里安很清楚他的决定意味着战争。“下午 4 点，宣布了犹太人的独立和国家(以色列)的诞生，”本—古里安在 5 月 14 日的日记里写道；接着的一句话似乎要表明他了解其中的意义——“它的命运有赖于军事力量。”

在南部，埃及军队 15 000 人分成两个纵队，进入巴勒斯坦。西纵队由旅长穆罕默德·纳吉布指挥，沿着海岸线向北面特拉维夫的方向而去，一路攻击了内盖夫的犹太定居点。尼里姆(Nirim)和达罗姆村(Kfar Darom)成功地进行了防守战，但雅德莫迪凯(Yad Mordechai)在抵抗了 5 天以后，和尼查尼姆(Nitzanim)一样陷落了。埃及纵队接着来到伊斯杜德(Isdud，即阿什杜德[Ashdod]，距特拉维夫仅 25 英里，但在这里被挡住了。同时，埃军东纵队在阿卜杜勒·阿齐兹(Abd el-Aziz)中将率领下到达尼查纳(Nitzana)，然后经贝尔谢巴、希伯伦、伯利恒、拉马特拉海勒(Ramat Rachel)向耶路撒冷前进。

在巴勒斯坦北部，从 5 月 16 日开始，叙利亚人以两路纵队侵入，一路沿米希玛哈亚登(Mishmar Ha'yarden)的方向去东加利利，另一路去了德加尼亚及其姊妹城镇基布兹德加尼亚 B。德加尼亚是犹太人的第一个基布兹，由第二次阿利亚成员建立，是基布兹运动的一面旗帜，

对以色列农业社会有着重要的象征意义,它的陷落将会严重影响犹太
人的士气。然而在战事进行中,由于两门 65 毫米口径的轻型野战炮的
使用,战斗的结果得以改变。它们是在 19 世纪 60 年代随法国侵略军
去过墨西哥的老古董,连瞄准镜也没有,几天前刚刚运到以色列。摩
西·达扬是名年轻的军官,在这次战斗中发挥了关键作用;他后来解 48
释道:“听到炮弹在头顶的呼啸声,叙利亚军队…… 掉头逃跑了。”[1]在
以色列传奇中,德加尼亚战斗是一首英勇的史诗。直到今天,离这个基
布兹门口很近的地方仍有一辆翻倒了的叙利亚坦克。在这次战斗后
20 天左右的时间里,叙利亚人退回了国际分界线的那一边,没再制造
什么麻烦。接着,到 6 月 10 日,经过一番精心准备,叙利亚人发动了一
次出其不意的攻击,在联合国于 1947 年 11 月分配给犹太人的地区,他
们占领了一些土地,建立了桥头堡,并一直坚持到战争的结束。

同样在这个国家的北部,一支伊拉克部队攻到了盖谢尔(Gesher)基布兹附近的贝特谢安(Beit Shean)山谷。然而,从叙利亚军队的进攻中拯救过德加尼亚基布兹的那两门炮紧急运到了这里,在它们开火后,伊拉克人停止了对盖谢尔的围攻,四散逃走了。占领这一地区的企图破灭后,伊拉克人在一名将军塔黑尔(Tahir)的指挥下,集中力量于纳布卢斯—杰宁—图勒凯尔姆(Nablus-Jenin-Tulkarem)这一阿拉伯三角地带,控制了这个地区并掘壕固守。与此同时,主要由自愿人员组成的黎巴嫩军队开始向着拿撒勒(Nazareth)、希法莱姆(Shfaram)和马尔基亚(Malkia)地区进发。

随着犹太国的独立和英国人的撤退,外约旦军队渡过约旦河,进入联合国于 1947 年 11 月分配给阿拉伯巴勒斯坦人的地区。这里没有流血的必要,因为早在 1947 年,阿卜杜拉国王已经和犹太人达成了分割巴勒斯坦的协议。从西面紧靠着约旦河的土地及邻近地区是划给外约旦的,无须与以色列人战斗。不过,耶路撒冷既不是犹太人的,也不是阿拉伯人的,在这里,以色列和外约旦军队激烈地碰撞在一起,都想控

① Moshe Dayan, *Story of My Life* (London, 1976) p. 96.

制这个城市。至少在战斗的开始阶段,约旦人占了上风。5 月 19 日,他们孤立了斯科普斯山,10 天后占领了耶路撒冷的犹太区,将俘虏中的战斗人员解往安曼,700 名妇女和儿童被驱赶到犹太人的西耶路撒冷。从军事上看,这次失败无关紧要,但在心理上是对犹太人的一次沉重打击。耶路撒冷旧城的犹太区是巴勒斯坦犹太定居点中最受珍视的一个,哭墙则是最宝贵的宗教圣地,代表着犹太耶路撒冷的精
49 神中心。

对于以色列人来说,更严重的事态是外约旦军队控制了莱特龙;它在阿亚伦(Ayalon)山谷的顶部,俯视着连接特拉维夫和耶路撒冷的公路。正是在这个山谷,约书亚命令太阳停止转动,从而打败了迦南人。[①] 依靠莱特龙这个战略性的位置,约旦人阻断了食物与武器向耶路撒冷的输送。经过数次损失惨重的失败后,犹太人放弃了武力从约旦军队手中夺取莱特龙的打算,不得不翻山越岭,并改造莱特龙南面一条曲折的沙路,以开通抵达耶路撒冷的新路线。它被称为"缅甸小道",后来又改称克维西哈格乌拉(Kvish Ha'gevurah),意为"英雄之路"。通过这条路,至关重要的物资不断进入被包围的耶路撒冷。

在战争初期的这些关键日子里,在疾病缠身的总司令亚科夫·多里的指挥下,以色列军队在各条战线不断调动,抵御入侵的阿拉伯军队。后来,34 岁的伊加尔·亚丁接过了多里的实际指挥权。

在战事的中期,6 月 1 日,根据临时政府的命令,哈加纳抛弃了它的地下与秘密的特征,成为以色列军队的核心,获得了以色列国防军(Israel Defence Forces, IDF)这一新名称。伊尔贡和莱希曾与巴勒斯坦的英国人作战,如今受邀加入新的军队。伊尔贡的司令官贝京和本-古里安的人达成了协议,伊尔贡被看作国防军的一个有机组成部分。

起初,战斗主要在地面上进行。到 5 月底和 6 月初,以色列特使从捷克斯洛伐克购买的梅塞施米特式、喷火式、蚊式战机飞到了以色列。飞行员大多数是从英国、美国、南非的志愿人员中招募的;5 月 29 日,

---

① 见《圣经·约书亚记》10:13。——译者注

他们驾机轰炸了伊斯杜德的埃及军队。直到战争结束,这支空军承担过为地面部队进行空中侦察的任务,为孤立的定居点运送军事物资和食物的任务,还轰炸过阿拉伯国家的首都。

在以色列国成立和阿拉伯入侵三周后,以色列占领了比曾期待的多得多的领土。它的军队成功巩固了对阿、犹居民混杂的城镇的控制,其时,那里的阿拉伯居民已大半逃亡。它还控制了加利利的西部和东部,从海法到约旦河的耶茨里尔(Jezreel)谷地,直到伊斯杜德北一处地 50
方的海岸平原,以及内盖夫中部的大块孤立地区。耶路撒冷实际被一分为二,分界线以西基本在以色列人手中,再加上斯科普斯山这块飞地;外约旦占据着包括西墙和犹太区在内的旧城,还一直掌握着莱特龙这个俯瞰耶路撒冷—特拉维夫公路的突出部。

第一次停战与阿尔塔列纳事件

战争爆发后六天,5 月 21 日,安理会常任理事国任命福尔克·伯纳多特伯爵为巴勒斯坦调停人,其任务是提出解决危机的方案。伯纳多特是瑞典皇族,身材瘦长,精力充沛,是个友好但很有原则性的人。1945 年 4 月,他曾参加结束第二次世界大战的谈判,对新工作算得上经验丰富。

持续的战斗使得任何调停都无法进行,因此,伯纳多特要做的第一件事是说服阿拉伯人和犹太人接受停火。不过,阿拉伯人虽然急需补充军火,但更担心停火会有利于以色列人整顿部队,巩固自己的地位,并得到更多的武器。另一方面,以色列人迫切希望停火:阿拉伯人刚刚战斗了几天,伤亡不大,仍有相当的战斗力,而以色列人自 1947 年 12 月以来就没停顿过。以色列认为一次停火将使自己得到喘息的机会,巩固战果,重新组织战斗。6 月 7 日,安理会不顾阿拉伯人的反对,通过了要求停战的决议。伯纳多特把 6 月 11 日定为停火开始的一天,阿以双方都同意了。

停火协议禁止采取任何改变军队现状的措施,特别是引进武器和招募"军事人才及达到入伍年龄的新兵"。然而,只要有机会,双方对违反停火协议的行为都毫不在意,以色列人尤其充分利用了停火的数周,

购入了更多的武器，重组和改善部队的机构，加强对所占领地区的控
51 制，还拓宽了为耶路撒冷输送急需物资的缅甸小道。

正是在停火期间，以色列遭受了一次心灵上的创伤，后来被称为“阿尔塔列纳事件”。我们还记得，虽然本一古里安政府组建了以色列国防军，以之作为这个国家唯一合法的武装力量，虽然贝京的伊尔贡被吸纳进国防军，但政府并没有完全控制所有的武装，尤其是在犹太国没能获得正式司法管理权的耶路撒冷；在那里，伊尔贡和莱希独立于国防军和政府之外，独自开展行动。这种异常的军事管理上的分裂状况最终酿出了大祸。停火期间，伊尔贡驶来了一艘 5 000 吨的“阿尔塔列纳号”船，船名采用了亚伯廷斯基的笔名，上面有 800 到 900 名志愿人员，250 挺轻机枪，5 000 支步枪及其他军火。6 月 16 日，本一古里安与贝京的代表达成了协议，让这艘船停靠在特拉维夫南 23 英里处的维特金村(Kfar Vitkin)，从那里卸货，相信这样可以躲过联合国停火观察员的监视；船上的武器将移交给国防军。1948 年 6 月 20 日、21 日夜，“阿尔塔列纳号”靠近以色列海岸，在维特金村抛了锚。但在这时，贝京改变了主意，要求将 20％的军火交给耶路撒冷的伊尔贡武装。此时，大多数伊尔贡人员都在国防军中服役；贝京指示他们离开军队，前来帮助卸货。这是对本一古里安政府的公开挑衅。在与同僚们商议后，本一古里安明确下令国防军扣押“阿尔塔列纳号”及船上人员，必要时可使用武力。以色列滑到了内战的边缘。

在维特金村的交火中，两名国防军士兵和六名伊尔贡分子死亡，但事态还在继续发展。贝京命令“阿尔塔列纳号”起锚，驶往特拉维夫，希望从那里得到更多的公众支持。贝京本人也上了船，和来自芝加哥的 25 岁船长芒罗·法恩一起到了特拉维夫。本一古里安的部队和伊尔贡成员又进行了 10 个小时的战斗，使用加农炮击中了轮船。本一古里安说，“感谢上帝，大炮让船只燃烧起来了”；此后，那门炮获得了“神炮”的绰号。“阿尔塔列纳号”起火后往一边倾斜，船上人员跳水向岸上游去。在这悲剧性的一天，被杀的伊尔贡人员中有阿拉海姆·斯塔夫斯基；15
52 年前，在哈伊姆·阿罗索洛夫被谋杀一案中，他被怀疑为凶手之一。那

次谋杀也发生在这同一个不幸的地方。贝京是最后一批离船的；上岸后，他通过广播命令伊尔贡停止战斗，后者遵令投降了。

“阿尔塔列纳事件”是新生的以色列国最痛苦的经历之一，在此后的多年里不时勾起以色列人的苦涩记忆。另一方面，它也表明以色列政府决心贯彻自己的意志，维护自己的权威，即使使用武力也在所不惜；国防军将是唯一的一支武装力量，不允许其他军队存在于这个新国家。在本—古里安最具戏剧性、最凸显性格的行动中，对犹太人使用武力和开火的决定必然榜上有名。

在这个时期，“阿尔塔列纳事件”不是仅有的一次危机，另一次是国防军高级将领于 1948 年 6 月 2 日的总辞职。它的直接原因是本—古里安提出的一份军事任命名单，而这位领导人对军事事务的不断干预所引发的不满则是更深层次的因素。本—古里安经常不顾专家们的意见，插手军事行动到最细微的程度。一个事例是，本—古里安要求夺取莱特龙的堡垒，阿拉伯军团从那里截断了由特拉维夫向耶路撒冷的物资运输；这招致军事指挥官们的强烈不满，他们认为大量装备精良的约旦军队已牢牢控制那里，以色列人不可能把它夺回来。事实证明他们是对的。由于本—古里安的坚持，一波波的犹太人冲向莱特龙，又一次次地被打回来，损失了大量的年轻生命，其中许多刚刚从设在塞浦路斯的拘留营放出来。后来，以色列任命了一个 5 人委员会，由它而不是本—古里安一人负责战争事务，才算结束了这次危机。

伯纳多特计划

在联合国观察员监督着停火的时候，在犹太人与犹太人战斗着的时候，瑞典调停者伯纳多特忙着制订一个计划，以终结阿拉伯人和犹太人的冲突。此时，他已在罗得岛上的罗斯饭店(Hotel des Roses)建立了自己的总部。1948 年 6 月 28 日，计划送给了有关各方。在很大程度上，他的建议反映了巴勒斯坦当时的状况。伯纳多特提出，巴勒斯坦的面积应恢复为 1922 年由英国进行委任统治时的情况，即包括外约旦在内；这里应有一个阿拉伯国家和一个犹太国的“联邦”，前者事实上是

53

扩大了的外约旦王国。内盖夫在1947年11月29日的分治决议中给了犹太人,但如今被阿拉伯军队切断了;伯纳多特提议将全部或部分内盖夫给外约旦。作为补偿,联合国分给阿拉伯巴勒斯坦人但基本被以色列控制了的西加利利应转给犹太人。他还提议把海法作为自由港,另建一个利达自由空港。关于移民,“在联邦成立两年后,每个成员都有权向联邦理事会提出请求,审查另一个成员的移民政策并作出裁决”。伯纳多特建议,如果一方对裁决有异议,问题应提交联合国经济与社会理事会,由它基于“经济吸收能力”的原则作出的决议,将对制定了引起争议的政策的一方有约束力。根据联合国1947年的决定,耶路撒冷成为一个国际城市,此时,伯纳多特有了新的方案,即让它“留在阿拉伯领土内”,城里的犹太区享有“自治权”,对一切宗教圣地的保护应有特别的安排。

阿以双方立刻拒绝了伯纳多特方案。阿拉伯人认为方案给犹太人的太多,对调停者的回答是提议成立单一的巴勒斯坦国;在联合国作出1947年决议前,阿方曾多次提出这个主张,都被否定了。在阿拉伯国家中,埃及、叙利亚、沙特阿拉伯政府还觉得伯纳多特方案比较有利于外约旦,之所以反对这个计划,也有嫉妒阿卜杜拉国王权势增加的因素。以色列则认为伯纳多特方案企图重绘联合国于1947年绘制的地图;借助军事上的胜利和通过吞并联合国分给阿拉伯人的土地,这张地图已被修订得对以色列大为有利。在联合国,以色列的代表阿巴·埃班——他所率领的派出机构此时仍被称作“巴勒斯坦犹太代办处”——对伯纳多特方案评论道,“这就像外科医生带着病人的大部分重要器官离开了”[①]。伯纳多特没有认可一个独立的以色列国,还将耶路撒冷分
54 给了阿拉伯人,令以色列人很沮丧,怀疑整个计划都带着英国的印记。在以色列,伯纳多特受到了人身攻击,被指责同情纳粹,是英国的代理人。本—古里安总理在日记中写道:“人们不无道理地怀疑,伯纳多特是贝文的代理人。”[②]在一些圈子中,伯纳多特继欧内斯特·贝文之后成

① Abba Eban, *Autobiography* (New York, 1977), p.125.

② David Ben-Gurion, *War Diary*, 29 June 1948.

为以色列最痛恨的人。

这样,阿拉伯人、犹太人甚至国际社会的一些成员拒绝了伯纳多特方案;苏联人说,他的方案上带有“英国制造”的标志。伯纳多特不得不力图延长快要到期的停火。

战斗与第二次停火

伯纳多特延长停火的努力没有什么结果。在开罗,阿拉伯联盟政治委员会开会讨论了巴勒斯坦问题,在埃及和叙利亚的强大压力下,决定不延长停火期。在日记中,伯纳多特冷静地记下了一笔:“他们(阿拉伯人)彻底拒绝了我延长停火的提议。”[①]以色列人也意识到不会有新的停火安排,于7月9日首先开火。现在,如阿拉伯人最初反对停火时所担忧的那样,以色列人变得更强大,组织更完善,有能力发起进攻了。根据国防军事实上的总参谋长伊加尔·亚丁的评论,停火是战争的转折点:“我们掌握了主动权,并再没有把它丢还给阿拉伯人。”[②]

激烈的战斗持续了10天,以色列明显占了上风。作战尤其集中于中部的利达—拉姆勒地区;这里形成了一个突出部,离特拉维夫仅有11英里。在伊加尔·阿隆和摩西·达扬的指挥下,7月11—12日,以色列军队占领了阿拉伯城市利达,包括它的国际机场;7月12日,占领了拉姆勒。在联合国分治计划中,它们都是阿拉伯人的。经本—古里安总理默许,两个城市的约5万名巴勒斯坦居民被赶走了。总理用自己的态度向他的军事指挥官们表明,他希望阿拉伯巴勒斯坦人离开。[③]

与此同时,北部的黎巴嫩军队被赶出了战场。以色列人还试图将叙利亚人驱逐出约旦河西岸,特别是米希玛哈亚登和哈马(Al-Hama)地区,但没有成功。 55

① Folke Bernadotte, *To Jerusalem* (Tel Aviv, 1952), pp. 132, 137(希伯来文)。

② Michael Bar-Zohar, *Ben-Gurion*, (London, 1987), pp. 165—6.

③ David Shipler, “Israel Bars Rabin from Relating 1948 Eviction of Arabs”, *New York Times*, 23 October 1979.

现在,总理兼国防部长本—古里安命令攻占阿拉伯城市拿撒勒,相信拿下它后,阿拉伯人在西加利利的所有战争努力都将崩溃。不过在部队开始行动前,本—古里安捎信给将领们,要他们采取一切措施阻止部队抢劫;那时候,在国防军各个级别的官兵中,劫掠已成为一个大问题。他警告说,“如果你成功占领了老城(拿撒勒),(你的部队)出现抢劫行为的危险性很大……你要准备一支特别部队……无情地射杀任何试图抢劫的犹太人,尤其是犹太士兵……为阻止我们的士兵的任何抢劫企图,要无情地使用机关枪……”[①]7 月 16 日,拿撒勒落入以色列人手中,抢劫行为非常普遍。没有人用机关枪阻止抢劫。

瑞典调停者伯纳多特伯爵劝阿拉伯联盟接受另一次停火,阿卜杜拉国王立刻接受了。然而,埃及人和叙利亚人拒绝了他的提议,联盟的其他成员也追随埃及,不肯停止战斗。与大多数阿拉伯政府一样,以色列很不情愿在这个阶段停火;此时,它的军事行动非常顺利。在 1948 年 7 月 18 日的《战争日记》中,本—古里安总理遗憾地写道:“看来停火(最终)将(不得不)实现。”国际社会比犹太人和阿拉伯人更急于停止流血冲突,颇具讽刺意味。7 月 15 日,安理会通过了一项无限期停火决议,将持续到“和平方案”达成以后。各方同意于 7 月 18 日开始停火。

与第一次停火时一样,战斗的平息使得以色列能够训练新移民,以及更重要的,获得急需的武器。绝大部分军火来自捷克斯洛伐克,在那里,埃胡德·阿夫里尔设法得到了武器,并发送到以色列。阿夫里尔是下加利利一个基布兹的成员,人很聪明,可能是本—古里安带在身边的年轻人中出色的一个。此外,特使们还从瑞士和意大利买到了大炮和高射机枪,从墨西哥买到一些野战炮,从欧洲和美国买了些二战的剩余坦克,从夏威夷买到了美国剩余物资中的自动武器。利用这次战争间歇期,以色列还巩固了对所占领土的控制,将阿拉伯村庄夷为平地,使那些自以为暂时离家避难的居民们以后无家可归。另一件事也很重

56

① David Ben-Gurion, *War Diary*, 15 July 1948.

要：以色列不顾战事的进行，在整个战争期间一直吸纳犹太移民，仅在1948年就达到123 999人。

伯纳多特的最终报告和被暗杀

停火事宜确定以后，伯纳多特制定了与前一个有所不同的新计划，其中最值得注意的可能是明确承认了以色列的存在——“一个真实的、稳固的和充满生气的现实”，对它的外交、防卫或移民政策也没有什么限制。在第一个计划中，伯纳多特拟将耶路撒冷交给阿拉伯人，令以色列人十分失望；此时，他放弃了这一设想，改为建议把它置于“联合国的实际控制”之下，又回归到1947年11月29日决议的立场：耶路撒冷成为一个独立主体。根据伯纳多特的新计划，巴勒斯坦阿拉伯人的命运将由阿拉伯各国政府与巴勒斯坦人自己协商决定，不过他也建议巴勒斯坦与外约旦合并。至于巴勒斯坦难民，伯纳多特现在增加了一个条款：如果不再坚持回到过去巴勒斯坦的家园，难民将会获得补偿。除了这些重要的改变外，有关领土的规定仍与第一个计划一样。这样，以色列可以保留它夺取的、联合国原先于1947年分给阿拉伯人的西加利利，但要把分给它的内盖夫转让给阿拉伯人。巴勒斯坦中部按联合国决议划分，海法港和利达(又叫卢德[Lod])机场将成为自由港。第三届联合国大会定于1948年9月21日召开，伯纳多特要求会议把他130页的报告作为决议草案进行讨论。然而，这个时候发生了重大事件，形势急转直下。

9月17日，一个由三辆汽车组成的联合国车队行驶在耶路撒冷，护送伯纳多特去见以色列代表多夫·约瑟夫；后者负责耶路撒冷事务。一辆吉普车挡住了车队，三个男人跳出来，冲向伯纳多特的汽车并朝他射击。耶胡沙·科恩射出了杀死伯纳多特的子弹；他属于莱希成员建立的一个被称为“祖国阵线”(Hazit Ha'Am)的组织，后来成了本—古里安的保镖。刺杀联合国调停者的计划基本上是耶路撒冷的莱希成员独立制订的，不过，他们的指挥官耶胡沙·扎特勒曾把计划呈送莱希中央委员会。三人委员会成员之一伊扎克·沙米尔后来回忆道：“询问我

57

们的意见时，我们没有反对。”①

警察拖拖拉拉地开始了对谋杀的调查。到处都是流言，说本一古里安政府对调查不是很积极。伯纳多特遇刺令以色列很震惊，但它也认为自己能从中获益，因为，国际社会将不可避免地放慢批准伯纳多特计划的速度。以色列强烈反对这个计划。不过，本一古里安的确利用了谋杀带来的影响，雷厉风行地取缔了耶路撒冷的异己组织，加强了政府对一切犹太武装力量的控制。超过 250 名莱希成员被捕，同样在耶路撒冷的伊尔贡被迫交出武器，自行解散。帕尔马赫是另一个分裂的半独立组织，它的末日也快到了。

帕尔马赫(意为“突击连”)，成立于 1941 年 5 月 15 日，是哈加纳的精锐部队，许多成员参加过温盖特的 SNS。在第二次世界大战期间，建立帕尔马赫有两个基本目标：首先是保卫伊休夫，保卫建国前的犹太社区免受阿拉伯人的攻击；其次要保护这个地区，抵御轴心国武装可能发动的任何入侵。我们还记得，那个时候，德国陆军元帅埃尔温·隆美尔的部队正迫向埃及，英国已在准备将防线北移。如果德国人来到巴勒斯坦，帕尔马赫的任务将是切断德军的交通，在这个地区开展游击战。

到 1942 年，由于缺乏资金，帕尔马赫遇到了生存危机。左翼运动“联合基布兹(Ha'Kibbutz Ha'Meuchad)”建议，由它为帕尔马赫提供食宿。当联合基布兹与本一古里安的马帕伊党合作时，这没有问题。然而，1944 年，马帕伊分裂了，绝大多数联合基布兹成员离开后建立了新党“劳工联盟”(Achdut Ha'Avodah)，帕尔马赫一半左右的官兵都属
58 于它。这次分裂的意义在于，尽管帕尔马赫仍听命于哈加纳，本一古里安对它的成员却不再有政治权威。如今，本一古里安抓住了取缔帕尔马赫的机会。在战争期间，帕尔马赫曾英勇作战，培养了未来以色列军队中最出色的一些军事指挥官，如伊加尔·亚丁和伊萨克·拉宾。1948 年 11 月 7 日，帕尔马赫全国司令部及所属部队解散。

---

① Yitzhak Shamir, *Summing Up: an Autobiography* (Boston, 1994), p. 75.

战争的结束和一个民主国家的出现

从1948年秋、冬到1949年,战争、有关停战协定的谈判、大选和以色列政府的成立都交织在了一起。1948年10月15日,以色列破坏了停火协议,开始"约阿夫行动"(Operation Yoav),也称"十灾行动"(Operation Ten Plagues),意指上帝对埃及人降下的十件大祸。约阿夫行动的目的是造成既成事实,尤其是在内盖夫。以色列希望把它留在自己这边,不仅为了那里肥沃的土地,也因为那里通向红海。此时,联合国大会正打算讨论伯纳多特计划;计划中,内盖夫是准备分给阿拉伯人的。为了圣地的和平,伯纳多特失去了生命,如今计划成了他的政治遗嘱。伊扎克·拉宾是这次行动的高级指挥官,他后来证实:"为重开战争,我们需要找到一个借口,避免承担破坏停火协议的责任……我们决定派一支运送食物的车队去法鲁贾(Faluja),埃及人会向车队开火,这样我们就有了开战的借口……"[①]埃及人不是傻瓜,没有上当。拉宾后来证实:"最终,先有一个地方走火了,接着又有一次,于是我们找到了借口。"[②]

以色列人大胆行动起来,在持续了9天的战役中,一路向南攻击,切断了埃及人的战线,将1/4的埃及部队装进了口袋,压制了另外1/4,其余的被赶到从加沙到阿斯鲁(Asluj)的一个难以防守的弧形区域中。10月21日,以色列人占领了内盖夫的首府贝尔谢巴;根据1947年11月29日的联合国决议及后来的伯纳多特方案,这个地方是阿拉伯人的。在1948年10月22日的《战争日记》中,本—古里安写道:"攻陷贝 59
尔谢巴意义重大……它被我们占领后,联合国(就是否把它给予阿拉伯人)的讨论结果将会完全不一样了。"

与此同时,在这个国家的中部,犹太人经过战斗,拓宽了连接耶路

① Yitzhak Rabin, *Pinkas Sherut* (Tel Aviv, 1979), p. 65(希伯来文)。

② Dan Kurzman, *Soldier of Peace*, *The Life of Yitzhak Rabin 1922–1955* (London, 1998), p. 148.

撒冷和其他地方的通道。在联合国准备讨论伯纳多特使耶路撒冷成为一个国际城市的提议时，这也是以色列人表达异议的一种方式。从10月29日到31日，国防军在南方实施了针对黎巴嫩的“希兰行动”(Hiram)，占据了黎巴嫩南部的14个村庄。希兰是《圣经》中记载的一位推罗(Tyre)国王，大卫和所罗门的盟友，曾为耶路撒冷圣殿的建造提供黎巴嫩雪松。

同样在这个时期，以色列采取措施，加强了对国内阿拉伯人的控制。我们还记得，战争期间，并非所有定居在巴勒斯坦的阿拉伯人都逃走了，留在以色列领土内的大约有156 000人，顽强地坚守着自己在村庄中和阿卡(Acre)、雅法、海法、拉姆勒、耶路撒冷等城镇中的土地与财产。10月21日，以色列在阿拉伯地区成立了军政府，划出了“安全区”，限制阿拉伯人在城镇及村庄间的活动。新的法律允许军政府将居民从所宣布的“安全区”迁走，转到别的地方。几个内盖夫的贝都因部落和沙伯瓦(Sha'ab al-Birwah)、乌马法拉(Um al Faraj)、马吉达(Majdal)等阿拉伯村庄的居民被立刻赶走了。

新的停火协议实施以后，1948年11月16日，安理会通过了第62号安全决议，呼吁有关各方谈判，制定一个取代临时停火协议的正式协议。12月11日，联合国大会在巴黎召开，通过了第194号决议，决定成立由来自美国、法国、土耳其的代表组成的巴勒斯坦调解委员会(PCC)。委员会被赋予联合国调解者的功能，它要争取通过谈判在以色列人和阿拉伯人之间达成一项和平方案，推动制定与实施遣返和重新安置巴勒斯坦难民的措施，并拿出在耶路撒冷组织国际政权的计划。联合国第194号决议意义重大，事实上埋葬了伯纳多特计划和它备受争议的领土条款。

新委员会需要一段时间才能开始工作，在这之前，调解阿拉伯人和
60 以色列人的任务交给了伯纳多特的副手和继承者，即美国黑人拉尔夫·邦奇；此前，他是联合国秘书处托管部的负责人。一眼看上去，邦奇并不能给人留下深刻印象，但他是个心志坚定的工作狂，智力超群，知识渊博，经验丰富，头脑敏锐。

然而在邦奇开始调解工作前,以色列人公开破坏了停火,于12月22日发起了霍雷夫(Horev)行动,打算把埃及军队驱逐到西奈半岛更远的地方。通过一次以阿里什为目标的大范围侧翼运动,以色列人进入了埃及领土,轻易地突破了敌人的奥贾(Auja)防线。其他阿拉伯国家的军队按兵不动。最后一些埃及的残余部队也被逐出以色列领土;他们轻率地向西奈半岛东部撤去,以色列人紧紧追赶。一个完整的埃及旅落在了后面,掉进以色列军队的口袋里。被抓获的人中包括年轻的加麦尔·阿卜杜勒·纳赛尔少校,他后来成了埃及总统。

内盖夫的形势很快发展成一场国际危机。英国站在埃及一边介入了,结果它的6架喷火式战机被以色列的梅塞施米特式战机击落。根据1936年的英埃条约,在埃及受到攻击时,英国有义务提供援助。安理会召开会议,呼吁以色列和埃及立即停战,美国总统哈里·杜鲁门也给本—古里安捎去一封措辞强硬的信,最终说服以色列总理撤出了在西奈的军队,接受从1949年1月7日开始的新停火协议。第二天,本—古里安在《战争日记》中写道:“极好的一天。战争要在今天结束吗?”

1949年1月13日,在联合国调停者邦奇非常灵活的穿针引线下,埃及和以色列在罗得岛开始了停战谈判。以色列派出了两支代表团:政治代表团由外交部的沃尔特·埃坦率领,其团员包括这个部门的一些高级阿拉伯事务专家;另一个是军事代表团,由国防军的将领组成,其中有伊扎克·拉宾、伊加尔·亚丁、耶胡沙法特·哈卡比。

大选

当这些重要的会谈进行的时候,以色列公民正准备参加这个国家的第一次民主选举。由于战争的进行,以色列议会的120个议席的竞 61
选不得不推迟;如今,战争已大体结束,选举日被定在1949年1月25日,选举程序的确定则是基于一套党派比例体制。

政党的存在是以色列人生活中的一个组成部分,其中,主要政党大多由建国前的社会运动发展而来。政党的区别一般在于不同的经济路线,如社会主义和资本主义,但宗教与世俗性质也是区别之一。马帕伊

(Mifleget Po'alei Eretz Yisrael,Mapai)即巴勒斯坦工人党,是建国前最重要的社会主义政党。劳工联盟是另一个社会主义工人党派,主要依靠力量是基布兹运动,曾是马帕伊的一部分;1944 年,基于意识形态的原因,它离开了马帕伊。以色列独立以后,它和以基布兹主义为主导原则的一个更为激进的青年卫士党(Ha'Shomer Ha'Tzair)合并,组成了马帕姆(Mapam,全称 Mifleget Poalim Meucheded,意为“联合工人党”)这个单一的议会政党。以色列还有一个共产主义党派马基(Maki),它不赞成犹太复国主义。1947 年,在苏联的政策发生转变后,马基被说服支持以色列的独立。这个党的支持者主要来自城市贫民窟和以色列的阿拉伯人。

赫鲁特(Herut,自由运动党)成立于 1948 年,以色列建国后,它是主要的反对党,大部分成员是前伊尔贡成员及其支持者。赫鲁特由泽夫·亚伯廷斯基的修正主义运动发展而来,后者于 1935 年离开了世界犹太复国主义组织,原因是修正主义分子倾向于对英国和阿拉伯人采取更强硬的政策,还坚持一种修正主义意识形态,要求在约旦河两岸的整个以色列地实现犹太人的历史权利。在经济问题上,赫鲁特反对马帕伊主张的社会主义措施。

进步党人(Progressives)即独立自由党人(Independent Liberals),成立于大选前的几个月,主要由教授、学者和一个较小的基布兹运动组成。一般犹太复国主义党(General Zionists)在英国委任统治年代已经存在,其成员主要来自工业、商业和柑橘种植业。

参加竞选的主要宗教党派有精神中心党(Mizrachi)、基于宗教工人运动的精神中心工人党(Ha'Poel Ha'Mizrachi)、超正统党派以色列正教党(Agudat Yisrael),以及以色列正教工人党(Po'Alei Agudat Yisrael),它们一起组成了宗教联合阵线。此外还有一些小党,如塞法迪党、妇女国际犹太复国主义组织党(Women's International Zionism Organization,WIZO)、也门协会、拿撒勒的阿拉伯人党、战士党、由莱希演变而来的一个党,等等。竞争 120 个席位的共有 21 个党派。

曾参与投票选举 1949 年议会的以色列人很熟悉这些党派。或者

62

在犹太复国主义大会中,或者在选举民族委员会时,投票者大多是和它们一起成长的。在公众的意识中,一些党的名字是与一个生动的领袖画廊连在一起的。例如,马帕伊是本-古里安的党。伊扎克·塔本金从他的基布兹发展出了劳工联盟,他本人对任何职位都没有野心。马帕姆的创始人是梅厄·亚阿里和雅科夫·黑曾(Ya'akov Hazen),喜欢从幕后指导党员们,他们自己不愿意加入政府。赫鲁特由梅纳赫姆·贝京领导,进步党人的领袖是平哈斯·罗森,他是德国犹太复国主义运动的支柱性人物。至于宗教党派,很自然地,它们倾向于采纳等级秩序。精神中心党和精神中心工人党分别由耶胡达·菲什曼(即后来的迈蒙[Maimon])拉比和实用主义的摩西·夏皮拉领导,而拉比伊扎克·梅厄·莱文是以色列正教党的象征,他有着一双总是很忧郁的眼睛和飘动的胡子。

以色列将18岁定为选举年龄。在第一次议会选举前夕,以色列人口有782 000人,其中500 000人是合格选民,包括33 400名阿拉伯人。87%的合格选民参加了投票。本-古里安的马帕伊获得了120个席位中的46席;包括劳工联盟在内的马帕姆获得了19席;宗教联合阵线,16席;赫鲁特,14席;一般犹太复国主义党,7席;进步党,5席;塞法迪党,4席;共产党,4席;拿撒勒的阿拉伯人党,2席;战士党、妇女国际犹太复国主义组织党、也门协会各1席。总的来看,工人党派获得57席,中右党派31席,宗教党派16席。建国以前,伊休夫的选举格局便基本是这样的。新议会中有117名犹太人,3名阿拉伯人。

1949年2月14日,新当选的议会在耶路撒冷召开,老资格的工人领袖约瑟夫·斯普林查当选为议长。两天后的2月16日,议会选举犹太复国主义运动的老兵哈伊姆·魏茨曼为第一届总统。从1917年的贝尔福宣言到1948年争取让美国承认以色列,他参与了犹太复国主义运 63
动所有重要的斗争。作为总统,他的第一项工作是请议会第一大党马帕伊领袖本-古里安组织政府。

停战协议与战斗

1949 年 2 月 24 日，在总统魏茨曼邀请本—古里安组阁的同一天，以色列与埃及签订了停战协议。这是一项重要的成就，是以色列与阿拉伯国家签订的第一个协议。人们期待其他阿拉伯国家追随埃及，和以色列达成类似的协议。

以色列和埃及一致同意，协议的目标是推进“巴勒斯坦向永久和平的回归”，同意停止战斗，直到形成一个最终和平方案。它们还同意交换战俘，建立一种多边停战委员会机制；委员会包括双方政府的代表，由联合国人员担任主席，负责监督停战，处理可能产生的纠纷。以埃协议决定维持内盖夫的军事态势。埃及继续占据加沙—拉法赫(Rafah)一线的海岸地带，大约 27 英里长，4 英里宽。这里居住着 30 000 巴勒斯坦人。战略要地奥贾被非军事化；在法鲁贾陷入重围的旅可以安全返回埃及。内盖夫北部的绝大部分地区留给了以色列。

1949 年 3 月 5 日，尽管与外约旦和其他阿拉伯国家的停战谈判仍在进行着，以色列还是实施了乌夫达行动(Operation Uvda，即事实或既成事实行动)。在向乌姆莱西莱西(Um Reshresh，即埃拉特[Eilat])进发前，它的内盖夫旅和戈兰尼旅占领了南内盖夫和死海西岸、马萨达(Massada)、艾因盖迪(Ein Gedi)；3 月 10 日又占领了埃拉特。埃拉特到手后，以色列不仅在红海有了出海口，还在东、西阿拉伯世界打进一根楔子，阻断了埃及与约旦的陆上交通。3 月 11 日，本—古里安在《战争日记》中写道：“我们到达了埃拉特。如果不说在整个战争中，这至少也是最近一个月内最重要的事件……”

正当以色列军队巩固其对埃拉特的控制时，本—古里安组成了他的联合政府，并提请议会审批。政府包括他自己的马帕伊党、宗教联合
64 阵线、进步党、塞法迪党、拿撒勒的阿拉伯人党。内阁有 12 名部长，分别从联合伙伴中遴选。总理兼国防部长是本—古里安；多夫·约瑟夫曾担任围城期间的耶路撒冷行政官，此时成了供给部长；果尔达·梅厄是劳工与社会保障部长；来自进步党的平哈斯·罗森是司法部长；摩西·

夏里特被任命为外交部长。3 月 10 日,议会批准了联合政府。

1949 年 3 月 23 日,继埃及之后,黎巴嫩成为第二个与以色列签订停战协定的阿拉伯国家。两国同意,它们之间的分界线与以前的国际边界一致,以色列军队应撤出在 1948 年的希兰行动中占领的 14 个黎巴嫩村庄。

下一个是外约旦。1949 年 4 月 3 日,以色列与外约旦代表团在罗斯饭店的黄厅(Yellow Room)进行了数周艰苦谈判,又经过在位于约旦河谷的国王阿卜杜拉的舒内(Shuneh)冬宫秘密会谈,之后,两国签订了停战协议,其中包括 12 个长长的条款和两个有关细节的附件。在谈判中,最复杂的问题之一是对伊拉克军队撤出地区的处置。

伊拉克军队集中驻扎在约旦河西岸的北部。这个国家拒绝与以色列谈判,理由是它与后者没有国界线,停战协议将意味着对以色列未经授权的承认。因此,伊拉克军队撤出了所驻扎的地区;与许多别的国家一样,它以为撤出的地方将由约旦军队接管。但以色列不这么想,它决心利用移交的机会攫取更多的土地。在同国王阿卜杜拉的会谈中,以色列施加了强大的压力,要求获得瓦迪阿拉(Wadi Ara)地区的一块土地。这块土地在特拉维夫和海法之间,上面有 15 个阿拉伯村庄,12 000阿拉伯人。国王并不情愿,但意识到他只能依靠自己:若与以色列发生冲突,外约旦没有取胜的机会。他希望避免冲突,同意了以色列的要求。在停战协议中,他争到一个挽回面子的条款,即以色列将在其他地方补偿相应面积的土地给外约旦。当然,这种土地交换事实上没有发生。 65

根据以色列与外约旦间的停火协议,从死海中部到亚喀巴湾,两国形成了一条曲曲折折的边界,长达 330 英里。外约旦有一个亚喀巴港,以色列有埃拉特港,相距仅几英里,中间有一条停火线。在战争期间,阿拉伯军团占据了约旦河西岸的山区,那里居住着大量阿拉伯人。约旦人把这个地区保留在自己手中,从而宣告了 1947 年 11 月 29 日联合国决议所设想的阿拉伯巴勒斯坦的终结。耶路撒冷分别留在两个国家中,西部由以色列控制,约旦人则据有东耶路撒冷。

以色列人可以利用进入斯科普斯山的通道，也可以自由出入橄榄山上的圣所和墓地。

1949 年 4 月 5 日，在米希玛哈亚登和罗斯皮纳之间无人地带搭建的帐篷中，叙利亚成为最后一个与以色列进行停战谈判的阿拉伯国家。会谈开始前 5 天，在一场未流血的政变中，叙利亚军队的首脑胡斯尼·扎伊姆上校攫取了大马士革的最高权力。扎伊姆提出了一个大胆的建议，要求会见以色列总理本—古里安，商讨签订规定了公开边界、交换大使、建立商业关系等事宜的和平条约。扎伊姆答应接收 300 000 巴勒斯坦难民，作为回报，他希望本—古里安同意他对两国边界的划分，接受沿约旦河与加利利海中部的国界线。这个建议很有胆略，然而本—古里安不打算考虑这样一次会面。他在日记中写道："叙利亚人提议与以色列单独实现和平，两国合作并共同组建一支军队。但他们要……半个太巴列湖……我要(以色列代表)明确地告诉叙利亚人，首先(应该)在先前国际边界的基础上签订停战协定，然后(我们可以着手)讨论和平……"①

关于扎伊姆的建议，历史学家意见不一，其中最常提出的问题是：由于拒绝会见扎伊姆总统，本—古里安是否错过了与阿拉伯国家签订第一个和平条约的难得机会？虽然拥有后见之明，这个问题仍然难以回答，因为扎伊姆是个冒险家和自大狂。但是，另一方面，他也清楚地表达了在叙利亚进行社会与经济改革的意图；就与以色列的和平及边界的宁静来说，他的态度是实用主义的，即把这些当作实现国内改革的
66 工具。与经以色列的成功宣传所形成的一般观点相反，我们从这个插曲了解到，的确有阿拉伯领袖想与以色列达成和平，而后者拒绝了；扎伊姆是其中的一个。无论如何，扎伊姆有关同本—古里安会面的提议没有造成什么困扰，没有妨碍以色列人和叙利亚人继续进行停战谈判，如以色列与埃及、黎巴嫩、外约旦已经做过的那样。

---

① David Ben-Gurion, *From Ben-Gurion's Diary: The War of Independence* (Tel Aviv, 1986), p. 3435.

洛桑和谈

与此同时,由 1948 年 12 月 11 日联合国大会组建的巴勒斯坦调解委员会发起,以色列人和阿拉伯人受邀参加在瑞士洛桑举行的和平会议。会议于 1949 年 4 月 27 日召开,与会者有来自以色列、埃及、约旦、黎巴嫩及阿拉伯高级委员会的代表团。经过在各代表团间的多次斡旋,5 月 12 日,调解员们终于搞出了一个各方赞同的联合草案,其中,有关各方宣布,它们决心“尽快”实现联合国 1948 年 12 月 11 日决议的目标,关注难民问题,尊重包括财产权在内的各项权利,并关注领土与其他一些问题。

但这些说说容易做起来难。等到各方试图讨论原则声明的细节时,它们很快发现自己走进了死胡同。引发争议的两大难题是难民和边界问题。以色列认为,阿拉伯国家应对巴勒斯坦难民问题负责,悲剧首先是由于它们侵略以色列造成的,因此,它是应该由阿拉伯政府解决的一个阿拉伯问题。另一方面,阿拉伯人认为该负责的是以色列,认为所有难民都应该有选择的权利,或者回到先前在巴勒斯坦的家园,或者接受赔偿。边界问题是另一个难点。以色列坚决拒绝回到 1947 年分治计划所确定的界线,它的立场是以停火线作为与邻居们的永久边界,可以稍微做一些调整。阿拉伯人则希望能把时间往回拨动,想要自己曾拒绝过的联合国 1947 年分治决议,坚持在决议的基础上与以色列人 67
达成协议。有关各方未能解决的还有棘手的耶路撒冷问题。

战争的结束

经过四个月的激烈谈判和没完没了的讨价还价,以色列与叙利亚最终达成了协议。1949 年 7 月 20 日,协议在米希玛哈亚登附近的 272 号山山顶签订。叙利亚将撤出在国际边界以西占领的土地,以色列则同意使这些地方非军事化。居民们可以回到这个地区的村庄里,维持治安的将是一支地方警察队伍而不是军队。

随着与叙利亚的停战协议的签订,第一次阿以战争正式结束了。

这是一场昂贵的战争,以色列耗费了约5亿美元,死亡5 682人,15 000人受伤。尽管胜利的代价很高,但到枪炮声沉寂下来以后,以色列可以庆幸自己获得了一些重大成果。到战争结束时,以色列控制了过去的巴勒斯坦79%的土地,比联合国1947年决议分给它的大得多,也比以色列人期望的要大(参见地图3)。

战争结束后,以色列宣传机器承担了新的任务,鼓吹小小的(“大卫”)以色列(“少数”)是如何在庞大的(“歌利亚”)阿拉伯人(“多数”)中幸存下来的,它所进行的是一场多么“纯洁”的战争。然而,这并非事实。尽管以色列当时只有650 000人,而阿拉伯人口是它的40倍,以色列在战场上的军队却多于阿拉伯人:战争开始时,前者的部队有29 677人,阿拉伯人是23 500人;到战争结束时,以色列的优势扩大到了2∶1。因此,这场战争中的“少数”是阿拉伯人,以色列人倒是强大
68 的“多数”,战争的结果也清楚地反映了这一事实。此外,战争也不像以色列宣传的那样“纯洁”。读读本—古里安总理的《战争日记》,所谓的以色列进行了一场“纯洁”战争的神话将立刻被戳破:“被占领城镇发生的抢劫、强奸……所有部队的(以色列)士兵都抢劫和偷盗……”还有“……在阿卡,一群士兵……杀死了一位父亲,伤害了母亲,其女儿被至少一名(以色列)士兵强奸……”在别的地方,“加利利发生了可怕的事情,(以色列军队)屠杀了大约70—80个(阿拉伯人)……”①

由于以色列同邻居们达成的停战协定,这个地区稳定下来,本—古
69 里安政府得以转向吸收移民这一紧迫的工作。

① 上述几段引文分别引自 David Ben-Gurion, *War Diary*, 15 July, 5 July, 10 November 和 19 November 1948。

第三章　国家的巩固(1950—1966)

大移民潮

随着独立战争的结束，政府的首要工作变成了吸收大批犹太难民。在规模不等的移民潮中，数量巨大的难民来到了这个国家。首先到达的是欧洲大屠杀的幸存者，这些人成千上万地分散在德国、奥地利、意大利的无家可归者营地中。到 1949 年 7 月，52 个营地被撤空，里面居住的人们被转运至以色列。离开巴勒斯坦前，英国政府曾将数百非法犹太移民驱逐到设在塞浦路斯的营地中，如今这些营地也空了下来，难民们来到了以色列。与此同时，抵达以色列的还有保加利亚的 37 260 人，土耳其的 34 547 人，南斯拉夫的 7 661 人，波兰的 100 000 人，罗马尼亚的 120 000 人。起初，罗马尼亚不想放犹太人走，在大笔款项入账后，它的立场才缓和下来。在募集钱款以支付转送犹太人到以色列的费用和贿赂制造麻烦的国家方面，美国犹太人联合分配委员会(American Jewish Joint Distribution Committee, The Joint)发挥了关键作用。这个委员会成立于 1914 年，最初的目的是帮助一战期间逃离家园的犹太人。

如此规模的人员汇集与吸收工作是史无前例和难以想象的，政府承受了巨大的压力，衣服、鞋子、家具以及房屋的缺口极大。一些有钱

70 的犹太人可以定居在大城市，但其他许多人缺乏必要的资金，只能依靠政府，后者将这些人安置在战争期间逃难的阿拉伯人的房屋和公寓里。拉姆勒和利达（卢德）原是两个阿拉伯城市，它们的 50 000 阿拉伯居民在战争中被赶走后，犹太移民很快填了进来。另有 1 200 人来到贝珊（Beisan），犹太人给它起了个希伯来名字，叫贝特谢安。海边的阿拉伯城镇阿卡吸收了数以百计的犹太人。在特拉维夫的南面，伊卜纳（Yibna）的 4 000 阿拉伯居民因战争而逃走了，犹太移民住了进来。当阿拉伯人放弃的房屋用完后，政府将新移民安置在匆匆搭起的临时转运营地，以等待公寓的建成。到 1949 年底，住在营地和铁皮城镇（tin towns）的移民超过 100 000 人。这个国家诞生后的头 40 个月里，共建造起了 78 000 套住宅，可提供 165 000 个房间，但都是些很小很简陋的公寓，里面既没有门也没有卫生间，在后来逐渐演变为以色列式的贫民窟。

在早期岁月中，一个后来变得尖锐起来并困扰以色列多年的问题逐渐浮出水面：即内部冲突，尤其是在阿什肯纳兹人和塞法迪人之间。前者是欧美犹太人，后者是来自亚洲和非洲的新移民。

内部问题

阿什肯纳兹人和塞法迪人

建国之前，移民以色列地的主要是来自西方国家的犹太人；建国后，越来越多的移民来自阿拉伯国家。由于受到宗教因素鼓励的民族主义的增强，由于阿拉伯人所遭受的失败的羞辱，由于 1948 年以色列在巴勒斯坦土地上的独立，阿拉伯犹太人的处境逐渐变得危险起来，甚至无法再忍受下去。在将这些人带到犹太家园的过程中，以色列政府发挥了关键作用。它把汇集世界各地的犹太人看作自己最重要的使命；在阿拉伯土地上的犹太社区陷于极度危险的境地时，这一使命更显紧迫。

71 从 1948 年到 1950 年，在“魔毯行动”（Operation Magic Carpet）

中,50 000 名犹太人先是步行穿过阿拉伯沙漠,再由亚丁乘飞机来到以色列。行动的第一阶段是从 1948 年 12 月到 1949 年 3 月,出动了 55 架次飞机。规模更大的第二阶段开始于 1949 年 5 月,一直持续到 1950 年的 9 月 24 日,有 177 个架次的飞机抵达特拉维夫附近的利达机场。从 1950 年 5 月到 1951 年 12 月,“以斯拉和尼希米行动”(Operation Ezra and Nehemiah)把伊拉克犹太人带到了以色列。行动开始前,本—古里安政府和伊拉克首相的密使进行了漫长的谈判;当大笔钱款汇进伊拉克首相的银行账户后,他才答应让犹太人离开。近东空运公司曾参与魔毯行动,此时又承接了新的飞行任务,将 123 371 名伊拉克犹太人带到以色列;另有约 25 000 人希望留在伊拉克。值得指出的是,导致犹太人出走的原因不仅有伊拉克政权的迫害,还有以色列特工的骚扰;后者将手榴弹扔到犹太人时常聚集的地方附近,恐吓犹太人,以达到迫使他们离开伊拉克去以色列的目的。

现在,由于房屋缺乏的矛盾十分尖锐,政府不得不求助于一种新的移民吸收与安置体系,即马巴罗特(ma'abarah,复数为 ma'abarot)。它是一个转运中心,其目标是加快吸收的速度,方式则是鼓励移民到达后尽快自立。马巴罗特中有医疗和社会服务等各种机构,通常建在既有城镇或定居点的附近,新移民可以在那里找到工作,养活自己。然而,马巴罗特的条件相当原始、简陋,令人沮丧。移民住在木头和铁皮搭出的摇摇晃晃的小屋,夏天需忍受烈日的曝晒,而冬天的雨又常常漏进来。在 1950 年的那个艰难的冬天,一些马巴罗特的状况变得十分恶劣,政府动用了军队帮它们运送食物和救援的帐篷、小屋——没完没了的暴雨将它们冲走了不少。到 1952 年底,全国的 113 个马巴罗特住进了 250 000 人,绝大部分是没有工作的塞法迪人。

由于是先到以色列的阿什肯纳兹犹太精英将塞法迪人送进马巴罗特的,塞法迪人对阿什肯纳兹人的怨恨和敌意与日俱增,两个社团间的 72
关系变得紧张起来。这不仅因为相对较富裕的阿什肯纳兹人可以住进大城市,而家庭人口众多的东方犹太穷人只能去马巴罗特,它也是两个不同世界不可避免的相遇所带来的后果。一边是受过良好教育的、老练的、包括许多专业人士的西方犹太人，另一边来自各个阿拉伯国家，其中许多人不会读和写。两种人除了代代相传的宗教外，很少再有什么共同点，甚至连语言也不同。塞法迪人讲阿拉伯语，而阿什肯纳兹人讲意第绪语、德语、波兰语及其他欧洲语言。在 20 世纪 50 年代，以色列事实上是一个分裂的社会，来自阿拉伯国家的塞法迪人与占人口多数的阿什肯纳兹人间有着一条清晰的界限。前者觉得自己受到了歧视，是种族隔离的牺牲品；阿什肯纳兹人则担心另一件事：随着没怎么受过教育的东方犹太人的到来，以色列会不会变成另一个中东社会？阿什肯纳兹人和塞法迪人之间的墙最终会倒塌，但只是在经过许多年的努力以后。

以色列的阿拉伯人与犹太人

这个国家不仅有东、西方犹太人的对立，阿拉伯人与犹太人间的裂缝也在不断扩大。我们还记得，在第一次阿以战争期间，大多数巴勒斯坦阿拉伯人逃走了，留下来的一些人坚守着自己的财产和土地。随着以色列的犹太人口越来越多，阿拉伯人成了少数。1950 年，阿拉伯人有 160 000，相当于 1948 年战争前的 20%左右。这些留下来的人曾经属于一个颇有活力的阿拉伯社会，如今却成了一个被打败的社团。在整个战后时期，以色列人不时地颁布一些歧视性的法律，不时把一些阿拉伯人和家庭驱逐到以色列之外，进一步削弱了阿拉伯人的地位。1950 年 3 月 20 日，以色列议会通过了无主财产获得法，将占有那些暂时离开家园和村庄的巴勒斯坦人的财产的行为合法化；这一法律也适用于一切伊斯兰财产。1950 年 9 月 2 日，以色列军队把奥贾非军事区
73 的 4 000 贝都因人赶到了埃及领土上；同样遭到驱赶的还有马吉达(今天的阿什克伦[Ashkelon])的阿拉伯人。这只是很多此类事件中的两个。阿拉伯少数民族太过弱小，无力质疑这块土地上的新统治者；以色列声称将推动、促进阿拉伯人“完全的和平等的公民权”，所作所为却是尽力否认这些权利。虽然被正式地授予了公民权，然而事实上，阿拉伯人成了二等公民。以色列人认为这些人是危险的，不可信任的，是潜在

的“第五纵队”。阿拉伯人急于保持自己的独立性、身份和文化，而不是全面融入正在形成的以色列社会；这进一步加强了犹太人的看法，即阿拉伯人是无法信任的。参军既是在以色列社会获得成功的一条捷径，也是享受某些国家福利的必要条件；由于军队不欢迎阿拉伯人，仅此一点，阿拉伯人便失去了很多机会。

政府组建了两个机构，以控制和监视生活在以色列领土上的阿拉伯少数民族。第一个是成立于1948年5月的少数民族部，由希垂特(Bechor Shalom Shitrit)部长领导。然而，由于这个部在阿拉伯少数民族问题上持自由主义立场，本一古里安和他很有影响力的阿拉伯事务顾问对它并不认同。1949年7月，少数民族部被撤销，监视以色列阿拉伯人的工作转到了军事政府手中。后者成立于1948年10月21日，负责管理阿拉伯人集中定居的地区，主要工作是贯彻实施政府对这些地区的政策。通过一些严厉的限制措施，军事政府实际上控制了阿拉伯人生活的方方面面，是最遭痛恨的权力机构。未经特许，军事政府禁止阿拉伯人离开村庄去别的地方；它不经审判便监禁嫌疑分子，还常常以安全的名义关闭整个地区，不许阿拉伯人去田地和种植园——田园的出产维系着阿拉伯人的生存，因此，这种限制对后者来说是难以忍受的。军政府还对所有的村庄实行宵禁；有一次，夸塞姆村(Kfar Qassem)的村民没有留意宵禁，在回家时遭到以色列人的射杀，死亡47人。在监视阿拉伯少数民族方面，以色列国内安全总局(辛贝特)也很活跃，将搜集嫌疑人员和组织的情报视为自己的主要任务。

在独立以后，虽然未经正式宣布，但政府的政策便是将严厉的限制
强加给阿拉伯少数民族，确保其在以色列的低下地位。如犹太人在许 74
多年里被迫生活在隔都[①]一样，阿拉伯人事实上也生活在被以色列人包围着的小小隔都里；像流散岁月中的犹太人被禁止从事某些工作一样，以色列禁止阿拉伯人获得高级职位，例如在海法港和电话局。近

① ghetto，指在欧洲各地城市中犹太人被勒令生活的隔离区。——译者注

20年以后，军政府才被撤销，对阿拉伯人的不公正和歧视政策才有所缓和。

不过，尽管曾面临艰难困苦，尽管以色列人之间存在着内部冲突，尤其是在阿什肯纳兹人和塞法迪人、阿拉伯人和犹太人之间，建国后的一段时期仍然见证了增长与发展，建筑工地的嘈杂声成为以色列人最熟悉的声音。政府不顾移民潮带来的巨大困难，于1950年7月5日通过了《回归法》，继续鼓励犹太人移民以色列。这是以色列最重要的法律之一，其中一些条款说："所有犹太人都有移民这个国家的权利……犹太人来到以色列并表达在此定居的愿望后，将获得一张移民证……"《回归法》事实上赋予每个犹太人以移民身份来以色列并自动成为公民的权利；当然，未曾明言的立场是，以色列不欢迎非犹太人，无论是阿拉伯人还是别的什么民族。在建国领袖们看来，以色列意味着一个排他性的犹太国。

危机中的经济

由于对大批移民的吸收，由于维持一支强大武装力量的需要，这个国家的经济承受了极大的压力。人们普遍认为，同阿拉伯军队的"第二场"较量是不可避免的。雪上加霜的是，农业深深地陷入了危机，特别是已成为主要收入来源的柑橘业。1938－1939年，柑橘出口曾超过1 500万箱，1949－1950年则降到了只有420万箱。此外，以色列还有两个不利因素：政府从委任统治年代继承
75 下来的高生活水准；在这个国家的前两年里，50%左右的通货膨胀率。脆弱的以色列经济面临着崩溃的危险，要生存下去，坚定的政府干预是必要的。

本－古里安政府着手实施一项以简朴生活为目标的规划，将这个任务交给了多夫·约瑟夫，后者与财政部长埃利泽·卡普兰一起制定了一个经济计划，致力于降低价格，限制进口，提高国家的工农业生产水平。以色列人不得不勒紧腰带。每个公民每星期只有一点肉和两个鸡蛋的配给，只能去一个商店购买有限的一些食品。从食物开始，政府在

1950 年 8 月又对布料进行限购,公民得到的一点点配给要满足自己对服装的一切需求。这些被称作“册纳”(Tzena)的一揽子紧缩政策有许多缺点,包括排得长长的队列,基本食品的缺乏,因缺少竞争而导致的本地产品质量的严重下滑。此外,它还促成了黑市的繁荣:配给票在那里交易,有钱人在那里购买进口的奢侈商品。1950 — 1951 年冬,约瑟夫试图进一步加强紧缩,引起工人和家庭主妇普遍的自发抗议游行。随着公众不满的增加,部长最终软化了他的立场。紧缩政策对经济发挥了有限的积极作用,却无力从经济危机中拯救以色列,令人十分沮丧。

在很多国家的历史上,像犹太国早期岁月中遭遇的种种困难往往会导致非民主政权的出现。以色列不是这样。1951 年 7 月 30 日,以色列人进行了第二次大选。本—古里安领导的工人运动的主要社会主义政党马帕伊保住了自己的权力,在 120 个议席中赢得 46 个,只比上次少一席。更左的马帕姆获得 15 席,比前次少了 4 席;这是它衰落的开始。拥护非社会主义纲领的一般犹太复国主义者得到了 20 席,右翼的赫鲁特从 14 席降到了 8 席,共产主义者得到 5 席。宗教联合阵线在第一次大选中赢得 16 席,此时分裂了。成立于 1912 年的德国的以色列正教党获得 3 席,其他宗教党派一共只有 10 席。由于没有一个党占 76
据议会多数,以色列只能成立联合政府。众多的党派、彼此迥异的要求和日程使得组建联合政府的谈判旷日持久。本—古里安的代表和各个党派举行了 55 次会议,直到 1951 年 10 月 7 日才完成组阁工作,向议会提交政府的组成方案,并获得了批准。

完成大选和联合政府的组建后,本—古里安总理转向他的主要工作,对付严重的经济危机,从濒于破产的境地拯救以色列。1952 年 2 月,政府实施了新的经济政策,停止发行土地债券和财政票据,货币被贬值,对所有银行存款强征 10%的贷款。这些措施使得经济状况有所好转:生产回升了,支付增加了,通货膨胀被控制在每年 7%,进口从3.82亿美元降低到 3.22 亿美元,贸易赤字从 3.37 亿美元下降到 2.785 亿美元。

海外也来了援助。应本—古里安请求,美国犹太人发行了以色列债券，在 20 世纪 50 年代平均每年为 4 000 — 6 000 万美元，进入 20 世纪 60 年代后更多。美国提供了一笔 6 500 万美元的贷款，帮助以色列吸收难民。虽然如此，经济状况依然很糟。颇有讽刺意味的是，在所有国家中，偏偏是西德来了——说是被以色列政府拖来的也许更合适——带来了足够强力推动以色列经济发展的资金。

希路米

本—古里安政府与德意志联邦共和国交涉，要求它为大屠杀期间造成的物质损失和对犹太人的迫害负责，向以色列国和犹太幸存者提供赔偿。这令许多犹太人难以想象：仅仅在纳粹大屠杀数年以后，以色列就要接受德国的物资援助？拿德国人的东西，会不会加深人们有关犹太人是赚钱狂人和放贷者的印象？然而，赔偿计划的推动者本—古里安总理是个很现实的人。在以色列遭受可怕的经济危机的时刻，
77 他认识到了这个计划的潜在经济利益。本—古里安强调，现在的德国已经是一个不一样的国家了，它应该支付赔偿金——用希伯来语讲即是希路米(Shilumim)。

早在 1951 年 12 月，本—古里安的代表纳胡姆·戈德曼就在伦敦与康拉德·阿登纳总理进行过秘密会谈，提出了赔偿犹太人 15 亿美元的要求。戈德曼询问联邦德国总理，是否赞成以这个数字作为进一步商讨的基础；总理同意了。其时，戈德曼还是犹太人要求德国物资赔偿协会(也称犹太权利协会)常务委员会主席，常驻纽约。

1952 年 1 月 7 日，星期一，本—古里安将此事提交议会，引起了轩然大波。在野党领袖梅纳赫姆·贝京领导了反对这个计划的阵营，他把本—古里安称作“流氓”。在他讲话的时候，愤怒的抗议者攻击了议会建筑，拿石块打碎了玻璃，扔进了议会大厅。100 名警察受伤；军队被召来恢复秩序，以免人群冲进议会。在这种高度紧张的气氛中，议会进行了表决，61 名议员赞同从德国获取赔偿的政策，50 名反对。贝京被控煽动人群，威胁以色列议会和民主制度，被禁止参加议会三个月。他离开以色列去了瑞士，六个月后才回来。

1952 年 3 月 21 日,在荷兰海牙附近瓦森拉尔(Wassenraar)的古
老公爵城堡中,以色列和德国代表用英语开始了会谈。几个月后的 9
月 11 日,双方最终签订了卢森堡条约,其中包括 4 个不同的协议。以
色列国与德意志联邦共和国的第一个协议是希路米,即赔偿金协议。
波恩同意在 14 年内,支付以色列价值 30 亿德国马克(约 7.5 亿美元)
的物资。第二个协议是在德国和犹太权利协会间签订的,波恩同意制
定一项法律,允许政府对曾在纳粹时期遭受迫害的犹太人进行个人补
偿(Restitutions)。第三个协议也由德国与权利协会签订,要求德国向
以色列之外的大屠杀幸存者支付 4.5 亿德国马克。第四个也是最后一 78
个协议要求以色列赔偿德国财产,绝大部分是以色列没收的圣殿骑士
(Knights Templar)的财产。

1952 年 3 月 22 日,以色列政府批准了条约,并成立了一个部际希路米委员会,由它决定德国资金和物资进入以色列经济各部门的优先次序。不久,大批资金开始用于发电设备和铁路的现代化改造,港口和农业灌溉体系的扩展,南部沙漠地区矿藏的开采;以色列还用这些钱购买了商船。从德国来的资金数目相当可观,仅在 1953 — 1954 年就占了政府全部发展预算的 1/4。

1953 年 8 月 19 日,部分为了回应有关政府用犹太人的血做交易的指控,议会通过一项法律,在耶路撒冷成立了一个新的机构,以纪念被纳粹德国及其同伙杀害的 600 万犹太人,保存对牺牲者的记忆。新机构名为亚德瓦谢姆(即大屠杀烈士与英雄纪念馆),取自《圣经》中以赛亚的句子:“即使对他们,我也将在我的房屋中和四墙内建造纪念碑和纪念馆…… 我将给他们以永久的记忆,永不断绝。”它成为犹太人和以色列人的圣所,成为对那场落在犹太民族头上的灾难的永久回忆。

主要来自美国和德国的大笔资金,要求生活简朴的经济计划,以及急剧降低为涓涓细流的移民潮——1952 年上半年的移民只有前一年的 1/10——所有这些促成了以色列经济状况的好转,使得本—古里安政府能逐渐撤销对经济的严格控制,允许物价根据市场需求波动。

边境的紧张局势

1952年7月23日，在一场未流血的政变中，包括加麦尔·阿卜杜勒·纳赛尔在内的一些埃及军官废黜了法鲁克国王。以色列将这一政治变动视为一个难得的机会，希望借此改善与埃及的关系。本-古里安总理派密使谢克·但(Sheike Dan)去南斯拉夫，请求与埃及新领导有
79 密切联系的铁托总统带一个口信，表达以色列对跟埃及建立良好的新关系的愿望。但在此时，革命的实权人物纳赛尔有其他需要优先考虑的事务，如应付埃及严重的社会与经济问题，消除贫困和社会停滞不前的局面等。对他来说，在革命的这一时期，与以色列的关系算不上头等大事。虽然如此，埃及和以色列前线一时出现了相当平静的局面。

但以色列和叙利亚边界的局势却很紧张，特别是在非军事区。争执的根源在于这些土地的主权问题。叙利亚于1948年战争期间占领了这些土地，后来又撤走了。在联合国的监督下，这些土地被非军事化。叙利亚认为它们应由联合国监管，直到两国达成和平；另一方面，以色列坚持它们是自己的主权领土，是联合国在1947年11月29日的决议中分给它的，以色列所受限制仅仅是不许带武器进入这些土地。1953年夏，以色列把推土机驶入非军事区，开始挖掘一条水渠，打算在非军事区的某处引来约旦河水，以灌溉南部的内盖夫沙漠。叙利亚人开火了。此时，大马士革得到国际社会的支持，本-古里安政府则承受了越来越大的国际压力，尤其是来自美国的压力；美国还暂停了一项援助，直到1953年10月25日，在以色列重新考虑并同意停止非军事区的工程后，美国援助才恢复。

在1948年战争后的早期岁月中，造成阿拉伯人和以色列人之间的紧张与矛盾的最重要因素是什么？或许是在靠近边界的阿拉伯领土上，数千巴勒斯坦人的存在。由于1948年的第一次阿以战争，这些人离开了故乡。以色列不许巴勒斯坦人回家；然而有些人或为重新定居、或为采摘水果，偷偷溜了回去，间或偷些以色列人的东西。对这些渗透者，以色列决心予以惩罚，执行了一种当场射杀的政策，

以吓阻企图效法的人。当巴勒斯坦渗透者偶尔杀死了以色列平民
时，以色列往往会实施残酷的复仇行动。1953 年 10 月，为报复对一
位犹太母亲和她的两个孩子的谋杀，未来的以色列总理阿里埃勒·沙
龙率领军队攻击了约旦的基比亚村，杀死了 63 名阿拉伯人，其中至 80
少一半是平民。像其他许多次行动一样，这次也使以色列受到了广
泛的谴责。在执行报复行动时，以色列经常不仅回击那些渗透者，也
攻击阿拉伯政府，以迫使它们阻止巴勒斯坦人从自己的国土出发，向
以色列渗透。

新领导

与此同时，1953 年 12 月 7 日，总理兼国防部长本—古里安辞去了职务，和妻子葆拉(Paula)一起去了位于偏远的内盖夫的基布兹斯德博克(Sde Boker)。本—古里安曾在建国过程中发挥了巨大的作用，并一直主导着以色列的事务，人们很难想象这个国家能没有他。然而，在持续不断的政治危机中，本—古里安变得疲惫不堪。他对助手们说，他无法继续承受在政府中工作的心理紧张状态。因此，像他所说的那样，他决定离开工作“一两年或更长的时间”。马帕伊的政治委员会希望任命利维·艾希科尔为本—古里安的继任者，但艾希科尔不肯接受，于是政治委员会选择了外交部长摩西·夏里特。

1894 年，摩西·夏里特出生于俄国，在将名字希伯来语化以前，他姓舍托克。1906 年，他来到巴勒斯坦。19 岁那年，他去土耳其学习法律，以后又在土耳其军队中服役。回到巴勒斯坦后，他开始了自己漫长而出色的政治生涯。夏里特拥有一些在政治家中很罕见的美德：追求真理的热情，诚实公正，还有一个高尚的灵魂。如果不是选择了政治，他能轻松地成为一名诗人或作家。《个人日记》是夏里特留下的作品中的一部，共 7 卷，长达 2 128 页，记录了 1953 — 1957 年的事情，是极有价值的历史文献。夏里特不仅深深扎根于希伯来文化传统，对阿拉伯文化也很熟悉——他小时候曾生活在一个阿拉伯村庄。如他的一个门徒阿巴·埃班所说，“他轻视任何劣质的、不经心的、邋遢的、不精确的

和道德上成问题的事物。”[1]就性情和风格而言，夏里特与前任极不相同。本—古里安易于冲动，富有想象力，大胆，冲劲十足，经常凭直觉行事；夏里特安静，谨慎到害羞的地步，理性，长于分析，非常务实。两人
81 一起经历过许多犹太史上最艰难的时刻，在很多方面事实上是互补的。

1954 年 1 月 25 日，夏里特向议会提交了他的政府名单，并获得批准。然而，继承本—古里安的工作不是件容易的事，原因之一是离职的总理决心继续从他在内盖夫的新家发号施令。为此，本—古里安离任前将一些心腹安插到了要害部门。西蒙·佩雷斯可能是他最忠诚的代理人，被任命为国防部办公厅主任；摩西·达扬成为国防军总参谋长；最关键的是将国防部长一职交给了平哈斯·拉冯。

英俊的拉冯是个心机很深的知识分子，头脑机敏，为人正直，是马帕伊最有能力的成员之一。然而凭着后见之明，我们很清楚，将拉冯放在总理夏里特最敏感的国防部长职位上是一个巨大的错误。拉冯对夏里特评价很低，决心独立地实施他的政策，不与总理商讨，甚至不向总理报告。总参谋长达扬曾评论道：“关于边界上的军事行动，拉冯不通报夏里特；即使提交报告，它们也只包括事情的一部分，而且总是不准确的。”[2]更糟糕的是，拉冯一直被认为是鸽派，但执掌国防部后，他立刻显示出可怕的鹰派倾向。在新职位上，拉冯从一个公开的和平主义者变成了强硬的武力鼓吹者。这样，在潜入以色列的巴勒斯坦渗透者主要干些偷窃而不是杀戮之事时，拉冯指示总参谋长采取粗暴、血腥的报复行动，即使对最微不足道的边界事件也进行影响深远的回击。在《个人日记》中，总理夏里特写道：“（拉冯）不断诉诸疯狂的行动，将军事领导人教育成恶魔，教他们如何在中东燃起战争之火，如何制造摩擦，制造血腥的冲突……并实施绝望的自杀行动。”[3]拉冯的非理性政策造成了一种奇怪的形势，甚至连总参谋长这样冷酷的军人也觉得需要作

---

① Abba Eban, *An Autobiography*, p. 203.

② Moshe Dayan, *Story of My Life*, p. 187.

③ Moshe Sharett, *Personal Diary* (Tel Aviv, 1978)(希伯来文), 10 January 1955。

些抵制。如达扬在回忆录中所写的那样:“不止一次地,我认为他(指拉冯——作者)下令进行的军事行动不够明智,不得不予以限制。”[①]此外,达扬与总理夏里特的关系也不好。从一开始,夏里特就反对任命达扬做以色列的总参谋长,声称他是一个极端的“党徒”,不守纪律,鲁莽, 82
缺乏政治责任感。夏里特经常抱怨说,达扬“公开反对我当总理和外交部长”,说总参谋长是“写圆滑报告的行家……这是战争冲动的典型标志”[②]。

既然总理夏里特、国防部长拉冯、总参谋长达扬之间的关系这么恶劣,毫不奇怪,在本—古里安离开以后,以色列的外交与军事政策出现了混乱的局面。反过来,这又导致了不幸的后果,其中最著名的是1954年的埃及阴谋。在当时,人们对发生于埃及的事并没有太多的评论,但它最终将打破以色列的权力阶梯,因为它是臭名昭著的“拉冯事件”的序曲。下面讲述的就是这一序曲。

埃及阴谋

1954年7月,英国与埃及草签了一项协议,规定到1956年6月,英军应撤出苏伊士运河地区的基地。英国是根据1936年同埃及的条约获得这些基地的。以色列对英埃协议非常担心,因为一旦英军离开,英国人的设施便将转交给埃及军队。更糟的是,英国的军事缓冲区消失后,以色列和埃及的部队就要面对面地对峙了。考虑到这种局面,本雅明·吉布利上校领导的国防军情报部门同意执行一个计划,以阻止或至少推迟英军从埃及要塞的撤退。这是离间计的一个经典案例。计划者的设想是,通过在埃及的各个地方安放炸弹,制造反英、反美事件;对于财产被炸,美英政府会将之归结于埃及人的教唆,并得出结论:纳赛尔政权是不负责任的,不能指望它保护西方国家在埃及的人员与财

① Moshe Dayan, *Story of My Life*, p. 187.

② 以上各段引文分别见 Moshe Sharett, *Personal Diary*, Vol. 1, p. 202, line 20; 夏里特对达扬的评论见于他的日记 Vol. 3, 16 January 1955 (p. 666, comment number 6); also Vol. 3, p. 705, line 22 and Vol. 5, p. 1371, lines 21-4。

产安全。按照以色列人的愚蠢想法,英国将重新考虑撤军的决定,华盛顿与埃及的关系也不会那么友好了。那个时候,美国正在组织一个以巴格达和开罗为中心的地区军事联盟,试图将它们拉进西方阵营。在以色列看来,这个计划有损它的安全利益。①

在牵连进埃及阴谋的人中有阿拉海姆·达尔,一位以色列情报官员。早在 1951 年,他就将埃及的一些年轻的犹太复国主义者组织起
83 来,传授制作与安放燃烧装置的技术,准备在战争期间使用。② 此时,另一位以色列官员保罗·弗兰克也加入进来。犹太间谍网投入了行动,1954 年 7 月 2 日,在亚历山大邮局包裹处安放了燃烧装置和自制的简单炸弹;7 月 14 日又在亚历山大和开罗的美国图书馆安放,7 月 23 日在亚历山大和开罗的电影院安放。然而,破坏计划未能成功。那些出自业余人员之手的装置或者没有爆炸,或者仅造成很小的危害。间谍网也暴露了,除设法逃脱了的达尔和弗兰克,埃及警察将其他人员一网打尽。③

1954 年 12 月 11 日,埃及以从事间谍和破坏的罪名审判所抓获的人员。事态变得严重起来。直到此时,总理夏里特才得知这个他既未批准也从未听说过的事件。根据议会记录,总理虽然既沮丧又愤怒,还是于 1954 年 12 月 13 日谴责了那些"企图伤害埃及犹太人的无耻诽谤",谴责了那个装模作样地审判"无辜犹太人"的政权。在这些表面文章的背后,以色列展开了疯狂的外交活动,徒劳地进行着争取犹太人获释的努力。1955 年 1 月 27 日,开罗军事法庭公布了宣判结果(至少在犹太人的眼里,埃及人的裁决过于严苛):领导间谍网的摩西·马尔祖克博士和什穆埃尔·阿扎被判死刑,后来被执行了绞刑;有两人无罪释放,其余的人被判处从 7 年到终身监禁的不同刑期。

---

① Benjamin Givly to author, Tel Aviv, 27 January 1997.

② Avraham Dar to author, Atlit, 26 January 1997.

③ Robert Dassa and Marcelle Ninio, Tel Aviv, 24 January 1997, Avraham Dar and Benjamin Givly to author.

在以色列,人们不清楚的是谁下达了这个策划得很糟糕的行动的命令。国防部长拉冯?他坚持说没有。军事情报局局长本雅明·吉布利?他对本书作者说,在一次没有其他人在场的私人会面中,拉冯口头命令他激活埃及的间谍网,地点是特拉维夫哈赫莫纳(Ha'heshmonaim)大街国防部长的家里。无论如何,在这个被称为"安全灾难"的事件之后,国防部长拉冯、总理夏里特及军事官员间的关系越来越紧张,最终,拉冯于 1955 年 2 月 2 日提交了辞呈,下台了。对这一突然的辞职,官方的解释是"对国防部和国防军的结构不满"。作为补偿,拉冯被任命为希斯他助的总书记。马帕伊元老们派了一个代表团去斯德博克,劝说本—古里安担任总理夏里特的国防部长,他同意了。 84

夏里特本人也希望他的前任回到政府中,然而,由于这个现在被称作"老人"的强力人物的到来,他的日子更不好过了。尽管两人曾在许多年里共同工作,但从 20 世纪 50 年代中期起,他们出现了分歧。在以色列最重要的安全事务问题上,在怎样才能更好地应对巴勒斯坦人的渗透和恐怖主义的问题上,两人有着不同的看法。对于渗透者,本—古里安支持行动主义政策,主张采取严厉而迅速的军事报复行动。另一方面,夏里特的政策更加温和,主张对每一次事件区别对待,分别考虑在合适的时间与地点作出军事上的反应,并要求在顾及外交问题的前提下明智地使用武力。换句话说,行动主义者本—古里安反对夏里特的温和政策。两种立场间的裂缝每天、每周、每月都在扩大。

回到政府仅 6 天后,本—古里安与总参谋长达扬一起走进总理夏里特的办公室,拿着一些卷好的地图,要求后者批准攻击加沙的埃及驻军。他们说,在离以色列南部的雷霍沃特(Rehovot)不远的地方,一位骑自行车的人被杀,军队应该作出反应。夏里特极勉强地批准了行动,但为了防止过多的流血,坚持行动中杀死的埃及人不得超过 10 名。1955 年 2 月 28 日,阿里埃勒·沙龙率领的一支部队袭击了加沙,进攻了那里的埃军要塞。由于现场局面的复杂,行动规模比原先策划的扩大了,最终杀死了38名埃及士兵和2名当地人。① 这远远超出了总理夏里特所同意的伤亡数字,他怀疑袭击行动是有意扩大的。吃惊且愤怒的夏里特给本—古里安写信说,“**虽然拿不准**,但我猜从10人……到37人(的阿拉伯人伤亡的增加)是战斗的发展所不可避免的结果。”②

纳赛尔受到了前所未有的羞辱。几年以后,他声称对加沙的袭击促使他作出了改变,将注意力从国内转向国防,并请莫斯科提供武器,以对付以色列可能再次发动的进攻。1955年4月,纳赛尔表面上同捷克斯洛伐克、实际上同苏联缔结了武器交易协定,埃及将获得包括先进战机和坦克在内的大批武器。以色列越来越恼火地看着力量的平衡被
85 打破,形势开始有利于埃及。整个国家一片恐慌,一些歇斯底里的政治家警告人们防备“新的威胁”。以色列人还捐献钱物,帮助国家购买新武器,以恢复平衡状态。

毫无疑问,由于以色列对其邻居草率、过度的攻击,这个地区的紧张局势进一步升温,并出现了军备竞赛。以色列的军事攻击行动多是对巴勒斯坦人的渗透的回击,但有时也在没有出现阿拉伯挑衅的情况下发动。1955年2月的加沙袭击是其顶点,之后的1955年4月,纳赛尔政权公开宣布,支持加沙地带的巴勒斯坦人打击以色列的活动。

大屠杀的政治化

大屠杀持续地困扰着以色列。1955年,72岁的大屠杀幸存者马尔基尔·格伦瓦尔德控告匈牙利犹太同胞鲁道夫·卡斯特讷,说他与纳粹做了笔交易,为了解救他自己的家庭和另外1 684名犹太人,把其他75万匈牙利犹太人送进了奥斯威辛死亡营。关于卡斯特讷劝说纳粹发往瑞士的那列火车,人们一直争论不休。

---

① Ariel Sharon to author, Havat Ha'Shikmim, 1 March 1997 and Jerusalem, 7 April 1991.

② Letter Sharett to Ben-Gurion, 1 March 1955, Ben-Gurion Archive (BGA), Correspondence file (着重号为本书作者添加)。

1944 年 3 月,党卫队头子阿道夫·艾希曼提出一个“物资换生命”的交易,答应如果盟国肯向德国军队提供军用车辆和食品,他将饶恕 80 万匈牙利犹太人。其时,鲁道夫·卡斯特讷是布达佩斯的犹太复国主义救济与解救委员会副主席。为将一列火车的犹太人送到瑞士,他单独与艾希曼进行了谈判,保证就纳粹要求盟军提供的车辆与食品,他将作出安排。最终,他成功地说服了纳粹,一车犹太人于 1944 年 6 月底离开了布达佩斯,其中许多来自卡斯特讷的家乡克卢日(Cluj)镇,是他的朋友或亲戚。在贝尔根—贝尔森(Bergen-Belsen)关押了一段时间后,火车上的乘客于 1944 年 12 月到达了瑞士。

控告是在以色列进行的,当时,卡斯特讷是工业与贸易部的一名高级官员。格伦瓦尔德的代理律师是什穆埃尔·塔米尔,即前伊尔贡成
员,赫鲁特党的一名活跃分子。这似乎表明,格伦瓦尔德的指控可能带 86
有政治意图,是对执政党马帕伊的攻击。这没有什么好奇怪的,在 20 世纪 50 年代,以色列社会看待包括大屠杀在内的一切事务都要通过一副政治透镜,各政党也的确利用了类似的机会,以为己方谋利。不可避免地,这导致记忆与政治的界限彻底消失。这一次,梅纳赫姆·贝京的赫鲁特党成功地将卡斯特讷等同于本—古里安的马帕伊,将对卡斯特讷的指控等同于对工党政府机构的指控。反过来,政府也进行了对格伦瓦尔德的诽谤,使得审判变成了一幕超级法庭闹剧。卡斯特讷声称,他与纳粹谈判是为了拯救**所有**匈牙利犹太人,条件是盟国向德国人提供物资。他指出,拒绝把交易进行下去的是盟国。

1955 年 6 月 22 日,审判官本雅明·哈勒维(Benjamin Ha'levi)发布了他的判决。判决洗刷了对格伦瓦尔德的诽谤,而不利于卡斯特讷,说他“将灵魂卖给了魔鬼”。这一严厉的指控把卡斯特讷变成了以色列一个令人憎恨的人物,不久,在他家门口,卡斯特讷被三个人近距离射杀。马帕伊党也受到很多批评,人们说它在大屠杀期间没有努力解救犹太人,有时甚至还与纳粹做交易,用其他人的生命换取一些犹太人的活路,就像卡斯特讷做的那样。马帕伊受到了极大的伤害。在《个人日记》中,总理摩西·夏里特写道,判决是一记“重击……一场可怕的噩

梦,慢慢窒息着这个党……”[1]的确如此,在1955年7月26日进行的大选中,马帕伊比上届少了5席。

不过马帕伊仍是胜利者,取代夏里特成为总理的本—古里安仍能组成联合政府,并于1955年11月2日提交议会审批。本—古里安不仅担任总理,还为自己保留了国防部长的职务,而把外交部长一职托付给他的前任夏里特。由于同本—古里安已产生尖锐的矛盾,夏里特犹豫了很久才接受。

经济形势看起来好转了很多:内盖夫发现了具有商业价值的石
87 油,德国的赔款已用于改善通讯设施,海运业也在发展。海法附近新开发了一个港口。一条引水渠道正在修建,打算将亚尔孔(Yarkon)河水引到内盖夫的南部沙漠地区,在那里,在贝尔谢巴和死海之间,来自摩洛哥的移民建成了迪莫纳(Dimona)镇,后来成了内盖夫的纺织业中心。在面对希伯伦群山的莱基(Lachish)地区大约123 000英亩的土地上,以色列建造了45个农业定居点和两所农业学校,吸收了3 000名新定居者。文化事业也在发展,1955年,希伯来语研究所成立,目标是充分利用圣经语言的形式,并在其词汇不足的时候造出新词。然而,安全问题又一次压倒一切国内事务,成为头等大事。

1956年卡迭什战役及战后情况

我们还记得,在以色列于1955年2月攻击加沙以后,埃及纳赛尔总统向苏联求援,最后从捷克斯洛伐克获得了大批现代化武器。这批武器的到来对以色列影响很大,尤其是影响了总参谋长达扬。他认为以色列应该同埃及摊牌,在它完全吸收、消化这批武器之前摧毁它的新军火库,以免埃及打破军事平衡,取得军事上的优势。达扬向总理兼国防部长本—古里安施加了很大压力,他说,这样一次打击还应能解除纳赛尔于1955年9月对沙姆沙伊赫的封锁。沙姆沙伊赫位于西奈半岛南端,由于埃及的封锁,以色列从埃拉特到东非和远东的海上通道事实

[1] Moshe Sharett, *Personal Diary*, 22 June 1955.

上被关闭了,埃拉特港和内盖夫的发展也受到极大的阻碍。但是,本—古里安还没有下定决心。人们常常说,他之所以将达扬的建议提交议会,原因正在于此:他知道部长们不会批准这个军事计划。在审议达扬的建议后,部长们否决了它,决定只有在"以色列认为合适的地点和时间",它才会对埃及采取行动。[1] 本—古里安没有试图说服部长们,结果在 1955 年 12 月 5 日收到了达扬写的一封怒气冲冲的信。信是这样开始的:

> 说我们应该在我们认为合适的"地点和时间"采取行动,这是一个现实主义的方案,如果适合行动的地点和时间真的变得很明 88
> 显的话……因此,我把不采取行动和继续承认以色列—埃及停战协定的做法看成……事实上的投降……我认为,我们应该尽快(在一个月之内)**夺取蒂朗海峡**。[2]

在向本—古里安施压以开始对埃及的攻击的同时,达扬还不断扩大军事行动,试图制造一种难以把握、很容易引发战争的局面,借此影响政府的决策。在整个 1955 年的后半期,他一直奉行着这种恶化局势的政策,希望它能导致与埃及的全面战争。这一点我们从吉迪恩·拉菲尔那里得到了证实;基于达扬对官员们说的话,这位以色列外交部的官员评论道,总参谋长想"制造一种危险的局势,迫使阿拉伯国家投入与以色列的公开战争。"[3]在回忆录中,本—古里安的高级顾问以色列·比尔(他是一名苏联间谍,后来身份暴露)指出,以色列于 1955 年下半年频繁地实施军事行动,只是想使局面恶化,以引发战争:"达扬的唯一目的

---

① Moshe Dayan, *Diary of Sinai Campaign* (London, 1965), p. 13; Shabtai Teveth, *Dayan, Biography* (Tel Aviv, 1971), p. 441 (希伯来文); Mordechai Bar On "The Sinai Campaign Causes and Achievements", *Skira Hodshit*, Vol. 33, Numbers 10 - 11 (15 December 1986), p. 9 (希伯来文)。

② Moshe Dayan, *Diary of Sinai Campaign*, pp. 14 - 15 (着重号为原书即有)。

③ Gideon Rafael, *Destination Peace, Three Decades of Israeli Foreign Policy, a Personal Memoir* (London, 1981), p. 31.

是找出一些借口，使他有理由开始他已决心采取的行动，即尽快进攻埃及。”①

1956 年 7 月 26 日，纳赛尔总统宣布，他决定将苏伊士运河国有化；其时，英国和法国掌握着公司的绝大部分股票。对于达扬和以色列其他一些急于打击埃及的人来说，机会来了。在企图使纳赛尔收回决定的外交活动失败后，英、法开始考虑凭武力重新控制运河。这个时候，本—古里安总理派出了国防部办公厅主任西蒙·佩雷斯，商讨以色列加入对埃及的进攻的可能性，尤其是与法国商讨。本—古里安仍有疑虑，拿不准加入法国和英国对埃及的战争是否符合以色列的利益，然而他渐渐开始相信，以色列能从这一方案中有所收获。在 1956 年 9 月 3 日的日记中，本—古里安提到，他基本接受总参谋长达扬对他说的话，即“以色列必须采取攻势，以纠缠、欺骗、迷惑、摧毁敌人”。②

1956 年 6 月 18 日，本—古里安成功地迫使温和的外交部长夏里特
89 辞职。这一点比任何事情都更能让他放开手脚。我们在前面提到过，本—古里安曾与夏里特合作多年，但在独立以后，两人分别倾向于不同的路线，到 1950 年代中期再无默契可言，甚至不愿看到对方，而分歧变得越来越明显。如今，夏里特出局了，继任的果尔达·梅厄是总理的忠实门徒，本—古里安可以轻易地实施他的行动主义政策，甚至开始考虑同埃及的战争。

渐渐地，以色列的策划者加入了法、英进攻埃及的准备之中。在此期间，以色列人要求，在帮助两国重新控制苏伊士运河的同时，以色列应被允许借机实现自己的目标，占领沙姆沙伊赫，粉碎纳赛尔对蒂朗海峡的封锁，打击加沙地带的巴勒斯坦人基地，以及摧毁埃及从捷克斯洛伐克获得的新武器。

在完全保密的情况下，10 月 22 日，本—古里安总理仅带了包括佩

---

① Yisrael Beer, *Israel's Security, Yesterday, Today Tomorrow* (Tel Aviv, 1966), p. 226(希伯来文)。

② David Ben-Gurion, *Diaries*, 3 September 1956, IDFA.

雷斯和达扬在内的少数几名助手,参加在法国举行的高层会晤,以最终决定以色列加入法、英针对埃及的联合军事行动一事。此时,军事计划已接近完成,三国共谋的要点是以色列在靠近苏伊士运河的地方投放一些兵力,以制造出一种“威胁”,好让法、英对以色列和埃及发出最后通牒,要求在运河两岸 10 英里的区域内没有军事活动。以色列将接受,但策划者预计埃及肯定会拒绝。这样,法国和英国开始介入,占领苏伊士运河区,重新控制这一水道。根据计划,在作出“威胁”运河的姿态后,以色列将展开行动,以实现自己的目标。联合军事计划的时间定在 10 月底,不仅因为此时的天气状况最理想,同样重要的是美国大选进入了最后阶段,策划者认为,艾森豪威尔总统将很难有什么反对以色列的举措,以免失去关键的犹太人选票。

在法国塞夫尔,以色列、法国和英国间的讨论持续了很长时间。由于担心自己的城市会遭受埃及的打击,并希望有不会被指控为发动战争的明确保证,本—古里安为以色列的加入设置了条件,要求法国为以 90
色列城市提供空中和海上保护。的确,会晤结束不久,包括 36 架神秘式和 36 架 F-84F 式的两个法国飞行中队进驻了海法和卢德,一个海军中队来到了以色列海域,其中有巡洋舰“乔治—勒耶斯”(Georges-Leyges)号。[①] 而且,由于担心英国会在最后关头背弃以色列,甚至援引与约旦和伊拉克的条约,转而攻击以色列,本—古里安要求英国作出履行战争计划的正式承诺。法、英两国都接受了本—古里安的条件。然而,作为对提供战争借口的回报,以色列人还想要更多的东西,想让法国帮助以色列发展核技术。在 1995 年出版的回忆录中,西蒙·佩雷斯首次披露了此事:

> 在最后签订(与法国和英国一起进攻埃及的)协议前,我请本—古里安提出休会片刻。在此期间,我与摩勒(Mollet)和(国防部长)布尔热—莫努里(Bourges-Maunoury)单独会了面。正是在

① Shimon Peres to author, the Knesset, Jerusalem, 11 March 1991.

> 这里，我和两位领导人最终确定在以色列南部的迪莫纳建一座核反应堆……并提供所需的天然铀。我提出了一系列详细的建议，经过讨论，他们同意了。[①]

这是一项重大成就，是先前佩雷斯与法国官员进行的费心劳神的会谈的终点。在那些会谈中，佩雷斯想要一个1 000千瓦的民用小型原子核反应堆。如今在塞夫尔，佩雷斯成功地从政治上使法国不得不认可这个计划。

最终，法、英代表和本—古里安签署了塞夫尔备忘录。在塞夫尔，总参谋长达扬给他的副手梅厄·阿密特将军发了封电报，命令他立刻动员装甲部队。战役开始前一天的10月28日，本—古里安召集内阁开会，通报了与法、英合作进攻埃及的计划，寻求并获得了部长们的支持。

10月29日16时20分，在战斗机的保护下，以色列的16架达科他(Dakota)和诺德(Nord)运输机越过以埃边界，39分钟后，在米特拉山口东的帕克(Parker)纪念碑处，飞机投下了拉菲尔·埃坦的第890伞
91 兵营的395名官兵。在法—英—以的计划中，这就是对苏伊士运河的“威胁”；这也是卡迭什战役(Kadesh campaign)的开始。卡迭什是沙漠里的一根立柱；在向应许之地前进的行程中，古代以色列人曾在此处歇息。后来，卡迭什战役在以色列也被称作西奈战役。在空投行动的前后，阿里埃勒·沙龙上校率领的另一支部队也进行了长达190英里的行军，以越过西奈沙漠，与埃坦部队会合。

第二天，10月30日，英法两国对以色列和埃及发出了准备好的最后通牒。以色列接受了，而埃及如预计的那样拒绝了。于是，10月31日上午7点，法国和英国开始轰炸埃及的空军基地。与此同时，以色列着手实施自己的战争计划。国防军猛烈打击了埃及军队，毁坏和缴获了大量捷克—埃及交易中提供给埃军的武器，占领了西奈半岛，解除了对蒂朗海峡的封锁，还摧毁了加沙地带的游击队基地。

---

① Shimon Peres, *Battling for Peace* (London, 1995), p. 130.

1956年11月7日,在对议会发表的胜利演说中,本—古里安夸张地宣布,“这是我们民族历史上最重要的、最光荣的军事行动,也是世界历史上最出色的军事行动之一。”接着,他有些失去了自己的判断力,暗示以色列将留在西奈,并控制蒂朗海峡。这个声明未经深思熟虑;晚些时候,本—古里安谈到了他的演讲,说“我被胜利冲昏了头脑”。的确,以色列承受了不断增长的国际压力,要它立刻撤退。联合国就是否立即停火和要求以色列从西奈完全撤离的问题进行了表决,投票结果是65∶1,不赞成的那一票是以色列的。这个犹太国还受到了恐吓。巴黎流传着一份报告,说苏联人打算“夷平”以色列;在意大利,苏联大使发出了类似的威胁。美国总统艾森豪威尔也加入了施压的队伍,表示以色列的态度将不可避免地导致人们采取措施,包括中止美国政府与私人的援助,联合国的制裁,以及把以色列驱逐出联合国。意识到自己别无选择,本—古里安在召集内阁商讨后,于11月8日深夜发表了广播讲话,宣布以色列将从占领的土地上撤退。

1957年3月16日,在西奈战役开始4个半月以后,以色列军队撤出了西奈,联合国部队取而代之。他们部署在加沙地带、沿埃及和以色列边界设置的哨所中、控制着蒂朗海峡的沙姆沙伊赫。关于海峡是否 92
对以色列船只开放的问题,国际社会并没有什么正式的承诺,但以色列自己的理解是海峡将维持航行自由的状态。

在独立战争之后,以色列进行的第一场战争为时不长,效果明显,伤亡不大——172人死亡,817人负伤。在一段时期内,以色列的边界较为平静,特别是与埃及交界的地方。战后,以色列的经济形势也改善了很多,进入了相对繁荣的一个阶段。打破纳赛尔对蒂朗海峡的封锁后,埃拉特港的开放刺激了内盖夫和埃拉特的发展。一条输油管道把埃拉特和贝尔谢巴连接起来,再从贝尔谢巴将石油运到海法的炼油厂。第一次输油开始于1957年4月14日。海峡开放后,以色列还获得了一个通往亚洲和非洲的出海口;它派出顾问、科学家、技术人员前往那里的国家,向它们传授以色列的独特技能:这个国家征服了难以耕作的土地,并从无到有发展出了工业。以色列政府没有隐瞒自己实用主义的目的，即通过这些投资，争取摆脱政治孤立的局面，尤其是在非洲。投资发挥了作用，到 20 世纪 60 年代，在撒哈拉以南的非洲国家中，只有一个国家没有跟以色列建立外交关系。

由于边界相对平静，以色列有了致力于其他项目的时间和精力，如对胡勒(Huleh)沼泽进行了最大规模的著名排干工程，增加了耕地。不过，后来人们认识到，并非所有沼泽都适合农业耕作；对于工程所产生的水文与环境后果，人们当时也没有加以考虑。1957 年，这一工程完成。

国内事务

瓦迪萨利骚乱

当然，在卡迭什战役后，以色列并非事事如意。它不得不面对严重的社会—经济问题，面对阿什肯纳兹人和塞法迪人之间发展着的紧张关系。我们还记得，在整个 20 世纪 50 年代，大批移民涌入以色列，数
93 量稳步增长：1954 年有 18 000 人，1955 年 37 000 人，1956 年 56 000 人，1957 年 72 000 人。除了波兰和匈牙利的 40 000 人外，移民绝大多数来自马格里布(Maghreb)国家，其中最主要的是摩洛哥。与以前的情况一样，新来的阿什肯纳兹人直接去了城市，而塞法迪人往往被以色列的阿什肯纳兹精英分到条件最差的郊区，如位于海法的那些地方；或者分到内盖夫沙漠边缘地带的发展城镇中，在那里，失业人员的比例之高令人瞠目结舌。塞法迪人的挫折与绝望感不断增长，终于在 1959 年 7 月 9 日爆发了。骚乱发生的地点是海法的瓦迪萨利(Wadi Salib)贫民窟，里面居住着北非犹太人，是分布在海法的前阿拉伯区的贫民窟中较破败的一个。前来干预的警察开枪射中了一名示威者，随之有流言说他被打死了，于是气氛更加不安。骚乱持续了几天，人们放火烧毁商店和汽车，四处抢劫，造成了大量财产的损失。接着，骚乱还向塞法迪公民生活的其他破败地区蔓延。政府对这种暴力行为的迸发深感震惊，任命了一个无

党派的委员会调查事情的起因。委员会于 8 月发表了报告，指出从到达以色列的时候起，塞法迪人便遭遇了一系列严重的心理冲击，很难融入以色列社会中已经较为稳定的部分。然而，报告并没有细致地为将来构想出一幅社会蓝图，阿什肯纳兹人和塞法迪人之间不断出现的问题与不断增长的敌意仍未解决，以色列仍将在许多年中受到它们的困扰。

1959 年大选

1959 年 11 月 3 日，以色列进行了第四届议会选举。本—古里安的马帕伊赢得 52 席[1]，超过了以前的任何一次。12 月 16 日，本—古里安向议会提交了联合政府名单。新政府的关键位置上出现许多年轻的新面孔，他们在以后的以色列政治中将成为重要人物。被任命为不管部长的阿巴·埃班是个杰出的外交人员，在以色列建国前后，他是驻联合国与美国的代表。西奈战役的英雄摩西·达扬成为农业部长。西蒙·佩雷斯是促成 1956 年与法国的合作的设计师，如今成了国防部副部长。这些青年土耳其党人式的激进分子(Young Turks)进入政府并占据了重要职位，深深引起马帕伊老将们的不满。后者怀疑，借着把年轻人安插到政府中，本—古里安打算把老兵们抛弃。这种猜测有几分真 94
实，但本—古里安也注意吸收了一些马帕伊老人，如果尔达·梅厄继续担任外交部长，利维·艾希科尔留任财政部长，平哈斯·萨皮尔成为工商部长。起初，本—古里安的 1959 年政府承诺要胜过所有前任，并走完它的 4 年任期，然而事实上，它存在的时间还不到一年。

拉冯事件

这届政府短命的原因是一件丑闻于 1960 年的暴露和复活，如今，人们称它为“拉冯事件”或“事件”。

---

① 原文如此，但马帕伊的席位应为 47 席，与之联合的少数民族派别赢得 5 席。——译者注

我们还记得，由于被控曾下令激活埃及的间谍网，平哈斯·拉冯于1955年辞去了国防部长一职。那个间谍网试图在英国和美国的目标放置燃烧物，其成员被逮捕，两人后来被处死。现在，一些新的证据引起了拉冯的注意。一位名叫约西·哈雷尔——1947年时他是著名的“1947出埃及”号的指挥官——的情报官员告诉他，秘密档案经过了篡改和伪造，好让事情看起来像是拉冯首先启动的埃及阴谋。拉冯要求本—古里安洗脱他在安全事故中的罪名。随着在耶路撒冷进行的对保罗·弗兰克的审判，其他表明拉冯显然受到了陷害的证据也出现了。我们还记得，弗兰克是逃出埃及的两名间谍中的一个；后来证明他是双重间谍。几乎可以肯定，他向埃及当局说出了其他人——这样就可以解释间谍网被迅速一网打尽的原因。弗兰克被带到耶路撒冷接受审讯；在听证过程中，他指控两名官员在1954年伪造证据，想把埃及安全事故的罪名栽到当时的国防部长拉冯头上。情况还表明，在以前进行的听证和调查中，弗兰克受到了军事情报局局长本雅明·吉布利身边
95 的人的指导与劝告，以便导致对拉冯不利的情况。

应拉冯恢复自己名誉的要求，本—古里安任命了一个司法调查委员会，由以色列最著名的律师之一、最高法官哈伊姆·科恩牵头；它被称作科恩委员会。经过彻底调查，委员会于10月15日发布了报告，认为那些把矛头指向拉冯的情报材料的确是伪造的，由此完全排除了他在安全事故中的责任。根据这些重要的结论，拉冯要本—古里安立刻宣布他是清白的。然而要做到这一点，本—古里安就不得不伤及军事官员。这解释了为什么他坚持说，科恩委员会找到的证据不够充分，要恢复拉冯的名誉，他还需要经过更全面的司法调查。拉冯觉得自己被背叛了。

后来的几个月中，以色列充斥着刻毒的争吵。在本—古里安的同事们看来，只有通过全面司法调查才能为拉冯恢复名誉这个念头让他着了魔。马帕伊的领袖们担心，本—古里安要求的那种全面调查会暴露更多自相矛盾的危险材料，令马帕伊更难堪。1960年10月30日，他们违背本—古里安的意愿，任命了以司法部长平哈斯·罗森为首的7人部际委员会，由它处理此事，向内阁提议应采取的措施。

这个7人委员会花了两个月的时间进行调查。1960年12月25日,它向内阁提交了自己的发现。与上一个调查委员会的结论一致,它认为前国防部长拉冯1954年并未下令执行在埃及放置炸弹的任务,事故发生时拉冯并不知情;它说,“有理由”相信,“一名高级官员”伪造了证据,以陷害拉冯。“高级官员”指的是情报局局长本雅明·吉布利。部长们急于摆脱这个事件,将它从国家的议事日程中清除;在一次本—古里安弃权的表决中,部长们认可了委员会的说法,解除了拉冯下令激活埃及间谍网的嫌疑。

然而,本—古里安是个固执的人。他坚持认为,委员会不是一个经
过授权的司法法庭,没有按照法庭的程序进行调查,无权在双方争执中 96
宣布一方清白,“部长们不是法官”;只有完全的司法调查才能做委员会做的那些事。本—古里安说,以色列的民主结构受到了伤害,内阁没有司法权威,那样行事是对民主程序和司法完整的破坏。1961年1月31日,本—古里安向总统提交了辞呈。这对他的同事们像是晴天霹雳,但它正是本—古里安的风格。

为安抚本—古里安,劝说他撤回辞呈,马帕伊中央委员会不顾有关拉冯在1954年的埃及事件中是清白的裁定,决定就罢免他的希斯他助总书记一职进行表决。1961年2月4日,星期六,中央委员会秘密进行了投票,150名成员赞成罢免拉冯,96人反对,5人弃权。为挽留本—古里安,拉冯被不顾常理地、野蛮残忍地牺牲了。2月9日,拉冯被迫离开希斯他助的职务,身后是一个分裂的、互相指责的党。

事情最终平息下来后,本—古里安同意撤销辞呈,组织新政府。然而,前联合伙伴马帕姆和劳工联盟表示,只要本—古里安还是总理,它们就不加入政府。1961年2月16日,本—古里安正式通知总统伊扎克·本—兹维——他接替了1952年去世的哈伊姆·魏茨曼——他无法完成联合政府的组建。这样,以色列需要进行新的大选。

选举于1961年8月8日举行,过程十分激烈,其中的关键问题是对执政党马帕伊的道德水准的质疑。本—古里安的党以42席的收获成为议会第一大党,比前一次少了5席。本—古里安受托组织政府,于

12 月 2 日向议会提交了拼凑起来的新联合政府名单。本－古里安仍是总理，但拉冯事件对他的领导地位和判断力是一次可怕的打击。他彻底失去了在公众心目中至高无上的地位，失去了自信，再也没有从这次事件引起的讥讽和敌意中恢复。

在 1961 年，一次新移民潮开始了；它将持续 3 年，为以色列送来
97 194 000 犹太人。虽然许多人来自东欧这个移民的传统源泉，但移民的大多数是穆斯林国家的犹太人，如伊朗、北非，特别是摩洛哥。这些人的到来逐渐改变了以色列的人口结构，抵消着社会中的欧洲特征。

又是德国

审判阿道夫·艾希曼

在 1962 年的阿道夫·艾希曼案件中，以色列首次使用了死刑；到目前为止，它也是最后一次。

艾希曼是一名纳粹和党卫队官员，参加过 1942 年 1 月举行的万塞(Wannsee)会议，表现很活跃。在这次会议上，纳粹领袖们筹划了犹太问题的最后解决方案，包括对欧洲犹太人的流放和屠杀。二战以后，他逃到了阿根廷，取了个假名在那里生活。以色列特工查到了他的踪迹。在摩萨德局长伊塞·哈雷尔的率领下，特工们于 1960 年 5 月将他绑架到以色列。他被关了起来；经过一年的讯问，审判于 1961 年 4 月 11 日开庭，地点在耶路撒冷的拜特哈姆(Beit Ha'am)——一座很大的公共礼堂。在法官席上，为首的是最高法官摩西·兰多，公诉人是以色列总检察长吉迪恩·豪斯纳。后者时年 46 岁，中等身材，正在谢顶；他进行了长达 8 个小时的开庭演说。“以色列的法官们，”他说，“我不是一个人站在你们面前。此时此地，600 万原告和我站在一起。”在演说中，豪斯纳回顾了纳粹的反犹主义和战时的杀戮，指出在最后解决方案中，在集中营、劳动营、死亡营屠杀犹太人的过程中，艾希曼担任了高级管理者的角色。

整个漫长的审判笼罩着一种恐怖的气氛。在所出版的 6 000 页审

判记录中,证词中包含着可怕的细节。根据那些有着造成身心创伤的经历的证人们的描述,艾希曼似乎是个卑鄙的、谨小慎微的官僚,一个难以形容的人,戴着一副眼镜,总是打着黑色领带。

经过114次开庭后,到1961年8月14日,主要程序都结束了,法庭进行了休庭。12月11日重新开庭后,法庭宣布了判决书。艾希曼被判有罪,将处以死刑。他向最高法院的上诉3个月后被驳回;1962 98
年3月29日,他向总统请求特赦,也遭到拒绝。5月31日午夜,他被吊死了,尸体火化后,骨灰撒到了领海3英里之外的地方。

艾希曼审判是一个重要的事件,不仅因为惩罚了罪犯,也因为它起到了凝聚民心的作用。在审判过程中,阿什肯纳兹人和没有经历大屠杀的塞法迪人凝成了一体。在将艾希曼送上法庭和将审判变成国家的一件主要事情时,执政党马帕伊和它的领袖本—古里安希望把大屠杀去政治化。我们还记得在卡斯特讷审判中,赫鲁特党和其他党派将大屠杀用作了一种政治武器,攻击马帕伊以获取党派利益。但现在,把大屠杀看作超越党派界限的非政治、非党派事件看起来是必要的。就此而言,政府成功了。

德国科学家事件

在艾希曼受审和被处死的那一年,人们了解到,一些德国科学家正在埃及的工厂工作,帮助它发展使用发射架的火箭。有了这样的火箭,埃及人便可将发射架前移到靠近边界的地方,打击以色列的人口中心。德国火箭专家还劝纳赛尔生产放射性的脏弹,它能产生有限的放射性物质,可以用来污染食物和水源。一些前纳粹分子在纳赛尔总统那里找到了避难所,如党卫队队员兼宣传官员约翰尼斯·冯·利厄斯(Johannes von Leers),纳粹安全官员利奥波德·格莱姆(Leopold Gleim)等,令以色列很愤怒,但它更恼火的是前纳粹科学家也来到埃及,协助发展用来对付犹太国的武器。在以色列,政治与安全领导人就如何处理德国科学家的问题产生了分歧和争论。摩萨德局长伊塞·哈雷尔是以色列很有影响的人物,他认为,埃及在德国人帮助下发展的武器对以色列的安全构成了严重威胁,应该采取一切手段阻止这些德国人。本—古里安总理不这么看;无论真的相信还是仅仅想回避与德国的冲突,以免干扰了赔偿资金的流入,总理坚持说没有必要紧张,那些
99 引发了激烈争议的导弹没有什么用处。本—古里安认为,应该悄悄地通过幕后外交活动来解决这个问题;他命令摩萨德不要采取措施对付德国人。但是,伊塞·哈雷尔有另外的想法,没有遵照总理的指示,而发动了一场恐吓德国科学家的战役。了解到所发生的事后,本—古里安勃然大怒,于 1963 年 3 月 25 日解除了哈雷尔的职务,用一位前将军梅厄·阿米特取代了他。阿米特与本—古里安的看法一样,认为那些导弹对以色列没有很大的威胁。后来的事实表明,本—古里安的判断是对的,埃及的导弹没有什么效果,从来没对以色列发射过。

利维·艾希科尔上场

1963 年 6 月 16 日,本—古里安第三次也是最后一次辞去了总理的职务。建国以前,在超过 10 年的时间里,他是一个强有力的人物;建国后的头 15 年中,他也是以色列人生活的主心骨。本—古里安身材粗壮,眉毛浓而突出,有着斑驳的白发,演讲不连贯,行动迅速;所有这一切都给人留下清晰、明确的印象。他的很多话可能比他真正想的要极端,如"重要的不是格伊姆(goyim,世界各国)说什么,而是犹太人做什么",但他的确传达了一种以色列人必须理解的信息,即依靠自己、独立自主的重要性。然而,在 20 世纪 60 年代初,本—古里安过于关注——着迷这个词可能更合适——拉冯事件,把自己弄得很孤立,一意孤行,连亲密的同事都疏远了他。如今,76 岁的本—古里安最终离开了,他的职务由利维·艾希科尔接替。

艾希科尔是他的什科尔尼克(Shkolnik)姓氏的希伯来语形式。1895 年,他出生于乌克兰,19 岁时移民仍是奥斯曼帝国一部分的巴勒斯坦。艾希科尔做过体力劳动者、警卫和工会领导,属于创建德加尼亚 B——巴勒斯坦最早的基布兹之一——的先锋中的一员。以色列建国后,本—古里安将艾希科尔召来,担任国防部办公厅主任,事实上是国

防部副部长。从1949年到1953年,艾希科尔是犹太代办处移民安置部主任;与此同时,从1950年到1952年,他还占据着财政部长这一重 100 要职位。艾希科尔人很结实,肩膀很宽,性情和风格与前任都不一样。本—古里安插手几乎所有的事,特别是军事事务;艾希科尔远非如此,与他一起工作很愉快。他善于和民众打交道,是理解普通人所思所想的天才。艾希科尔开朗乐观,机智多谋,没有什么脾气,是个出色的组织者和管理者,随时能用幽默的话语缓解紧张气氛。他与人讨论起来从不觉得疲倦,总是能够耐心地、有理有据地说服同事们。甚至在担任总理之前,以色列人便认识到他不能很快地做出决定。当本—古里安犹豫不决时,他的支持者往往说他在考虑;对于艾希科尔,只要他一考虑,他的批评者便说他在犹豫不决。不过,这与其说是犹豫,不如说是一种不同的管理风格;以色列人早已习惯于本—古里安大胆的、有决断力的甚至有些独断专行的方式,还不是很适应艾希科尔。

1963年4月23日,伊扎克·本—兹维病重去世,总统一职由扎尔曼·夏扎尔接任。他委托艾希科尔组织政府。与前任一样,艾希科尔担任总理兼国防部长。果尔达·梅厄留任外交部长,平哈斯·萨皮尔成为财政部长,扎尔曼·阿兰接替阿巴·埃班成为教育与文化部长,埃班被任命为不管部长和副总理。摩西·达扬仍做农业部长,西蒙·佩雷斯仍做国防部副部长。1963年6月24日,艾希科尔向议会提交了政府名单,称它是"一个连续的政府"。

遗憾的是,军事问题在随后的几年里一直是头等大事。虽然伊扎克·拉宾于1964年1月1日被任命为总参谋长,使艾希科尔有了一位经验丰富的出色军事顾问,但他本人毕竟不是军事专家。1964年1月,为对付以色列,阿拉伯联盟在开罗组建了阿拉伯联合司令部,还正式承认了巴勒斯坦解放组织(简称"巴解组织"),后者从巴勒斯坦难民营中招募成员。在以后的年代中,阿布·阿玛尔(Abu Ammar)成为巴解组织的领导人;他就是人们熟悉的亚西尔·阿拉法特。很快,巴解组织开始了解放巴勒斯坦的"武装斗争"——以色列的说法是"恐怖主

101 义”。虽然对以色列的生存并未构成实际威胁,但在以后的岁月里,巴勒斯坦人的攻击成为这个国家生活中令人烦恼的一部分。

在国内事务方面,1965 年,艾希科尔经过谈判,实现了马帕伊同其在工人阶层的主要竞争对手劳工联盟的合并,建立了中左的工党联盟(Alignment for the Unity of Israeli Workers),从而巩固了他的权力基础。通过两党的合并,艾希科尔不仅能从劳工联盟的领导人那里获得支持,还将亲近其前任本—古里安的人们边缘化了。在偏远的斯德博克基布兹,孤独的本—古里安烦躁不安,针对艾希科尔发动了一场狂热、刻毒的“血仇之战”(vendetta),利用了每一个机会,宣称艾希科尔不适合领导以色列。本—古里安为什么要这样做?他想像 1955 年取代夏里特那样取代艾希科尔吗?我们永远也不会知道答案。有一种解释是,本—古里安希望他任命一个司法委员会,重新调查拉冯事件,但艾希科尔拒绝了。此外,在本—古里安看来,艾希科尔还有另一项“罪行”,即允许将泽夫·亚伯廷斯基的遗骨运回以色列,并举行一次国葬。亚伯廷斯基是以色列右翼的精神领袖。1965 年 6 月 29 日,本—古里安的敌意达到了顶点,从马帕伊分裂出去,组建了拉菲党,即以色列工人党,其成员有西蒙·佩雷斯、摩西·达扬、特迪·科勒克、哈伊姆·赫尔佐格等人。新党没有什么一致的社会、经济纲领,唯一明显的新主张是要求选举改革。事实上,如果选举改革方案被接受了,拉菲党能否继续存在很成问题。

1965 年 11 月 1 日,以色列举行了第六届议会选举,艾希科尔的工党联盟获得 45 席,成为议会第一大党。本—古里安的拉菲党仅得到 8%的选票,在议会中占有 10 个席位。这是本—古里安的重大失败,事实上终结了他的政治生涯。大选开始前,贝京的赫鲁特与自由党合并,组成了加哈尔集团(Gahal),赢得了 26 席。艾希科尔花了很长时间组织政府,直到 1966 年 1 月 12 日才完成。新政府在 120 个席位的议会中拥有 75 席,联合伙伴包括劳工联盟、马帕姆、国家宗教党(Mafdal)、独立自由党及两个小党。反对党有加哈尔、本—古里安的拉菲党和宗
102 教的以色列正教党。

第一次阿以战争期间,以色列曾在阿拉伯区域建立军事政府。1966 年,艾希科尔决定将它废除。这意味着以色列的阿拉伯人获得了更大的自由,无须经过特别许可就能离开自己的城镇和村庄,去以色列的其他地方。艾希科尔不顾总参谋长拉宾的强烈反对,做出了这个对他而言最重要的勇敢决定。尽管说不上完美,这个决定还是显著地改善了以色列国内犹太人与阿拉伯人的关系。

或许最需要艾希科尔全力关注的还是经济问题。由于就业率接近 100%,海外资金的大量涌入,政府对外汇的兑换,以及从银行系统的借贷,通货膨胀的压力很大,经济形势不妙。劳工成本的提升远远超过工人生产力的增长,军事开支也不断攀升,从 1952 年到 1966 年,年度国防预算上涨了 16 倍。解决经济问题的工作很急迫,因为危机状态对以色列的士气影响很大。越来越多的以色列人选择了移民,特别是自由职业者,主要是去美国。1966 年,外迁的移民数量超过了迁入者。

现在,艾希科尔要求放缓增长与发展的速度,推行一种紧缩政策,包括大幅减少政府开支,限制信贷额度,冻结部分德国支付的赔款,冻结工资与价格,给繁荣的建筑业降温。不过,紧缩政策的代价很高:1966 年,国民生产总值的增长降低到只有 1%,失业问题严重。在南部的内盖夫沙漠地区,发展中城镇受到极其沉重的打击,失业率竟然攀升到了 20%之高。颇有讽刺意味的是,把以色列从这次经济危机中解脱出来的是一场全面的战争。 103

第四章　六日战争及战后情况 (1967—1973)

通向战争之路

在命运攸关的1967年，战争于春天爆发，成为以色列和中东历史上的转折点。北方是战争策源地：1948—1949年战争以后，以色列与叙利亚之间的紧张局势便一直酝酿着、积聚着。引发争执的主要问题有三个，分别是水资源、叙利亚支持巴勒斯坦人对以色列进行渗透，以及有关两国边界处非军事区管理方面的争议。

我们还记得，在1953年，由于联合国的反对，以色列放弃了引约旦河水到南部内盖夫沙漠的计划。然而，以色列急于利用内盖夫的干旱土地，于1959年开始了一项雄心勃勃的工程，建造从基尼列湖(Lake Kinneret，即加利利海)抽水到南方的国家引水渠(National Water Carrier)。工程于1964年结束。阿拉伯人反对这个项目，特别是叙利亚人。1964年9月5日到11日，在亚历山大举行了一次峰会，会上，阿拉伯人批准了一个详细的计划，打算将发源于阿拉伯国家一边的哈斯巴尼河(Hasbani)与巴尼阿斯河(Banias)改道，阻止它们流向以色列；这两条河都是约旦河的支流。以色列人用坦克作了回答，摧毁了叙利亚人运来进行改道工程的重型机械设备。当叙利亚人将设备移到坦克射程之外时,以色列人出动了战机。战斗在坦克、战机和叙利亚人的拖拉机、推土机、挖掘机间展开,其中有4次主要的边界冲突,分别发生 104
于1965年3月17日、5月13日、8月12日和1966年7月14日。最终,叙利亚人被迫放弃了改道巴尼阿斯河的工程,半心半意的黎巴嫩人放弃了改道哈斯巴尼河的准备工作。虽然如此,水资源问题仍是叙利亚和以色列争端的一个主因。

叙利亚资助和支持巴勒斯坦游击队,这是导致以色列和叙利亚关系紧张的又一因素。在叙利亚,复兴党政权持强烈的反以立场,将巴勒斯坦人看作反对犹太国的工具。它不仅为巴勒斯坦游击队提供武器,还允许后者越过国际边界,袭击以色列平民。以色列的战略是打击巴勒斯坦渗透者,并打击为渗透者提供基地和帮助的人。这不可避免地引起叙以关系的紧张。

在20世纪50年代末和60年代初,造成叙以紧张关系的主要因素或许还是以色列试图扩大它对非军事区的控制。1949年,以色列曾同意使叙利亚在第一次阿以战争中占领的土地非军事化。尽管如此,它认为那里属于自己,希望加强对它们的控制。对于以色列采取的控制方式,在一次难得的访谈中,前总参谋长摩西·达扬说:"通常是这样的,"他解释道:

> 我们派出一辆拖拉机,耕作非军事区中某个没什么价值的地方,事先知道叙利亚人会开火的。如果他们保持克制,我们便让拖拉机再往前走,直到叙利亚人按捺不住开始射击。于是我们的大炮开火,接着出动空军……①

1967年4月7日,冲突达到了顶点,战争进入倒计时。这一天,非军事区的交火引发了空战,以色列空军击落6架叙利亚人的米格式战机,其中2架是在大马士革上空被击落的,这严重打击了叙利亚人的国家荣

---

① Rami Tal, "Moshe Dayan, Soul Searching", *Yediot Aharonot*, 27 April 1997 (希伯来文)。

誉感。此外，在这一事件前后，包括总参谋长伊扎克·拉宾和总理艾希科尔在内的一些以色列领导人发表了一些声明，被阿拉伯人视为进攻叙利亚、推翻其政权的信号。埃及与叙利亚在1966年11月4日签有
105 防务条约，规定在遭到以色列攻击时互相援助；这样，由于4月7日空战造成的紧张局势，由于空战被一些阿拉伯人看作是以色列领导人发出的进攻大马士革的威胁，以色列与埃及之间的局势也紧张起来。

然而，最终点燃火药桶的火花来自另一个方向，来自莫斯科。1967年5月13日，苏联向叙利亚和埃及传递了一份情报，说以色列已经动员部队到了以叙边境，准备进攻叙利亚。具有讽刺意味的是，出于经济上的考虑，以色列宣布，在5月15日的独立日，它将只在耶路撒冷搞一场规模不大的军事检阅，而这成了大部分军队和武器装备已转到以叙边境的又一证据。以色列否认它将进攻叙利亚，艾希科尔总理甚至邀请苏联驻以大使德米特里·丘瓦欣访问边境地区，亲自去看看有没有动员部队。大使拒绝了。

现在我们知道以色列没有调动军队，没有作进攻的准备，苏联的情报是谎言。怎么解释这个神秘的插曲？本书作者找到一份珍贵的文件，它记录了一位苏联官员和一位美国中央情报局特工的谈话，或许有助于我们理解苏联人的谎言。文件表明，苏联之所以散布虚假情报，目的是让深陷在越南战争中的美国再踏入另一块泥潭——这次是在中东。“苏联，”这位苏联官员对中央情报局特工说，

> 想在已经存在的越南之外，再为美国制造一处麻烦。苏联的目标是推动产生一种局面，使美国从经济、政治乃至军事上深陷其中，因（与以色列人一起）反对阿拉伯人而遭受政治上的挫败。[①]

---

① “Soviet Official's Comments on Soviet Policy on the Middle Eastern War-CIA Report of Conversation with Soviet Official re June War”, LBJ Library, 82-156, doc. 8420. 另可参考苏联外交部埃及处处长 Evgeny Pyrlin 的证词，它表明虚假报告是故意散布的，目的是将美国拖入战争。证词见于 Ahron Bregman and Jihan el-Tahri, *The Fifty Years War: Israel and the Arabs* (New York, 2000), p. 75。

在以色列、叙利亚、埃及关系极其紧张的形势下,苏联假情报受到了极度关注,尤其是受到埃及纳赛尔总统的关注。他把自己看作阿拉伯世界的领袖,而且此时承受着不断增加的压力,特别是来自约旦和沙特媒体的压力。两国要求他支援阿拉伯兄弟,对抗准备入侵的以色列。

纳赛尔匆忙行动起来,要在一个我们知道并不存在的威胁面前保
护叙利亚。他动员了庞大的军事力量,调遣两个装甲师进入西奈沙漠, 106
企图分散以色列的注意力,迫使犹太人将部队从叙利亚边界调到南方,应付埃及人的威胁。纳赛尔还把总参谋长穆罕默德·法齐派到大马士革,验证苏联情报,商讨与叙利亚的联合行动。毫不奇怪,法齐在叙以边界没有发现什么异常。然而,在他报告纳赛尔后,总统不仅不把部队召回,反而增强了兵力。

纳赛尔的行动并未立刻引发以色列的警戒。总理艾希科尔和他的首席军事顾问总参谋长拉宾决定,仅仅密切关注局势,不征召预备役去补充常备军。之所以坚持观望政策,他们有两个很好的理由。首先,动员预备役会严重干扰生活,瘫痪以色列的经济,而且其本身也会加剧危机。其次,纳赛尔以前曾有过类似的举动,但全面战争并未因此爆发。1960 年 2 月,在以色列袭击叙利亚后,纳赛尔总统往西奈派出了军队,以吸引犹太人的注意力,迫使其不再进攻叙利亚。不久,纳赛尔调走了部队,没有命令他们攻击以色列人。以色列认为,如果纳赛尔仅仅是重复那次的举措,借此向阿拉伯兄弟表明,他对明显威胁叙利亚的犹太人很强硬,那么这不会引起战争,以色列没有动员部队的必要。此外,另一件事实也增强了以色列的印象,觉得纳赛尔只是在装腔作势:埃及最精锐的一些军队仍留在也门,参与那里的内战。以色列人的看法是,这些军队不回到国内,纳赛尔便不会进攻。于是,对于埃及军队在西奈的动员与部署,以色列的反应相当温和,只是在 5 月 15 日命令国防军提高戒备,在第二天下令动员两个旅。

然而事态并未停止发展。5 月 16 日,埃及总参谋长法齐将军通知驻在西奈和加沙地带的联合国紧急部队(UNEF)司令官因迪·吉特·利克耶少将,要他将紧急部队撤出以色列和埃及边界。我们还记得,自从

1956 年战争以后,联合国部队便部署在了埃以边境,部署在加沙地带
107 和控制着蒂朗海峡的沙姆沙伊赫。从法律上来说,纳赛尔可以赶走这些部队,因为它们驻扎在埃及境内,并且是在纳赛尔同意后才进驻这里的;1956 年战争后,以色列拒绝联合国部队进入它的领土。当然,这些联合国部队很弱,无力阻止有关方的激烈冲突,但它构成了以色列人和埃及人之间的一个缓冲,是非战争状态的一种象征。如今,比埃及军队在沙漠的部署更严重,撤离联合国部队的行动被正确地看作危机的进一步升级。值得指出的是,通过他的总参谋长,纳赛尔只要求联合国部队**部分**撤离,即从加沙到埃拉特一线撤出,不包括加沙本身和沙姆沙伊赫。然而,在未经提交安理会商讨的情况下,联合国秘书长缅甸人吴丹便回答道,他不接受“一半的方式”:或者**所有**联合国部队都留在原地,或者**全部**撤离。秘书长解释了理由,说紧急部队在执行任务时,不能坚守一部分岗位而放弃另一部分。这是联合国历史上最令人吃惊的行动之一,也是吴丹本人的重大错误判断。如今,要从已经爬上的大树下来,纳赛尔不可能不大失脸面。毫不奇怪,埃及总统在 5 月 17 日答道,如果做不到部分撤离,联合国部队**都**得走。他们走了。

现在,埃及军队部署在了西奈,联合国部队撤出了,局势已经变得很严重。更糟糕的是,阿拉伯国家的政府纷纷发表了极端的威胁性声明。5 月 18 日,大马士革宣布,叙利亚军队和民兵都做好了“最高准备”,而时任叙利亚国防部长和空军司令的哈菲兹·阿萨德声称,到了发动“解放巴勒斯坦”的战争的时候了。约旦把部队升级到戒备状态,伊拉克部队移动到与以色列接壤的约旦,科威特、也门、阿尔及利亚政府宣布,它们准备派出部队,提供装备,支援叙利亚和埃及。在以色列,这些姿态引起了极大的担忧,加重了战争爆发的可能性,并导致以色列进行了军队的全面动员。

然而,事态仍在发展,并于 5 月 23 日达到顶点。这一天,纳赛尔总
108 统宣布对以色列船只关闭蒂朗海峡。“亚喀巴湾属于埃及的水域,”纳赛尔在阿布苏威(Abu Suweir)空军基地对飞行员们说:“在任何情况

下,埃及都不允许以色列旗帜飘扬在亚喀巴湾。”①

以色列人称亚喀巴湾为蒂朗海峡,认为这是利益攸关的一片水域。通过海峡,从埃拉特出发的以色列船只可以进入红海,进入印度洋。对以色列经济来说,埃拉特港非常重要。在20世纪60年代中期,这个港口的吞吐量有100万吨之多,占了以色列从海上出口货物的30%。我们还记得,在1956年的西奈战役后,以色列宣称,埃及对海峡的再次封锁将被视作战争行为,一个发动战争的理由(*casus belli*)。在纳赛尔表达了封锁海峡的意图后,这已经不仅是一个经济问题了,它成了对纳赛尔和以色列尊严的考验。

即使有着后见之明的优势,我们也很难说为什么纳赛尔还要加剧紧张的局势,尤其是他很清楚,关闭蒂朗海峡触及了以色列的重大利益。一种解释是他被冲昏了头脑,而这对他而言并非什么不寻常的事。在埃及部队向西奈沙漠进军以后,阿拉伯世界的赞扬和奉承令他有些飘飘然,促使他采取了把战争推到临界点的举措,最终将他本人和整个中东带到了悬崖边上。另一种解释是纳赛尔受到本—古里安对艾希科尔的个人攻击的鼓舞,因为以色列前总理说现任总理“软弱”和“没有决断力”。根据这种解释,纳赛尔认为无需战争便能摘取胜利的果实:即使蒂朗海峡被封锁,“软弱”和“没有决断力”的艾希科尔也不会抵抗。或许纳赛尔认为,他可以利用这场危机,占领以色列的埃拉特市和内盖夫沙漠的南端,将埃及和约旦从陆地上连接起来——阿拉伯世界会把这看作一项重大战果。无论理由是什么,事实是首先由于纳赛尔的行动,但也包括约旦国王侯赛因、叙利亚及其他阿拉伯国家的动员和战争声明,使以色列变得极度紧张;加上人员和物资在边界上的部署,以色列进入了所谓等待阶段——希伯来语称为汉塔纳(Hamtana)——即某种虚假战争状态。 109

蒂朗海峡被封锁后,以色列高级指挥部立刻制定了一个占领加沙

① “Text of Nasser's Speech on the Blockade of Aqaba”, *The New York Times*, 26 May 1967.

地带的军事计划,设想占据了这个地方后,以色列手里便多了一张牌,可以迫使埃及开放海峡。不过随着事态的发展,很明显,纳赛尔不会把加沙看得很重,不会因此开放蒂朗海峡。以色列放弃了这个计划,转而考虑一个更大的军事行动:进军西奈沙漠,与埃及军队交战,迫使纳赛尔解除封锁。

等待阶段

外交与信心危机

由于局势的不断发展,艾希科尔总理把外交部长阿巴·埃班派了出去,在法国、英国、美国寻求国际支持。5 月 24 日,埃班在巴黎会见了夏尔·戴高乐总统。戴高乐误会了埃班的目的,以为他想让法国赞同以色列先发动攻击,严厉地对埃班说:“不要打仗”(Ne pas faire la guerre)。伦敦的态度较热情一点,首相哈罗德·威尔逊保证,英国将与其他国家一起努力使海峡开放,将全力支持争取不限制蒂朗海峡通行权的国际行动。当然,在外交部长的外交使命中,最重要的一站在华盛顿。

当埃班启程会见林登·约翰逊总统时,以色列公民正在加紧备战。地下室和地窖清理出来作为防空洞,花园和校园里挖掘的战壕边堆着填满了的沙袋,窗户贴上了胶带并蒙上了黑纸,车灯漆成了蓝色,每个城市的公园都预备用作大型墓地,旅馆把客人都请走了,准备用作大型急救站。特拉维夫是个拥有许多酒馆、酒吧的喧闹都市,此时成了妇女和儿童的城市,男人都被征召了。以色列充斥着一种孤立无援的气氛,十分恐惧即将到来的灾难;人们不断提到“大屠杀”这个词。恐慌在大屠杀幸存者中特别严重,这些人纷纷冲向药店购买毒药,以免落在敌人
110 手中。

随着紧张气氛的加剧,以色列人的情绪变得有些绝望。公众不断向总理兼国防部长艾希科尔施压,要求让本—古里安回到政府,或者做总理,或者做国防部长。此时的本—古里安已经度过了 81 岁生日,有

很长时间没再接触国家的事务。然而他曾在以前的危机中领导过以色列,如1948年和1956年的战争。他不仅被认为是一个坚强而有魅力的领导人,而且也被认为是军事专家,而艾希科尔主要是金融专家。要求本—古里安回到政府的活动搞得轰轰烈烈,由“老人家”的主要代理人西蒙·佩雷斯和他的长期政治对手梅纳赫姆·贝京组织;在这个特别的时刻,贝京显示了他的公共精神。在与总理的一次面对面会谈中,贝京提议艾希科尔让位,请本—古里安担任政府总理,而艾希科尔本人做副总理。贝京还建议了另一方案,即艾希科尔仍任总理,请本—古里安做他的国防部长。然而,由于对拉冯事件持不同观点,艾希科尔和本—古里安的关系正处于低谷,强烈反对让他的前任回到政府。“这两匹马,”艾希科尔对贝京说,“已经不能再拉同一辆车了。”

与此同时,5月26日,外长埃班在华盛顿对约翰逊总统解释道,蒂朗海峡被封锁了,阿拉伯军队做好了在“24小时”内发动进攻的准备,面对这些,以色列不能毫无反应。纳赛尔威胁过封锁蒂朗海峡,这是真的;但要说阿拉伯人打算在“24小时”内发动攻击,这是撒谎。埃班知道他的说法没有根据,他只是想对华盛顿施加压力,并考验它的决心。关于中东的局势,总统有自己的情报来源,没有被埃班愚弄。他警告埃班,以色列不能先动手,“如果以色列不一意孤行的话,它就不会被孤立。”总统对埃班说,他认为首要的事情是劝说纳赛尔解除对海峡的封锁,而这是能够做到的;然而作为美国总统,没有国会的同意他什么也不能做。总统支持组建一支国际舰队通过蒂朗海峡,挑战纳赛尔有关封锁海峡的声明,但值得注意的是,他本人不肯牵头组织这样一支舰队。 111

与此同时,以色列承受的压力也在增加。5月27日上午,以色列时间凌晨3点,在特拉维夫的苏联大使德米特里·丘瓦欣叫醒了艾希科尔总理,向他递交柯西金总理的信。柯西金强烈要求以色列不要对叙利亚或埃及采取军事行动。艾希科尔穿着睡衣接待了大使,于是有了所谓“睡衣之夜”的说法。总理向大使保证,以色列没有打算开火。[1]

---

① Miriam Eshkol to author, Jerusalem, 30 January 1997.

回到以色列后,埃班外长向内阁作了汇报,说美国总统对他保证,美国将采取它能做到的“一切手段”,促使海峡对以色列船只开放。埃班建议以色列先不做什么,给华盛顿一个解决危机的机会。内阁的反应有两种:9名部长赞成埃班的等待提议,包括艾希科尔总理在内的9名部长要求立刻开始军事行动,两种意见势均力敌。于是,内阁决定再等“一两个星期”,而希望立即进攻的艾希科尔需要完成一个不愉快的任务,向焦虑的公众和不耐烦的军方领导说明内阁的意见。军方也希望立即展开军事进攻。

5月28日晚,艾希科尔对神经已濒于崩溃的国家发表直播的电台演讲,宣布内阁关于继续等待的决定。在还没有电视的以色列,从沙漠地带到各条边界,整个国家都围着收音机,期待着总理的演说。然而,这是一次灾难性的广播。演讲词是匆匆忙忙准备和打印出来的;由于紧张的日程安排,艾希科尔在冲向麦克风前没有时间先看上一遍。他讲得支支吾吾、犹豫不定,这次广播也被称作“结巴演说”,丝毫没起到缓解民众紧张情绪的作用。对艾希科尔来说,考验还没结束,离开电台后,他又匆匆赶去向军事指挥官说明内阁的等待政策。在特拉维夫被称为“皮特”(Pit)的军事总部里,艾希科尔由总参谋长拉宾和劳工部长伊加尔·阿隆陪同着,请指挥官们发表自己的观点。他们讲得毫无顾忌,在以色列的历史上,这个晚上也被称作“将军之夜”。阿里埃勒·沙龙和以色列·塔尔师长对艾希科尔说,“现在已经不是开放海峡的问题了,以色列国的生存成了问题。”沙龙接着说,“是军队行动的时候了,再
112 不要耽搁了,”他警告艾希科尔,“每多等一天都将导致伤亡的大幅增加。”[1]总参谋长拉宾虽然不同意继续等待,但没有说什么,把时间留给下属们发表意见。“作为总参谋长,”拉宾对本书作者说,“我不能反对政府的决定;但在将军们面前,我不能说不要进攻。”[2]我们应记得,总

① Yitzhak Rabin, *Pinkas Sherut*, p. 173(希伯来文);另见 Ariel Sharon to author, Jerusalem, 7 April 1991。

② Yitzhak Rabin to author, Tel Aviv, 21 March 1991.

理是内阁中赞成进攻的9人之一,但在这里,他不得不为内阁的等待政策辩解,要求将军们耐心点,说走向战争前,人们应继续谈判,以尝试一切避免战争的可能性。这些话没能使场面平静下来,反而成了火上浇油;一位年轻的上校阿拉海姆·阿亚龙在极度失望下,打断了总理的话,于是劳工部长伊加尔·阿隆提议暂停讨论。

渐渐地,公众表现出了不耐烦的迹象。纳赛尔变得越大胆,以色列就有越多的人怀疑艾希科尔应付这种局面的能力。5月31日,由于批评意见越来越多,要求政府立场果敢的公众压力越来越大,艾希科尔总理同意放弃国防部长一职,将它交给劳工部长伊加尔·阿隆。可是在政府的联合伙伴中,宗教党派国家宗教党属意拉菲党的摩西·达扬而不是阿隆,原因是这个党的绝大多数成员都是温和派,希望通过任命前总参谋长达扬担任国防部长,受到吓阻的纳赛尔将会后退,从而避免对抗。国家宗教党还相信,达扬和他的导师本—古里安一样反对战争,任命达扬而不是更好战的阿隆,战争就不会发生了。本—古里安认为,在与像美国这样的友好大国达成协议前,以色列不应走向战争。要求任命达扬为国防部长的压力还来自一个意想不到的地方,即来自家庭妇女们,她们在特拉维夫发动了声势浩大的游行,口号是“我们要达扬”。即使在深重的危急时刻,艾希科尔也从未失去他的幽默感,把这些真诚的、热情的、面容严肃的女士们称作“温莎的风流娘儿们”。到了这个时候,现实主义的艾希科尔认清了局势,知道没什么希望了。他组织了一个来源广泛的民族联合政府,在以色列史上第一次包括了贝京的赫鲁特党;贝京被任命为不管部长。进入政府的还有拉菲党,它的成员达扬
曾为以色列赢得西奈战争,如今成了国防部长。 113

1915年,摩西·达扬出生于巴勒斯坦北部的德加尼亚基布兹,十几岁时加入了犹太人的地下组织哈加纳。1936年,他加入奥德·温盖特的夜间特别巡逻队,参与打击起义反抗英国人、攻击犹太人的阿拉伯人。后来,达扬被巴勒斯坦的英国人投入监狱,但在1941年初被释放。之后,他领导了英国人在叙利亚的一个侦察小队;当时的叙利亚由亲纳粹的法国人统治着。这次行动使他负了重伤,失去了左眼,此后,一副

黑色眼罩就成了他的标志。在1949年的以色列独立战争中，达扬在保卫加利利的行动中与叙利亚人作战，以后又率领部队占领了巴勒斯坦中部的阿拉伯城镇拉姆勒和利达。他与总理兼国防部长本—古里安关系密切，后者于1953年12月任命他为以色列军队的总参谋长。在这个职位上，达扬证明自己是个进攻欲望强烈、颇有想象力和原创性的军人。正是达扬在一张香烟盒背面勾勒了以色列攻击埃及的西奈战役计划，并于战斗爆发后乘着一辆吉普车，在前线指挥他的部队。这场成功的战争过去两年后，达扬于1958年从国防军退役，加入了马帕伊。1959年，他被选进议会，先后在本—古里安和艾希科尔的政府中担任农业部长。1964年，他退出政府，加入了本—古里安的拉菲党，仍是议会议员。

达扬是个很有魅力的人物，许多人喜欢他，尤其是女人。他具备一种其他领导人很少具备的能力，对事情以后会发展成什么样子有敏锐的感觉，而这种感觉往往证明非常精确，几乎有些未卜先知的味道。不过，虽然达扬是个极其勇敢的军人，他却是个悲观主义者；作为政治家，他常常不能捍卫自己的观点，一遭遇反对就从自己较为现实的意见退却。然而，公众对只有一只眼睛的达扬的信任是压倒性的，随着他取代艾希科尔成为国防部长，人们恢复了对武装部队和政府的信心。

正当以色列人庆祝一位新国防部长的任命和达扬开始他的新工作时，在华盛顿，另一位以色列密使与那里的诸多官员交换着看法。在外交部长埃班与美国官员会晤后，他的报告给内阁留下的印象是美国将采取坚定的行动，以促使蒂朗海峡重新开放；然而内阁又收到约翰逊总
114 统的一封电报，内容和埃班的乐观说法相矛盾。艾希科尔感到有必要明确华盛顿的立场，委派摩萨德局长梅厄·阿米特为特别使节，与美国人作进一步的会谈。在华盛顿，阿米特会见的主要是来自中央情报局的情报机构的官员，后来还见到了美国国防部长罗伯特·麦克纳马拉。他对麦克纳马拉说，他准备建议内阁对埃及发动先发制人的进攻，美国国防部长答道："我听得很清楚。"阿米特把这看作是允许以色列进攻的

绿灯,或至少是黄灯。[①]

在以色列,达扬于6月1日成为国防部长。这对战争计划没有什么影响,因为它们早在任命达扬前就已经完成了。尽管如此,在6月2日,达扬对军事指挥官们阐述的方针仍很重要,它们表明了达扬想要的战争是怎样的。达扬坚持说,战争开始后,国防军应该到达蒂朗海峡,解除纳赛尔的封锁。[②] 虽然对以色列来说,纳赛尔宣布封锁海峡是压垮骆驼的最后一根稻草,是发动战争的理由,但随着危机的升级,海峡的封锁成了一个次要问题;最高司令部认为,国防军的主要任务是打断阿拉伯军队的脊梁,尤其是位于西奈沙漠中部的埃及军队。在这次重要的会议上,达扬还指示将官们**不要**占领苏伊士运河。在这一政策的背后,达扬考虑的是如果以色列军队与运河保持一段距离,那么到了战后,纳赛尔可以重开运河,这样他对继续战斗就不会很热心,以免吓跑了运河的潜在使用者,失去了可观的运河收入。最后,达扬要求不占领加沙地带,说那里"问题重重",有大量巴勒斯坦人口。达扬不想让这些人加入以色列。关于对加沙地带和苏伊士运河所作的限制,达扬讲得清楚而准确。当时的军事情报局局长阿哈龙·亚里夫参加了6月2日的会议,他对本书作者解释道,"达扬对总参谋部说:'现在,我向你们发布国防部长指示:第一,打击埃及军队;第二,不要到达苏伊士运河;第三,不要进入加沙地带。'……"[③]

到这个时候,距纳赛尔首次动员军队进入沙漠约两周后,埃及在西奈已经有了7个师,10万部队。叙利亚在与以色列的边界上集结了超过5万人的军队,侯赛因国王动员了5.6万人。利比亚、 115
伊拉克、阿尔及利亚、科威特都派出了增援部队。在加沙地带,巴

---

① Meir Amit to author, 26 January 1997, Ramat Gan. 参见摩西·达扬对1967年战争的总结(28 July 1967)。

② Yad Tabenkin Archive (YTA), 15 (Galili), 48/1/3, p. 3(希伯来语);另见于Yitzhak Rabin to author, Tel Aviv, 21 March 1991;另 Haim Bar-Lev to author, Jerusalem, 19 March 1991;另 Ezer Weizman to author, Caesaria, 17 February 1992。

③ Aharon Yariv to the author, Tel Aviv, 27 March 1991;另见 letter from Yariv to author, Tel Aviv, 2 June 1992。

勒斯坦人部署了主要由埃及提供的武器装备。已经充分动员的以色列将主力集中在沙漠里，面对着埃及军队。局势极为紧张，战争一触即发。

6月3日是星期六。完成在华盛顿的外交使命后，在一次紧急会议上，摩萨德局长阿米特向内阁作了报告。令人惊奇的是，阿米特没有建议进攻，而主张再给华盛顿一次解决危机的机会。但在此时，新任国防部长达扬已下定决心，认为形势要求以色列采取坚决行动，否则它将失去自己的威慑能力。达扬提议让国防军投入战斗。颇有讽刺意味的是，主要由于宗教党派国家宗教党施加的压力，达扬才成为国防部长，而国家宗教党是温和主义者，希望新的任命能防止战争；然而，新任国防部长推动的新政策是尽可能早地向埃及发动进攻。

第二天是6月4日，星期天。艾希科尔召集了内阁会议，批准了采取军事行动的计划。在稍晚的私下会晤中，达扬和艾希科尔同意第二天发动进攻。

六日战争

对埃及的进攻

我们还记得，最初引发危机的是叙以边境的争端，是北方的紧张关系。然而现在，所有的眼睛都盯住了南方，在那里，以色列与埃及的军队面对面地对峙着。发起进攻的命令下达后，1967年6月5日上午7点45分，以色列空军只留下12架飞机保卫领空，其他战机都投入了莫凯德行动(Operation Moked)。它们走了一条迂回的路线，从海上进入埃及，从西面对所有埃及空军基地进行空袭。当以色列战机接近各自的目标时，特拉维夫及整个国家的空袭警报才响起来。在8点钟的新闻公报上，国防军发言人宣布，“一支敌军攻向以色列后，空军和装甲部
116 队与敌方的交战开始了。”当然，这是彻头彻尾的谎言，首先开火的是以色列而不是敌人。

莫凯德行动的成功超出想象。在190分钟内，埃及空军的脊梁

断了。第一波打击摧毁了189架飞机,其中绝大多数还停在地面。到第一天的战斗结束时,298架埃及飞机成了一堆废铁,战果惊人。空袭令埃及的政治与军事领导目瞪口呆;虽然预计以色列人会发动攻击,但埃及人没料到打击的规模会这么大,会来自一个未曾想到的方向。

轰炸只是以色列战略的一部分。上午8点15分,地面部队接到了"萨迪姆—阿多姆"(Sadim Adom,红床单)行动的实施指令。在压倒性的空中优势保护下,以色列的3个师开始向西奈沙漠进军。由于埃及空军大部分已被摧毁,以色列空军再无对手,完全掌握了制空权。地面部队向敌人发起进攻,接着开始追击越过沙漠逃跑的埃及人,来到了离苏伊士运河不远的地方。6月7日,内阁开会讨论在沙漠的战争,军事代表捎来了给以色列·加利利部长的一张便条,上面说:"关于苏伊士(运河)……到目前为止,所作决定是不到达苏伊士(指6月2日达扬有关不占领苏伊士运河的指示—作者)……我提议我们到达苏伊士(运河)。从军事上看,这是可能的……我相信,要就此作出决定,现在是最后的机会,再晚就来不及了。"[①]国防部长达扬不为所动;议会决定,部队与运河保持一段距离。那天晚些时候,达扬在新闻发布会上说,以色列已经"实现了它的政治目标……打击了埃及……以色列能够占领(苏伊士)运河,但不打算这么做。以色列的争论与苏伊士运河无关。"[②]达扬对此很坚定;在觉察到一些部队没有服从他的命令,前进到了离苏伊士运河很近的地方,他指示总参谋长拉宾阻止它们,并让它们回来。拉宾照办了,但并非一直如此。后来拉宾又找到达扬,说停在离苏伊士运河那么近的地方不符合军事逻辑,于是达扬让步了,同意部队继续前进,直到运河边上。[③] 阿里埃勒·沙龙师长参加了这次战争,他后来评

---

① Note from Josef Nevo to Minister Galili in the Wednesday, 7 June, 12. 30 meeting of the Cabinet, in YTA, 15/3/326 - 2.

② Dayan speaking at a press conference, see reports on 8 June 1967 in the *Financial Times*, *New York Times*, *The Guardian*.

③ Yitzhak Rabin to author, Tel Aviv, 21 March 1991.

论道,"达扬不希望前进到运河,但部队向他施加压力,要做前线指挥官
117 觉得战术上必要的事。他让步了。"[1]达扬本人暗示,他事实上受到了部队的强迫,不得不同意它们的做法。达扬在战后指出,他"在任何情况下都不想到达运河。(他)命令在离运河还有一些距离的时候停下。然而部队造成了既成事实,(他)别无选择。"[2]

我们还应记得,在6月2日举行的会议上,达扬命令指挥官们不得占领加沙地带,说那里"问题重重"。然而,在战争的头两天里,巴勒斯坦人从加沙地带向以色列定居点发射炮弹;用南部指挥官加维什的话说:"为了避免更大的损失,我命令占领加沙(地带)。"[3]我们不清楚达扬本人是否同意部队进入和占领加沙地带,因为在战后,他强烈抱怨道,"很明显,军队早已决定加沙(地带)也是目标……"[4]6月10日,达扬在沙漠中见了加维什,愤怒地斥责了他。加维什告诉本书作者,达扬威胁要把他送上军事法庭,因为他没有服从不到达苏伊士运河与不占领加沙地带的命令。

凭着后见之明,我们很清楚达扬关于不占领苏伊士运河与加沙地带的最初想法是对的,然而他未能让下属们奉命行事。或者睁一只眼闭一只眼,或者屈服于军队的压力,他让军队主导了以后许多年里以色列的政策。

西奈的以色列军队到达苏伊士运河东岸的时候,在控制着蒂朗海峡的沙姆沙伊赫,海军的一支小部队实施了登陆作战并占领了它,解除了并不存在的对海峡的封锁。虽然纳赛尔向全世界宣告他准备封锁海峡,虽然这构成了以色列发动战争的理由,但事实上,封锁计划并没有执行。

与约旦的战争和对"自由号"的攻击

通过各种联系渠道,以色列人从一开始就要求侯赛因国王置身事

① Ariel Sharon, *Warrior, An Autobiography* (London, 1989), p. 463.

② As cited in Shabtai Teveth, *Moshe Dayan: Biography* (Jerusalem, 1972), p. 334.

③ Letter from Yeshayahu Gavish to author, Ramat Ha'Sharon, 23 September 1991; also Gavish to author, Ramat Ha's Sharon, 5 January 1992.

④ Moshe Dayan, *Story of My Life*, p. 324.

外。为什么他会犯这样一个大错,参加这场战争?可能因为他是个有荣誉感的人。5 月 30 日,他在开罗与纳赛尔签订了防务条约,规定若
埃及遭到攻击,约旦应施以援手。当以色列人真的进攻埃及的时候,侯 118
赛因觉得他有义务参战。根据国王本人的说法,他没有别的选择,巴勒斯坦人占了约旦人口的一半以上,如果置身事外,他的王国恐怕会从内部解体。或许国王还觉得如果袖手旁观,他有可能错过航班,无法分享阿拉伯人对以色列人的胜利果实。无论如何,当以色列的信息传来时,国王冷冰冰地答道,“约旦不在局外。约旦已经卷进来了。约旦已经卷入了军事行动。”①

约旦的 155 毫米口径大炮“长汤姆(Long Tom)”向以色列城镇开火,炮弹落在了特拉维夫地区。上午 12 点 25 分,约旦空军袭击了内坦亚(Netanya),晚些时候又空袭了舍金村(Kfar Sirkin)和萨巴村(Kafa Saba)。在耶路撒冷,国王的部队越过停火线,占领了联合国总部大楼;以前,这里是英国高级专员官邸。以色列进行了大规模还击,空军瘫痪了弱小的约旦空军,地面部队从各个方向前进,占领了西岸。在耶路撒冷,以色列军队攻占了政府大楼,并将飞地斯科普斯山与以色列占领的其他地方连接起来。这块飞地位于约旦占领地上的一块非军事区中,守卫者只有 85 名以色列警察。

很快,内阁日程上的主要议题成了阿拉伯人的东耶路撒冷。以色列应该占领它吗?反对占领的压力来自一个意想不到的地方,国家宗教党的领袖摩西·哈伊姆·夏皮罗声称占领耶路撒冷是不明智的,它将成为以色列的沉重负担。用他的话来说,“(如果以色列占领了耶路撒冷,那么)不是我们控制耶路撒冷,而是耶路撒冷控制我们。”但是随着要求占领的压力逐步增强,尤其是来自部长梅纳赫姆·贝京和伊加尔·阿隆的压力,加上以色列人觉得这是一个不可错过的历史机遇,加上迫在眉睫的联合国要求停火的可能性,政府于 6 月 7 日上午 7 点指示国防军占领东耶路撒冷。

① 引自 Ahron Bregman and Jihan el-Tahri, *The Fifty Years War*, p. 91(英国版)。

于是，以色列部队从南、北两方向展开钳形攻势，切断耶路撒冷旧城与来自东方的约旦增援部队的联系。到上午的晚些时候，莫迪凯·“莫塔”（“Motta”）·古尔上校报告说，他的伞兵已经突入狮门，正向岩石拱顶（Dome of the Rock）前进。到6月9日，城墙内的耶路撒冷老城区落入以色列人之手。战斗完全结束后，在总参谋长拉宾和中央军
119 区司令乌兹·纳基斯陪同下，摩西·达扬从狮门进入耶路撒冷。“国防军解放了耶路撒冷，”达扬在哭墙边宣布，“我们已回到我们最神圣的地方，我们回来是为了再不与它分开。”同一天，诗人娜奥米·谢默发表了诗作《金色的耶路撒冷》，它很快成了这次战争中的圣歌：

我们回到了这些深井边，
回到了市场中，
圣殿山上，旧城中，悬崖边的山洞里。
号角声响起了，
一千个太阳闪耀着。
沿着去杰里科的道路，
我们还要去死海边。

在哭墙边，国防军大拉比什洛莫·格伦吹响了朔法尔号（*shofar*）。他看到了确认以色列对耶路撒冷的主权的一个难得机会，向中央军区司令建议道，“在奥马尔清真寺（Mosque of Omar，即圆石拱顶清真寺，根据穆斯林传统说法，先知穆罕默德就是从这里升天的）下放100公斤炸药，这样，我们可以一劳永逸地摆脱它。”纳基斯拒绝了。[1] 占领耶路撒冷还催生了其他一些想法，如本-古里安提议拆除旧城城墙，理由是它们出自奥斯曼苏丹而不是犹太人之手。虽然政府立刻拒绝了这些极端的建议，但趁着战争的硝烟还未消散，它也做了别的一些事。

---

① Interview with former OC Central Command Uzi Narkiss, *Ha'aretz*, 31 December 1997（希伯来文）。

推土机被急忙运到了耶路撒冷,夷平了面向哭墙的约 200 座巴勒斯坦人的房屋,在哭墙前造出一片广场和空地,以容纳预计将会来耶路撒冷的大批犹太人。

在战争全面进行的时候,一个意外事件发生了,它将在以后的许多年里影响以色列与美国的关系。这就是以色列空军和海军对美国“自由号”的攻击,它导致 34 名美国人死亡,171 人受伤。“自由号”是一艘间谍船,华盛顿派它到中东监视以色列与阿拉伯国家的战况,并将报告发回国内。6 月 8 日,它在西奈半岛阿里什一带的海域航行,距陆地约 120
12.5 海里。这一天,以色列人攻击了“自由号”。在这以后,“自由号”事件疑雾重重,直到今天,人们仍在猜测以色列的攻击是不是有预谋的,是不是经过策划的和故意的。人们为以色列找的理由是它不想让“自由号”搞清战争的进程,尤其是以色列正在加利利集结兵力,准备攻占戈兰高地。另一种说法是以色列人一直坚持的,说它是“误认敌友的一个悲剧性事件”。要理解在那灾难性的一天发生的事,关键在于拿到攻击船只的飞行员与特拉维夫飞行控制塔楼通过无线电系统进行的通话记录。以色列人很有理由对这些重要的磁带严加保密,不过,我们拿到了通话记录中的一些摘录,在这里第一次发表。它们可以帮助我们认识“自由号”事件。

如磁带清楚显示的那样,事情开始于 13 点 50 分,当时,身处特拉维夫的飞行控制主管什穆埃尔·基什列夫上校通报科萨飞行小队(Kursa Flight)队长说:“方位 26 有一艘船(指自由号——作者)。”科萨小队包括两架幻影 3C 式战机,装备有 30 毫米口径机关炮和几枚空对空导弹。基什列夫接着指示道:“现在,让科萨小队去那里。如果是军舰就攻击。”在科萨小队前往寻找“自由号”时,13 点 53 分,特拉维夫控制室里响起一个问题,从磁带中听得非常清楚:“它是什么? 美国人的(船)?”

接下来发生的事令人震惊,也很可疑,似乎表明以色列人掩盖了真相:基什列夫上校拿起内部通话器,询问他的上司——空军司令? 副司令? ——“(对于刚刚提出的有关船只身份的问题)你怎么说?”回答是:“我什么也没说。”潜台词是:“我不想知道。”

13点56分,科萨飞行小队队长请求攻击。既然这艘船有可能是美国人的,人们会以为,一名负责任的军事指挥官应该指示飞行员在投弹前调查一下,比如观察一下船上的旗帜。没有。磁带中响起了基什列夫上校不耐烦的声音:“我已经说过了,如果是军舰……攻击。”然后是对轮船的第一轮打击。13点59分,科萨小队队长向飞行控制中心报告:“我们狠揍了它。船上冒起黑烟。它的
121 油漏到了水里。真带劲(*Yofi*)……太棒了(*Yotze mehaclal*)。它在燃烧,它在燃烧。”两分钟后的14点01分,科萨小队再次报告:“好了,我干完了。我已经用完了弹药。那艘船在燃烧。船上有明火。很大的黑烟。”

14点03分,基什列夫上校命令另一个小队继续攻击。这一次是皇家飞行小队(Royal Flight),包括2架超级神秘式喷气机,装备有30毫米口径机关炮和两个凝固汽油弹发射架。基什列夫对皇家小队说:“你可以击沉它。”接着在磁带中,队长指示僚机的声音听得很清楚:“我们攻击……爬升……一起……我们从它的前方来……注意桅杆……不要碰到桅杆……我从它的左边来,你跟着我从右边来。”

14点14分,磁带里听到一个飞行员的发问声:“(这艘船属于)哪个国家?”基什列夫说:“可能是美国的。”飞行员说:“什么?”基什列夫说:“可能是美国的。”虽然如此,虽然已认清船是美国人的,但在12分钟后的14点26分,3艘以色列鱼雷快艇又赶到了现场,到14点31分,它们发射的5枚鱼雷让“自由号”无法活动了。按照以色列的官方说法,它曾试图阻止海军发起攻击,但没能成功。在鱼雷快艇完成攻击后,一架直升飞机赶来提供帮助,直到此时,这艘船“才最终被确认属于美国海军。”

对叙利亚的进攻

看到埃及和约旦的命运后,叙利亚人决定保持低调,因而,戈兰高地的战斗直到6月9日才开始。在以色列,随着埃及和约旦被逐出战

场,政府中有越来越高的呼声,要求进攻叙利亚。国防部长达扬反对,认为如果以色列进攻,苏联人有可能站在叙利亚一边进行干预。事实上,在这次战争后,一些证据表明,在以色列对叙利亚开火的情况下,苏联人的确做了打击以色列军事目标的准备。达扬还觉得,如果占领了戈兰高地,以后再要还回去就比较难了,它将成为一个障碍,阻挠以色列与叙利亚达成最后的和平。达扬的声音很孤独,但他是带领了一支胜利的军队的国防部长,其他部长们不得不让步。于是内阁决定等待,不进攻叙利亚。然而和以前一样,达扬又从他比较现实的政策退缩了, 122
同意以色列军队于 6 月 9 日凌晨进攻和占领戈兰高地。后来,他为自己的转变辩解道,6 月 9 日凌晨,摩萨德截获了纳赛尔总统与叙利亚总统努尔丁·阿塔西(Nur el-Din Attasi)之间的电报,表明即使以色列发动进攻,叙利亚也可能无力抵挡和还击,这是他最后同意国防军放手大干的原因。绿灯一开,以色列不顾联合国的压力,不顾与华盛顿和莫斯科关系的紧张,狠狠打击了叙利亚人,占领了戈兰高地。苏联威胁道,它将“采取一切措施阻止以色列侵略军”。但在戈兰高地落入以色列人之手后,战争结束了。

新社会

令人惊愕的胜利强烈冲击了以色列生活与社会的方方面面。以色列人深为军事行动的迅速震惊,对胜利的第一反应是一片欢腾和某种欣快症的发作。与此同时,犹太人也松了一口气,以色列以较小的伤亡代价赢得了一次决定性的胜利:777 人死亡。战斗在 6 天内结束,如今,以色列部队距安曼不到 31 英里,距大马士革 38 英里,距开罗 69 英里。占领西奈沙漠、加沙地带、戈兰高地和西岸后,以色列城市有了缓冲的余地,极大地降低了因遭受阿拉伯人的突然袭击而灭亡的危险(参见地图 4)。这次战争后,以色列人相信自己比历史上的任何时候都安全。此外,军事上的战果还有着特殊的历史意义,所占领的一些土地是过去宗教史上的核心区域:包括西墙在内的耶路撒冷老城,被以色列人称作朱迪亚和撒马利亚(Judaea and Samaria)的西岸——圣经中以色列地的一部分，以及麦比拉洞①所在的地方。对以色列的宗教团体来说，这些地方的获得在“人民、上帝和应许之地”间建立了联系，给人们带来了对犹太身份的鲜明感受。

胜利对以色列的经济也产生了重大影响。几乎在一夜之间，上半年的严重衰退便消失得无影无踪，以色列甚至经历了一次小小的经济
123 繁荣。从北美到南美，从西欧到南非，犹太人都踊跃捐资，购买了上亿美元的以色列债券。在战争结束后的 6 个月内，以色列史无前例地收到了 6 亿美元的这类捐助。战前相当高的失业率一下子不见了，而外汇储备的增长戏剧性地攀升了 75%之多。埃拉特港重新开放了，作为进出以色列的交通中心，它甚至变得比以前还重要。以色列建造了从埃拉特到阿士杜德的陆上通道，这样，从东非和亚洲来的货物可以在埃拉特卸下后，装上卡车转运到阿什杜德港，再重新装船驶往地中海各港口。不久，这条通道的货运量就达到了每月 900 吨。此外，由于占领了西奈沙漠中的阿布鲁迪斯(Abu Rudeis)油田，到 1970 年，以色列每年可以节省 6 000 万美元的硬通货，还消除了对石油短缺的担忧。

旅游业很景气。1967 年，以色列接待了 328 000 名游客，1968 年 432 000 名，1970 年达到了 650 000 名。游客们的花销仅在 1968 年就有 1 亿美元；这笔钱又投资到旅游业，引发了旅馆及其他相关旅游设施建造的兴旺。以色列的生产以每年 10%的比例增长，出口以 17%的比例增长，投资增长 25%；这一波的经济繁荣使以色列人的生活水平获得了前所未有的提升。

在战争带来的影响中，同样重要的还有一点，即它缩小了以色列社会中各种成分间的距离。到那时为止，由于在建国前后作出的牺牲，阿什肯纳兹以色列人受到了较好的对待，享有一些特权。被称作塞法迪人的东方犹太人来得较晚，认为自己受到了歧视，被阿什肯纳兹人边缘化了。在这次战争中，东方犹太人履行了自己的职责，证明自己是勇敢

① Machpela，据《圣经》记载，这是亚伯拉罕从希伯伦的赫人以弗仑手中购买的家族墓地。——译者注

和忠诚的士兵;战后,连阿什肯纳兹人也觉得,这些东方以色列人为自己赢得了平等的权利。由于在夺取战争胜利中发挥了重要作用,塞法迪人的社会地位得以提高;另一方面,这也极大地提高了塞法迪人的期望值,希望自己在以色列的地位能有更重大的改变。 124

对于以色列阿拉伯人和犹太人的关系来说,战争产生了两方面的影响。战前,以色列阿拉伯人被看作第五纵队,但在战争中,这些阿拉伯人没有什么反对以色列人的举动,从而表明自己是可以信任的,表明战前不久取消军事统治的做法是正确的。战争过后,以色列阿拉伯和犹太人之间的关系有所改善,有更多的以色列阿拉伯人被吸纳进犹太人的市场和较为富足的生活圈。另一方面,在恢复了与被占领土上的阿拉伯同胞的接触后,一些以色列阿拉伯人受到巴勒斯坦游击队的吸引,加入了战后的抵抗运动。

然而,战争不仅仅缩小了阿什肯纳兹人和塞法迪人之间的鸿沟,不仅仅在一定程度上拉近了以色列阿拉伯人和犹太人的距离。在如何对待被占领土的问题上,它也播下了分裂的种子。战后不久,由马帕伊和劳工联盟的部分领导人牵头,包括右翼和国家宗教党的一些成员,以色列土地运动(Land of Israel Movement)兴起,主张基于安全、宗教和历史的理由,保留被占领土。在另一边,主要属于最左翼政党的一些以色列人担心被占领土会成为一种负担,从内部侵蚀这个社会,给以色列留下数量不断增加的阿拉伯人;一旦从失败的震惊中走出,阿拉伯人可能会对以色列的安全、特别是人口结构造成严重威胁。如果以色列吞并加沙地带,包括国内的阿拉伯人在内,阿拉伯人的比例将上升到 24%;如果再吞并西岸,这一比例将达到 35%。按照那些主张归还土地的人们的说法,这会危及以色列的犹太特征。在以后的岁月中,有关被占领土前景的争论将成为分裂以色列社会的主要问题。

外交的缓慢进展

但是,在战争刚刚结束的时候,在被占领土还未引起公共讨论时,政府曾试图把绝大部分土地还给原来的主人。艾希科尔内阁担心国际 125

社会会像1956年战争以后那样，要求以色列归还**全部**被占领土，因此想采取主动，首先提出一个可行方案。1967年6月19日，它以政府决定的形式，提出了与埃及和叙利亚实现和平的一个不寻常的建议，由外交部长埃班请美国政府转交给阿拉伯人。在下面这个珍贵的报告中，美国国务卿迪恩·腊斯克概括了以色列的提议：

> (国务)卿和(联合国)大使(阿瑟·)戈德堡从以色列外交部长埃班那里收到……(1967年)6月21日下午7点15分。会谈一小时。埃班说，以色列部际委员会达成了一个尝试性的结论，他想与国务卿而不是别人讨论一下……
>
> **以色列—埃及。**以色列希望在当前国际边界的基础上与埃及签订和平条约。以色列不要埃及领土，只要安全……重要的是必须签订对埃及有约束力的条约。以色列不接受基于假设的其他理解。
>
> **以色列—叙利亚。**以色列希望在国际边界的基础上与叙利亚签订和平条约，但俯视以色列领土的叙利亚群山应非军事化……埃班的结论是，对于埃及和叙利亚，以色列同意完全撤回国际边界。这些条件可谓慷慨。
>
> **加沙。**埃班提到，埃及从未要求拥有加沙。以色列将为加沙人民尽自己的努力。
>
> **约旦河西岸。**埃班说以色列的考虑“还不成熟”。①

对于西岸，以色列的考虑之所以“还不成熟”是因为它不想放弃。

① Incoming telegram, US Department of State, Summary of Conversation, Secret, June 1967, 3∶27, E. O. 12356, sec. 3.4., NIJ 94.36, NARA date 7.18.95.

这些土地被犹太人看作是圣经中的以色列地的一部分,反对将它们还给阿拉伯人,反对者甚至在非宗教性的执政党内部也有。反对归还的意见中也包含了战略上的认识,因为西岸让以色列的“细腰”变宽了。占领西岸前,从约旦向西突出的部分到地中海,以色 126
列领土有些地方的宽度几乎不到 9 英里。有了约旦河以西的这些既占领土,阿拉伯入侵部队要想自东向西将以色列拦腰切断就不那么容易了。不过,虽然对西岸还没有细致的构想,副总理伊加尔·阿隆还是设计了一个所谓的“阿隆计划”,于 1967 年 6 月 26 日提请内阁讨论。

阿隆计划要求保留沿着约旦河的一长条土地,6 到 9 英里宽,其中绝大部分是死海边上的约旦沙漠;要求保留环大耶路撒冷的许多地方,包括莱特龙突出部。阿隆设想在这些区域,尤其在沿着约旦河的不毛山地上,以色列建造一些永久性的犹太人定居点,用作战略堡垒,以防备阿拉伯人可能从东方发起的攻击。整个耶路撒冷将统一为以色列的首都。加沙地带有 250 000 阿拉伯人,绝大多数是前几次战争的难民;以色列将继续控制这里,将有一条公路将加沙和西岸连接起来。撒马利亚是唯一剩下的一块飞地,有 400 000 阿拉伯人;这里被允许独立,但要在政治、经济、军事上与以色列密切联络,并由杰里科周边的宽阔通道与约旦相连。作为计划的一部分,阿隆还设想在阿里什附近的西奈北部重新安置几十万巴勒斯坦难民,其他巴勒斯坦人可以生活在独立的撒马利亚飞地,或者鼓励这些人移民加拿大、澳大利亚、新西兰和巴西。内阁既未接受也未拒绝阿隆计划,然而逐渐地,它成为后来的工党政府对既占领土政策的蓝本。

与此同时,8 月 28 日,阿拉伯首脑在苏丹首都喀土穆会面。在遭遇战争的挫败以后,这是他们的第一次会议。阿拉伯人宣布了“三不原则”:“不和平,不承认,不与以色列谈判。”这是一个悲剧性的决定,它给了那些不想归还被占领土的以色列人以口实。后者声称阿拉伯人不肯妥协,不肯与以色列实现和平,因此,以色列没有理由归还土地。不久后的 10 月 30 日,艾希科尔政府作出了一个重大决策,要求与埃及和叙

利亚的协议必须包括给以色列的安全边界;这事实上终结了 6 月 19 日
127 推出的较温和、较为妥协的决定。

在 1967 年秋举行的联合国大会上,以色列获得一次外交胜利:大会没有要求以色列撤退或补偿,而是把以色列和阿拉伯人有关被占领土的争执提交给安理会。于是安理会在 1967 年 10 月和 11 月召开会议,经过漫长的讨论后,于 11 月 22 日一致通过了英国构想的第 242 号决议。决议说不承认通过战争获取领土的做法,要求以色列军队从"最近的冲突中占领的土地"(from territories occupied in the recent conflict)撤离(注意"土地"一词前没有定冠词"the"),在此基础上,致力于寻求在"安全的公认边界"内实现"公正与持久的和平"。一些阿拉伯国家,如叙利亚和巴勒斯坦人拒绝接受。后者抱怨道,决议只是把巴勒斯坦人看作难民,没有提其权利。包括以色列在内的一些国家同意接受,但把它解释得能够满足自己的先决条件。这样,第 242 号决议更像是对僵局的一种反映,而不是解决问题的方案。作为决议的一部分,瑞典驻莫斯科大使冈纳·雅林博士被任命为特使,负责与有关各方会晤,在第 242 号决议的条款与原则基础上,帮助各方达成和解,实现和平。

外交工作的进展很慢,雅林的使命一直没能获得有意义的突破。以色列逐渐认为,时间在自己一边,在可以预见的未来,被占领土的状况不会有什么改变。一些以色列人开始采取直接行动,去既占领土上定居。1968 年 4 月 4 日,在未经政府同意的情况下,一群犹太教徒为科亚塔巴(Kiryat Arba)市打下了根基。在希伯伦市中心,一个犹太社区建了起来。政府本应采取强硬态度,但对于在 1929 年骚乱后犹太人撤出的希伯伦,相当多的公众支持返回那里。在内阁中,伊加尔·阿隆尤其活跃,竭力劝说同事们让定居者留下来。定居者留了下来;在有争议的西岸不毛山地上,许多非法定居点的非法定居者也同样留了下来。正是在 1967 年战争后的西岸地区,宗教犹太复国主义展现出受到弥赛亚降临前景鼓舞的自信,认为犹太人对以色列地的占领是救赎道路上
128 的一个关键步骤。对这一点,世俗犹太复国主义并不认同。

果尔达·梅厄上场

1969年2月26日,利维·艾希科尔去世,3月7日接任的果尔达·梅厄成为以色列的第一位女总理。1898年,果尔达出生于基辅,那时她叫果尔达·迈耶森(Golda Meyerson);她们一家后来迁居到美国,她是在密尔沃基(Milwaukee)长大的。1921年,她乘破旧的"波卡洪特斯"号(SS Pocahontas)轮船来到巴勒斯坦,定居下来并参与伊休夫的政治活动。独立宣言发布前不久,果尔达·梅厄穿着一身阿拉伯服装,来到外约旦,试图说服阿卜杜拉国王,劝他不要与其他阿拉伯政府一起入侵以色列国。这一使命未能完成。到战争后期,梅厄在募集购买武器用的急需资金方面发挥了重要作用。在芝加哥,她对一群犹太人发表了极为出色的演讲,发起了同样出色的资金募集活动;美国犹太人以踊跃捐款表达对以色列的支持。梅厄带着5 000万美元回到了以色列。以后她又被选作以色列第一任驻莫斯科公使,成为本—古里安政府中的劳工部长;1956年的西奈战役爆发前,在外交部长夏里特被本—古里安赶下台后,梅厄成为继任者。如今她已71岁了,健康状况不佳,多年的公共服务和政治生活使她精疲力竭。由于摩西·达扬和伊加尔·阿隆之间进行的毁灭性争斗没有什么结果,退休中的梅厄又被召回领导这个国家,拯救她的党。她勉强同意了,怀疑自己的身体是否吃得消。她说,她留下的时间不会超过几个月。

人们通常用果尔达这个名字称呼她。这个引人注目的女人身材矮胖,头发编成发辫盘在脑后,从不改变;她的眼睛总是流露出内心的悲伤。梅厄为人既强硬又容易感情冲动;还在成为以色列总理之前,她已是世界上最令人钦佩的女人之一。梅厄与前任很不一样。艾希科尔灵活而易于妥协,梅厄却很固执,不会轻易让步。艾希科尔很"温和",1967年战争后变成了"鸽派",而本—古里安的门徒梅厄是个"行动主义者",用1967年以后的术语说就是"鹰派"。艾希科尔是个真正的民主主义者,在作决定前会听取各种不同意见和观点。梅厄很少这样做;她和一些关系密切的部长们组建了小"厨房

内阁”，即人们熟知的“果尔达的厨房”，在厨房作出决定，提交内阁
129 的其实是结论。

从艾希科尔那里，梅厄继承下来的最复杂难解的问题是解决苏伊士运河沿岸的流血冲突——消耗战，新总理和她的国防部长摩西·达扬不得不把它作为头等大事，全力以赴地应对。

消耗战

1967年战争结束后，以色列军队部署在苏伊士运河东岸，与运河仅一石之隔。这使得遭受了战败羞辱的纳赛尔可以对以色列人开战。虽然以色列人摧毁和缴获了大批埃及人的军事物资，但在1967年战争后，苏联人迅速补足了埃及的军火库，使它又有了发动战争的充足武器。

以色列和埃及军队沿苏伊士运河发生的冲突可以追溯到1967年10月21日，那一天，在塞得港外的国际水域中，一艘埃及驱逐舰用鱼雷击沉了以色列的“埃拉特”号驱逐舰，导致47名水兵死亡。以色列报复性地轰炸了苏伊士城附近的埃及炼油厂，点燃了旁边的储油罐，导致苏伊士城和伊斯梅尔成千上万的居民撤离。在第二年的9月8日到10月26日间，沿苏伊士运河的冲突激化起来，升级为大规模炮战。以色列不习惯这种长期的静态对抗，试图采取主动的进攻。它不仅用大炮还击，用空军支援，还派遣地面部队越过运河进行报复。然而，纳赛尔认识到了对团结的以色列社会发动“流血战”的好处，决心将打击行动持续下去，希望同时伤害敌人的身体和精神，迫使以色列人最终撤离运河区。

为减轻伤亡，以色列总参谋部在经过激烈的内部争论后，决定沿苏伊士运河修一道防线，为部队提供躲避埃及炮火的掩体。[1] 它被称作巴—列夫防线，因为总参谋长巴—列夫是防线的策划者。然而，这条新修的防线也为埃及人准备了一个静态的目标。1969年3月，在一段相对平静的时期过后，埃及人重新开战，向巴—列夫防线倾泻了大量炮
130 弹，从3月8日到10日战事逐渐升级。以色列进行了还击，并派出部

① Haim Bar-Lev to author, Jerusalem, 19 March 1991.

队进入埃及,但没有什么作用。双方狂怒地继续着这场战斗,以色列的伤亡不断增加,情绪越来越不安。

在运河战争的阴影下,1969 年 10 月 28 日,以色列举行了大选。梅厄的工党与马帕姆合并组成工党联盟(希伯来语为 Ma'arach),赢得了议会 120 个议席中的 56 席;而在 1965 年,联盟的两个成员共获 63 席。贝京的加哈尔集团获得 26 席,国家宗教党 12 席,独立自由党 4 席。总统邀请议会最大党领袖梅厄组织新的联合政府。

与此同时,1969 年 12 月 9 日,美国政府提出了一个新的和平计划,即所谓的"罗杰斯计划"。此时的美国由理查德·尼克松领导,亨利·基辛格是总统安全事务顾问助理,国务卿是威廉·罗杰斯。新计划的核心是第 242 号决议,要求在此基础上经过微调后,以色列退回到国际边界;要求解决巴勒斯坦难民问题;统一的耶路撒冷可以保留,但它的东区不许以色列吞并。12 月 15 日,在向议会介绍新的民族联合政府时,梅厄总理强烈攻击了罗杰斯计划;12 月 22 日,她的内阁最终拒绝了它,说美国的计划一旦被接受,以色列的安全与和平将面临极大的危险。

在缺乏外交解决方案的情况下,运河战争继续进行着。为中止这场战斗,政府决定大规模空袭埃及的基地。首先是实施"拳击手行动"(Operation Boxer),空军打击了运河边的埃及基地,一时间让对面的大炮沉寂下来。但在埃及人恢复过来并重新轰击巴一列夫防线后,政府采纳了让空军深层渗透的战略,由此升级了空军的进攻。在这一新战略的背后,政府的设想是通过将轰炸行动深深地引入埃及腹地,迫使纳赛尔调动苏伊士运河区的部队和装备,保护埃及的其他地方,从而缓解巴一列夫防线上以色列军队所承受的压力。

1970 年 1 月 7 日,以色列空军开始执行新的战略,一直持续到 4
月 18 日,共出动战机 3 300 架次,将 8 000 吨炸弹丢在运河边和埃及腹 131
地。这场可怕的轰炸战役不仅打击了埃及军队,还造成约 50 万平民从运河区撤离,为逃避野蛮的攻击而迁到埃及的其他地方。起初,以色列的新战略似乎奏效了。如以色列人正确估计的那样,埃及高级司令部不得不从苏伊士运河区调集资源，保护埃及的腹地，使得巴一列夫防线的压力得以缓解，以色列人的伤亡数字下降。然而，随着一些空袭的牺牲者被证明是平民而不是埃及军人，国际社会对以色列的批评逐渐增强，以色列的乐观态度逐渐减弱。2 月 13 日，以色列一架鬼怪式战机误炸了一个工厂，炸死 70 名平民；4 月 9 日误炸一所学校，30 个孩子死亡。两次事件之后，国际社会一时发出了抗议与谴责的最强音。

不过，对于大规模轰炸战的实施，以色列最担心的还是苏联越来越多的介入。1 月，在以色列开始执行新战略的时候，纳赛尔飞往莫斯科，要求并得到了精密、复杂的武器，包括萨姆-3 防空导弹和米格-21 战机。莫斯科不仅提供了这些复杂的武器系统，还亲自派人使用它们，直接同以色列的轰炸机对抗。在埃及，俄国人波波夫·康斯坦丁·伊里奇(Popov Konstantin Ilych)曾参与击落 5 架以色列的鬼怪式飞机，并荣获苏联英雄称号。在一次难得的访谈中，他回忆道：

> 我们于 1970 年 3 月抵达埃及。我们在夜间到达港口，23 点下船。我们在夜间为我们的机器漆上埃及的标志和编号，给自己换上平民服装。第二天，我们进入了阵地。……我们接到了准备作战的命令。第一架(以色列)鬼怪式飞机是马梅利尤科(Mamelyuk)上尉击落的……(接着)以色列人开始了大规模行动，我的小组击落了 5 架鬼怪式飞机。[①]

由于苏联人越来越多的介入，以色列人决定缓和局势。按照国防部长达扬
132 的说法："既然俄国人来了，我认为最好还是等一等，看看我们能够和应该做什么……我们必须对进攻行动十分小心，以免与苏联飞行员对抗。"[②]

随着与埃及的战争的不断进行和伤亡数字的提高，公众对战争的

---

① 波波夫·康斯坦丁·伊尔奇的证词，巴拉什卡(Balashikha)，1996 年 9 月 28 日，作者保存的档案。

② Moshe Dayan, "What We Stand for and Why", Speech in Armon cinema, 4 May 1970 (希伯来文)。

反感与日俱增。部分诗人和作家从战争中只看到了恐怖和苦难;这些人形成了一个新流派,用自己的作品表达对战争与苦难的蔑视。“巴思女王”是一则讽刺作品,攻击了战争带来的“欢乐”和“对苦难的崇拜”,可能是以色列这一时期最直率的反战文学,表达了以色列人对于战争和牺牲的厌倦。这在以色列很新鲜:因为直到1967年战争以前,这个社会一直毫不犹豫地愿意自我牺牲,从来没有怨言。

与此同时,1970年3月24日,世界犹太复国主义组织主席纳胡姆·戈德曼博士向梅厄总理通报了他的活动,说纳赛尔总统邀请他访问埃及,商讨和平事宜。梅厄对戈德曼评价很低,拒绝讨论这一邀请,说戈德曼“老是把现实与想象的界限搞混”。梅厄的反应扼杀了埃及的主动行为。4月5日,新闻界获知了此事,对它的报道引起了一阵骚动。一些即将应征入伍的学生愤怒地给梅厄发了一封公开信,抱怨她失去了一次机会,并说不知道自己会不会做在军队里必须做的事情。

由于国内外压力的不断增加,政府不得不显示出一些灵活性,对1970年6月19日的美国提议表现得更合作。美国的这项提议被称为“第二罗杰斯计划”,要求沿苏伊士运河实现90天的停火,冻结运河两岸的军事态势,恢复雅林的和平使命。埃及于7月底接受了这个计划;7月31日,以色列政府进行了表决,以17票赞成6票反对的结果决定接受。8月7日,运河两岸开始了为期3个月的停火,以色列与埃及也恢复了非直接的会谈。

然而,以色列还需付出一些政治代价。接受第二罗杰斯计划意味着对联合国第242号决议的公开接受,而贝京的加哈尔集团反对这个决议,他们此时又是联合政府的成员。贝京坚持说,接受第二罗杰斯计划就是无条件从停火线大规模撤军的开始,因而提出辞职,民族联合政府由此垮台。不过,由于埃及破坏了停火协议,作为罗杰斯计划一部分 133
的雅林使命几乎还没开始就结束了。根据协议,运河沿岸的形势应予冻结,不得有军队或军事设备的调动。但在停火生效的那一天,埃及人在苏联的帮助下,往前线运送并部署了28组萨姆-2和14组萨姆-3

导弹。1970 年 9 月初,以色列作出了反应,声称不再参加雅林会谈,直到形势恢复到签订停火协议的那一天为止。

果尔达与安瓦尔·萨达特

就在这个月里,纳赛尔总统去世,他的副手安瓦尔·萨达特接任,开启了以色列与埃及关系的一个新时代。虽然纳赛尔于 1967 年失去了西奈,但除了 1970 年 3 月邀请纳胡姆·戈德曼的那一次,他几乎没有表现出跟以色列会谈的愿望;而从一开始,萨达特就表明他愿意通过谈判收回失地。继任埃及总统伊始,萨达特接受了联合国调解员雅林博士的提议,同意与以色列商讨和平问题。在梅厄接受以后,双方的间接会谈于 1971 年 1 月初恢复了。不久后的 2 月 4 日,萨达特对埃及议会宣布,“如果以色列把在西奈的军队撤到(米特拉和吉迪)山口(位于苏伊士运河以东约 48 公里处)”,那么

> 我愿意重新开放苏伊士运河;让我的军队来到(苏伊士运河)东岸……如果不是 3 个月,至多将在 6 个月内作出严肃的、正式的停火声明;将恢复与美国的外交关系;通过联合国秘书长的代表雅林博士,与以色列签订和平条约。[1]

毫无结果。只要不是全面的和平,梅厄总理决心不放弃一寸土地。她相信,与阿拉伯人打交道,这是唯一保险的方式;此外,她相信
134 以色列不必着急,如她所说的那样,“我们从未像现在过得这样好。”梅厄也没能听进身边人的话,尤其是国防部长摩西·达扬的话。后者建议从苏伊士运河稍稍后撤,以便埃及人恢复运河通航,重建运河区的城市;这些措施将降低埃及人的作战欲望。在萨达特和达扬要求以色列撤退的主张中,梅厄看到的是以色列开始向旧的边界回撤,而和平条约却没有着落。在议会的演讲中,她拒绝

① Anwar el-Sadat, *In Search of Identity* (London, 1978), p.219.

了萨达特的大胆提议。

1971 年 2 月 8 日,瑞典外交官雅林博士建议,以色列与埃及优先考虑接受他的和平计划:简单地说,就是要求萨达特同意与以色列签订和平条约,要求梅厄同意从埃及领土撤回到以前的国际边界。2 月 15 日,萨达特原则上同意雅林的提议,但要求以色列答应撤出西奈和加沙地带,解决巴勒斯坦难民问题,建立维持和平的联合国部队。2 月 26 日,以色列对雅林的提议做了回答,声称不会撤到 1967 年 6 月 5 日前的边界。这终结了雅林的使命。

萨达特要求与以色列人开始对话,美国总统理查德·尼克松对此很重视。1971 年夏,尼克松把助理国务卿约瑟夫·西斯科派到中东,试图打破僵局,劝说梅厄总理同意从苏伊士运河作有限的撤退。西斯科是个老练的职业外交官,但不久以后,他变得垂头丧气,两手空空地回到华盛顿。他后来回忆道,“经过两天的深入讨论,很明显,我们没有取得任何进展……总理作出了否定的反应……”[①]外交的失败令萨达特很失望,以色列的一些单边行动令他震惊,如在西奈修建了一座现代化机场,在西奈海岸建造了一个带有深水港的城镇;在此局面下,萨达特宣布,1971 年将是“决定性的一年”。不过,他的话的含义不是很清楚,阿拉伯世界和以色列也没有人当真。

萨达特仍在争取与以色列的对话。为使美国相信他是认真的,并暗示这样的对话得以实现的关键在华盛顿而不是莫斯科,1972 年 7 月 18 日,萨达特迈出了大胆的一步,从埃及驱逐了 15 000 名苏联顾问。 135
在他的前任于 1970 年 1 月访问莫斯科后,这些顾问来到了埃及。然而,即使萨达特驱逐了苏联人,华盛顿仍未向以色列施压,以使它同意撤退。无论如何,此时的以色列是美国在中东的战略资产,华盛顿不愿挑战梅厄坚持的政策,即在阿拉伯人完全承认和接受以色列前,不撤出

① 对约瑟夫·西斯科的访谈,华盛顿,1997 年 3 月 19 日;另见对阿尔弗雷德·(又叫“罗伊”)阿瑟顿的访谈,华盛顿,1996 年 10 月 19 日,他陪同西斯科作了这次访问。见于作者档案。

一寸土地。僵局未能打破。与此同时，在加沙地带和世界其他地区，以色列又卷入一场与巴勒斯坦人的血战。

恐怖主义、移民与骚乱

以色列于1967年占领加沙地带时，那里有40万巴勒斯坦人，约半数是在1948年战争中逃离以色列的难民或难民的后代。1967年6月的战争以后，这些巴勒斯坦人有许多在以色列干起了零工，加沙地带的市场也和西岸一样向以色列产品开放。然而，巴勒斯坦领导人认识到，与以色列的共存将不可避免地掩盖巴勒斯坦问题，力图让被占领土上的居民反对以色列。从1968年起，带着恐吓的目的，一股巴勒斯坦人反对自己同胞的浪潮席卷了加沙地带，其中充斥着残暴、折磨及谋杀行为，企图断绝巴勒斯坦人与以色列的一切联系。不过，这场战役并未干扰巴勒斯坦领导人的视线，并未影响与主要对手以色列的斗争。在亚西尔·阿拉法特和乔治·哈巴什等人领导下，巴勒斯坦人建立了秘密的基层组织，以执行针对以色列人的“任务”。1971年初，国防部长达扬指示南部军区司令阿里埃勒·沙龙解决这个问题，消除加沙地带巴勒斯坦人的暴力活动。于是，在从7月开始的一场为期7个月的野蛮战役中，沙龙督导下的以色列军队杀死了104名巴勒斯坦人，逮捕和驱逐了其他许多人，从而结束了巴勒斯坦人在加沙地带的抵抗，使这一地区平静下来。

20世纪70年代初，国际恐怖主义活动也很猖獗。它们由巴勒斯坦人及其支持者实施，目的是吸引国际社会关注巴勒斯坦人的困境，迫使以色列政府释放关押在监狱中的同胞。1972年5月8日，比利时航
136 空公司(Sabena)的571次航班从布鲁塞尔飞往特拉维夫，途中遭到属于“黑九月”组织的一伙巴勒斯坦人劫持。飞机在以色列降落后，劫持者要求释放被关押的317名巴勒斯坦人。政府拒绝让步，指示军队于次日上午实施解救行动。年轻的军官埃胡德·巴拉克率领一支突击队向飞机发起冲击，救出了乘客。这名军官以后成了以色列总理。不久后的5月30日，在卢德机场的抵达大厅，3名日本枪手装备着机关枪

和手榴弹,杀死了27名乘客。这些日本人属于激进的红色旅(Red Brigade)[①],此次袭击是受命于巴勒斯坦解放组织进行的。1972年9月5日,巴勒斯坦人的恐怖活动达到了顶峰;在参加慕尼黑奥运会的以色列代表团中,11名成员被巴勒斯坦人绑架,后来在德国的笨拙解救行动中死去。以色列迅速进行了还击。埃胡德·巴拉克本人装扮成妇女,率一支特别小队杀死了3名以贝鲁特为基地的巴解组织的领导人,以色列认为他们对慕尼黑的杀戮负有责任。这只是以色列对慕尼黑事件的许多次报复行动中的一次。一个邪恶的杀戮与报复怪圈形成了。

尽管有国际恐怖主义,有沿着苏伊士运河和以色列与阿拉伯邻居的边界上的紧张局势,有既占领土上不时发生的暴力事件,犹太移民还是大量涌进了以色列。在1967年前,移民数量曾稳步下降,到这年的6月为平均每年18 000人。但在1968—1973年间,来到以色列的移民达到了25万,主要来自俄国和美国。其时,后者正在经历一场逐渐加深的经济衰退,美国犹太人感到自己的生活水平在下降,于是选择迁居以色列——它的经济因战争的胜利而一时繁荣起来。移民的到来帮助维持了1967年后的小规模经济繁荣,到1971年,国内生产总值的增长率达到惊人的11.1%,1972年再升至12.6%。然而,良好的经济形势也造成了社会的紧张;阿什肯纳兹人和塞法迪人之间的关系原已有所改善,此时看起来又倒退了。如前所述,由于塞法迪人在1967年战争中的重要作用,其与阿什肯纳兹人的距离拉近了许多;与此同时,塞法迪人对生活的期望也极大地提高了,要求自身境况的迅速改观——要求更好的房屋、教育与工作。但在20世纪70年代初,政府把大笔的资金用在了吸收移民上。塞法迪人很失望,认为政府是以牺牲自己为代价,而把钱花在新到移民身上。由于对自身条件的缓慢改变很不耐 137
烦,对把资金分配给新移民又觉得很沮丧,塞法迪人走上了街头。领导

① 此处似有误。日本的组织称“赤军”(Red Army),意大利有一组织为“红色旅”(Red Brigade)。卢德机场事件为日本赤军所为。——译者注

者是一个自称为“黑豹”的新抗议团体，其成员来自耶路撒冷最穷的街区之一穆斯拉拉（Musrara）。黑豹组织游行示威和骚乱，以吸引人们关注塞法迪人的低教育水准和贫困问题。与 1959 年的瓦迪萨利骚乱不同，黑豹的抗议活动不怎么使用暴力，而主要采取一些象征性的手段，如偷窃富裕街区的瓶装牛奶在贫困街区分发。黑豹的成长表明，它认识到了挤入政治活动的核心的重要性，不久就把自己的代表选进了议会。

不过，总的来说，主导着 1967 年战争以后年代的还是外交与安全事务，与它们相比，其他一切问题都显得不那么紧迫，或是显得比较琐细。在负责这些事务的人中，首先与最重要的是果尔达·梅厄和摩西·达扬。女总理既骄傲又固执，但往往不能适应变化的形势；而达扬富于想象力与创造力。以色列人相信，只要有这两个人掌舵，什么灾祸都不会落到自己头上。不久，这种信赖就被证明是错误的：正是达扬和梅
138 厄把以色列人引向了战争。

第五章　赎罪日战争和工党政府垮台(1973—1977)

萨达特的战争准备

1973年冬,埃及总统安瓦尔·萨达特又给了外交活动一次机会,派国家安全顾问哈菲兹·伊斯梅尔去华盛顿进行了一系列会谈。1973年2月23日,伊斯梅尔在白宫会见了理查德·尼克松,24—25日同基辛格举行了3次秘密会议。后来,基辛格回忆道:"哈菲兹·伊斯梅尔希望以色列撤退到1967年战前的边界,作为回报,埃及将同意实现和平。这是一大进步,以前没有哪个阿拉伯国家直截了当地说它愿意和平。"但在这个时候,基辛格并未完全相信埃及的提议是真诚的,他仍在怀疑萨达特的意图和动机。在后来的一次访谈中,基辛格坦率地承认:"我认为萨达特像是歌剧《阿伊达》中的人物。我没有认真对待他。他总是作一些夸张的声明,但从来不付诸实施。……坦率地说,我觉得他在吹牛。"[①]回到开罗后,伊斯梅尔向萨达特汇报了他在华盛顿的活动;根据当时的埃军总参谋长萨阿德·沙兹利的说法,伊斯梅尔报告道,基辛格

---

① 上述引文出自作者对亨利·基辛格的访谈,华盛顿,1997年7月24日,见于作者档案。

是这样对他说的："我无法处理你的问题，除非它演变成一场危机。"在沙兹利看来，萨达特把这当成了一个信号："基辛格在鼓励他走向战争。战争是唯一的选择。"[①]

萨达特很失望。他的提议也没能打动以色列的梅厄总理，后者不仅拒绝了他，还打算采纳所谓的"加利利计划"(Galili Plan)，在所占领
139 的土地上投资，其中包括靠近拉法赫的西奈东北部，准备在那里建一个工业区。萨达特还感到，他没能让华盛顿理解他提议与以色列对话时的真诚。在20世纪70年代初，美苏关系的缓和也令他沮丧，认为这有损埃及的利益。萨达特的观点是，由于关系缓和，超级大国不大可能在中东有什么重大举措，那会破坏它们之间正在改善的关系。在阿拉伯世界，尤其在埃及，萨达特成了笑柄，因为他不断地保证"决定性的一年"就要来到，但什么也没发生。随着时间的流逝，他的保证被认为只是一些大话。渐渐地，萨达特得出了结论：如基辛格说的那样，他唯一的选择是制造一场危机，然后引来超级大国的干预，开始与以色列的对话。基于这些考虑，萨达特指示他的军事指挥官准备对以色列的**有限战争**。这是一个惊人的转折，是对埃及以前政策的重大背离。之前，埃及顽固地坚持要向以色列发动全面的、毫无保留的战争，以解放在1967年失去的全部领土。萨达特为什么会如此戏剧性地将埃及的政策由全面战争改为**有限**战争？下面是对这个问题的解释。

1967年6月的战争以后，萨达特总统的前任纳赛尔有了一些新的认识，即埃及要想发动一场反以色列的全面战争，解放它所失去的**全部**土地，两个先决条件必须满足。首先，埃及需要飞毛腿导弹，以威胁以色列的人口中心。其次，埃及应该拥有远程飞机，能够深入以色列，打击它的机场、交通中心和其他战略目标。事实上，在1970年1月22日对莫斯科的访问中，纳赛尔——根据陪同访问的总参谋长穆罕默德·法齐的说法——"不断地要求提供(远程)战斗轰炸机，因为我们的轰炸

① 对萨阿德·丁·萨兹利的访谈，开罗，1997年2月24日，见于作者档案。

机的作战距离不足以抵达以色列腹地。”[①]萨达特和他的前任一样认识到,没有飞毛腿导弹和远程战机,他无力解放被占领的埃及土地。1972年8月30日,在给列昂尼德·勃列日涅夫的一封密信中,萨达特提到了这件事:“在我们的多次讨论中,我提到我们需要一种**报复性武器**,一种能够威慑敌人的武器……它们让敌人知道,我们能进行同样的报复,能够打击敌人腹地的目标。**在从前和今天都很明显,没有这样一种报复性武器,我们无法采取任何军事行动。**……”[②]这里,萨达特提到的“报复性武器”是飞毛腿导弹,但在同一封信中,他还抱怨“在‘多种报复性武器’问题上,你们在过去5年里对我们实行的禁运……”苏联对萨达特的禁运还包括埃及急需的远程战机;埃及若要发动对以色列的全面战争,解放整个西奈,这种战机是必不可少的。关于这一点,我们最近从帕维尔·阿科波夫那里获得了新的证据。他是一位苏联外交官,参加了讨论向埃及提供武器的会议。他说:“我参加了(向埃及提供武器的)谈判,先是同纳赛尔,后来是萨达特,他不断地提起一件事……要求一种我们不能给他的武器,即能够从开罗飞到特拉维夫的飞机,他总想要这种飞机,好去轰炸特拉维夫。……”[③]应该指出的是,莫斯科拒绝向埃及提供先进的战斗轰炸机,拒绝提供“报复性武器”;苏联与萨达特都很清楚,有了这些武器,埃及就可以打击以色列了,而在20世纪70年代初,这不符合苏联的利益,因为当时莫斯科正在与华盛顿改善关系。 140

这些可以解释萨达特的决定:为什么他放弃了自己的传统目标,不再想要一场解放整个西奈的全面战争,而是设定了一个有限的目标,只打算解放西奈的一部分。他认识到,莫斯科不会给他远程飞机和飞毛腿导弹,但在他和他的前任看来,获得这些武器是战胜以色列的先决

① 关于这次对莫斯科的访问,见 Mohamed Heikal, *The Road to Ramadan* (London, 1975), pp. 83–90; 另见 Eli Zeira, *The October 73 War, Myth against Reality* (Tel Aviv, 1993), p. 87(希伯来文)。

② Anwar el-Sadat, *In Search of Identity*, p. 318(着重号作者添加)。

③ Letter of Anwar Sadat to Brezhnev, as cited in Anwar el-Sadat, *In Search of Identity*, p. 320, and interview with Pavel Akopov, Moscow, March 1997, in the author's archive.

条件。萨达特的结论是,他应该尝试一个较有限的目标,借此打破政治僵局,再通过政治谈判收回土地。按照埃及陆军元帅穆罕默德·阿卜杜勒·加尼·贾马斯的说法:“有限战争的观念来源于这样一个事实,即我们没有发动全面战争的装备,苏联人不肯向我们提供足够的武器。”①

根据萨达特的指示,埃及最高司令部开始制订反对以色列的有限战争的计划,并不断地进行假动员,欺骗以色列人。从 1972 年到 1973
141 年,埃及军队动员了 22 次,最终向以色列发起攻击的是第 23 次。叙利亚急于收复它在 1967 年战争中失去的戈兰高地,愿意与埃及一起准备对以色列的突然袭击。两国的将军们组织了一个“高级委员会”,负责协调叙利亚和埃及的合作。

以色列跌入陷阱

一名双重间谍

正当埃叙两国共同策划袭击之时,以色列却跌进了陷阱,未能在两条战线上作好准备,及时动员足够的预备役,以阻遏或抵挡埃及和叙利亚人的进攻。与一般的看法不同,这是摩萨德的一次重大失败。为理解事情的来龙去脉,我们需回到 1967 年 6 月战后的一段时期。

大约在战争过去两年后,一名年轻的埃及人出现在伦敦的以色列大使馆门前,要求为摩萨德工作。这种主动的方式很不寻常,毫不奇怪,摩萨德在大使馆的人将他打发走了。但埃及人坚持他的要求,离开前留下了自己的身份资料,说他还会再来;几天后他又来了。此时摩萨德已调查了这位不速之客,感到极度震惊和难以置信:这位 25 岁上下的埃及年轻人不仅是名高级官员,还与纳赛尔总统有很近的亲属关系。事实上,纳赛尔非常喜欢他,让他参加了总统的参谋部,还任命他为巡回大使,代表总统在世界各地执行任务。年轻人颇有魅力,相当机智地

① 对陆军元帅阿卜杜勒·哈尼·加马西的访谈,开罗,1997 年 2 月 24 日,作者档案。

表明他能接近最高层,还显示出自己是个很有创意的人。总统批下了一笔预算,由他负责搜集阿拉伯世界的重要数据资料,尤其是科威特与沙特阿拉伯的,他在那里建立了牢固的关系。到 20 世纪 60 年代末,他已成为纳赛尔总统身边正在上升的一颗明星。毫无疑问,摩萨德立刻招募了这个年轻的埃及人。他可能是摩萨德所拥有的最高级的间谍。

1970 年 9 月,纳赛尔去世,摩萨德曾担心这会影响埃及间谍的工作,但很快就放心了。事实证明,纳赛尔之死反而让年轻的间谍及摩萨 142
德受惠匪浅。刚刚上任的萨达特地位还不稳定,急于招揽一些关键人物到自己身边,纳赛尔的亲戚就属于他想要的人之列。年轻的埃及人再获重任,被任命为包括不管部长和总统情报秘书在内的几个重要职务,很快成为萨达特的心腹和密友。

在以色列,只有极少几个人知道摩萨德的头号埃及间谍的身份。由于他与最高层关系密切,摩萨德出手很大方,管理者每次与他见面都付给他 10 万英镑。拿到他的报告后,摩萨德几乎连标点都不改动,直接呈送以色列的政治、军事首脑:总理、国防部长、摩萨德局长、军事情报局局长。为了不说出头号间谍的名字,以色列人称他"医生",或者是哈米胡坦(Ha'mehutan),意思是"女婿"。

"女婿"把一些珍贵的情报交给摩萨德。在与其他来源和机构的资料比较并加以检验后,摩萨德发现"女婿"发来的信息真实、可靠、准确。在埃及间谍的贡献中,最重要的情报之一是纳赛尔总统在莫斯科的谈话抄本。我们在前文已经提到过,1970 年 1 月 22 日,纳赛尔"重复了他对(远程)战斗轰炸机的要求,因为我们的轰炸机的作战范围有限,不能深入以色列。"另一份珍贵情报前文也已作过引述,是萨达特总统于 1972 年 8 月 30 日写给列昂尼德·勃列日涅夫主席的一封密信。萨达特在信中要求苏联提供"报复性武器",即飞毛腿导弹,说"在从前和今天都很明显,没有这样一种报复性武器,我们无法采取(对付以色列的)任何军事行动……"[①]"女婿"不仅把这两份及其他一些材料交给摩萨

① Anwar el-Sadat, *In Search of Identity*, p. 318.

德的联系人，还解释道，对于纳赛尔和萨达特来说，拥有远程战斗轰炸机和飞毛腿导弹是发动战争的**先决条件**，没有这些武器，埃及**不会**进攻以色列。

基于埃及间谍可贵的书面与口头情报，以色列重新设计了1967年
143 战争后的战略，后来以“概念”(the Conception)之名为人所知。简单地说，“概念”认为，只有在得到先进的战斗轰炸机和飞毛腿导弹后，埃及才会发动对以色列的战争。由于相信没有这些装备埃及便不会进攻，以色列人监视着埃及的空军基地，密切关注这些装备是否到达了埃及。如果它们到了，那么经过一段时间的训练和消化后，要是西奈仍在以色列手中，埃及便能做好军事进攻的准备，并有可能发动战争。

以色列人把“女婿”看作自己在埃及的首席间谍，他的报告被列入包括总理和国防部长在内的政治、军事首脑的重要读物。摩萨德未能认识到的是，“女婿”还是为萨达特总统工作的一名双重间谍。① 他发送的材料和所作的解释都在强调，没有战斗轰炸机和飞毛腿导弹，埃及便不会进攻；在一个时期内，这一概念是正确的，然而到了后来，如我们所知道的那样，萨达特放弃了这个政策。埃及总统认识到，莫斯科不会提供那些关键的武器，他最好的选择是对以色列发动一场有限的而不是全面的战争。作为总统的心腹，很明显，摩萨德的首席间谍深受萨达特的信任，然而，虽然了解总统的新政策，但他没有告知以色列人。这导致了灾难性的后果，因为以色列人仍相信“概念”，即埃及在满足先决条件前不会发动进攻。

此外，“女婿”还逐渐开始了精心设计的误导计划。1972年，他警告以色列人说，战争迫在眉睫。当然，这一年没有战争。1973年春，他重复了战争警告，给以色列人造成很大麻烦。他对摩萨德的联络者说，萨达特将在5月15日进攻以色列。针对这一警告，国防军最高司令部制定了代号为“蓝白”的计划，以加快武器采购的速度，落实战争的准备

① Amnon Barzilai, “Zeira: a Double Agent had Strengthened My Adherence to a Wrong Conception in Yom Kippur”, *Ha'aretz*, 28 October 1998 (希伯来文)。

工作。在对埃及间谍的警告作何反应最为合适的问题上,以色列军事
机构有不同的看法。埃利·泽拉是军事情报局局长,他坚信战争发生
的可能性极小,认为埃及不会发动进攻。总参谋长大卫·埃拉扎尔和
国防部长达扬不同意泽拉的观点,他们的结论是,“女婿”有关战争迫在
眉睫的说法可能是对的,应该认真对待,虽然它与这位间谍以前的情报 144
相矛盾,即埃及在得到远程战机和飞毛腿导弹前不会进攻以色列。于
是,“蓝白”计划在 4 月 19 日开始实施。但是,埃及间谍的警告又落空
了。1973 年 8 月 12 日,在离赎罪日战争还有 7 周的时候,国防军解散
了召集的部队。以色列白白动员了一场,花费不下 4 500 万美元,招致
了许多抱怨,说政府毫无必要地浪费了纳税人的钱。

我们现在清楚,萨达特并未打算在 1973 年的 4 月或 5 月进攻以色列,这一虚假警报是“女婿”的误导计划的一部分。萨达特后来写道:“我没想在 5 月发动战争。”[①]事实上,直到 8 月 22 — 23 日,进攻以色列的日期才最终在亚历山大确定,因此,摩萨德的头号间谍不可能在 5 月 15 日前知道进攻日期,不可能知道有其他什么进攻日期。唯一的答案是,他故意对摩萨德撒谎。

很明显,在埃及的欺骗计划中,双重间谍“女婿”扮演了一个关键的角色,以色列的决策者对他极为重视。由于受到头号埃及间谍的催眠,以色列人有两件重要的事未能认识到。首先,“女婿”提供的情报说,埃及在得到飞毛腿导弹和先进的战斗轰炸机前**不会**发动进攻,这使以色列人形成了“概念”。然而,到 1973 年春,“概念”不再有效,基于“概念”的以色列战略是错误的,埃及在先决条件未满足的情况下也可能发动战争。其次,摩萨德认为“女婿”是它在阿拉伯世界最好的间谍,然而,这位间谍不仅隐瞒了重要的情报,还向摩萨德提供有关埃及动向的虚假信息,如他在 1972 年底大肆宣扬的警报。1973 年 4 — 5 月的假警报后果尤其严重,它让以色列毫无必要地进行了一次大规模动员,政府为此受到了严厉批评。到这一年底,当战争迫近和动员预备役已变得

① Anwar el-Sadat, *In Search of Identity*, p. 241.

十万火急的时候,以色列的政治、军事领导人仍在犹豫不定,唯恐又是一次假警报。

利比亚飞机的故事

在20世纪70年代,摩萨德可能是世界上最好的情报组织。到目
145 前为止,关于"女婿"如何能成功误导摩萨德的问题,没有人发表过什么解释。答案或许首先是摩萨德在**操作上**的异常失误。在情报机构中,人们广泛接受的一种做法是经常改变和轮换间谍的管理者,以免管理者和间谍过于亲密,从而降低管理者的警惕性和有效监管间谍的能力。以色列对"女婿"的做法有所不同,后者要求摩萨德**不要**改换管理者。这样,在许多年里,"女婿"的监管者一直是同一个人,他与这位富有魅力的埃及间谍关系变得十分亲密,未能很好地履行监管的职责。若非如此,他本应能够及时发现自己管理的这个人其实是名双重间谍。

"女婿"在误导摩萨德时取得了惊人的成果,在1973年10月战争爆发前的一段时期后果特别严重。对于"女婿"的成功,人们还有另一种解释;当时发生了一件看起来不怎么相关的事,但今天看来,它对埃及间谍能够如愿地欺骗摩萨德非常重要。

事情开始于1973年2月21日,一架波音727在从利比亚飞往开罗的途中遇到了风暴,航向改变,飞向了犹太国。以色列的情报机构曾发出警告,说恐怖分子计划打击迪莫纳的研究用核反应堆。以色列人误以为这架航班与此有关,派出了两架鬼怪式战机,在未能成功拦截的情况下,击落了这架从利比亚起飞的414次航班。后来表明,这场悲剧是利比亚飞行员导航失误造成的。包括利比亚前外交部长萨利赫·布·亚西尔(Saleh Bou Yassir)在内,108名无辜乘客遇难。

狂怒的利比亚领导人穆阿马尔·卡扎菲上校指责由于埃及的无能和效率低下,飞机才没能安全降落,要求埃及迅速对以色列采取报复行动。萨达特总统试图安抚卡扎菲上校,说他正着手准备对以色列的决定性战斗,不仅能为利比亚飞机报仇,也将洗刷阿拉伯人所遭受的其他屈辱;为了一场事故而影响主要的行动是不明智的。萨达特说,任何不

成熟的行动都会破坏他的战争,甚至使留在以色列手中的被占领土情况更糟。卡扎菲并未被说服,发誓要自己进行报复。1973 年 4 月 2 日,萨达特亲自飞往的黎波里,作劝说卡扎菲不要进攻以色列人的最后 146
尝试,但没有什么效果。卡扎菲对萨达特说,以色列必须明白,“利比亚不是软弱的猎物。”认识到利比亚上校心意已决,萨达特问他:“你打算怎样行动?”卡扎菲答道:“我想炸掉一架以色列航空公司的飞机,”又补充道:“以牙还牙,以眼还眼。”[①]此时,令卡扎菲惊讶的是,萨达特说道:“我们将尽力帮助你。”接着,萨达特任命——不是别人——“女婿”这位得力助手、摩萨德的头号埃及间谍担任与卡扎菲的联络官,制订一个打击以色列飞机的详细计划。虽然萨达特强烈反对任何不成熟的军事行动,以免危及他自己的策略,即全力对以色列一战、再通过外交活动收复失地,但帮助利比亚上校、维持与他的良好关系也很重要。

“女婿”和卡扎菲的人霍尼(Hawny)少校一起策划了一个行动方案,打算在罗马进行。过去的经验表明,意大利政府在对付恐怖分子方面不怎么坚决,以色列飞机在那里受到的保护相对而言不算严密。“女婿”的计划是,让卡扎菲上校挑选的 5 名巴勒斯坦人从海上或步行接近罗马国际机场,在 800 米到 1 000 米的距离,用便携式导弹击落一架起飞中的以色列飞机。获得萨达特和卡扎菲的批准后,“女婿”以总统府的名义从埃及军火库中调出了导弹,装进两只箱子,其中一只大小为 6×2×5英尺。接着,他把箱子里的东西称作“地毯”,装上埃及飞往罗马的飞机,让他不知情的妻子做信使。在罗马,他的妻子将两箱“地毯”交给埃及人,后者在转送设在罗马的埃及艺术研究院前,把它们装进一辆小型卡车,等待转运时机来临。与此同时,在开罗的“女婿”收到妻子关于货物安全抵达的消息后,登上了一架飞往罗马的飞机。他要亲自将导弹交给利比亚特工,再由利比亚人转交给突击队。然而,从这个时候开始,事情变得不对劲了。

1973 年 9 月 5 日,午夜刚过,意大利军事情报人员与警察一道,来

① 鉴于指明引文出处会暴露“女婿”的身份,这里略去引注。

到奥斯蒂亚(Ostia)镇的一座房屋,那里和菲乌米奇诺(Fiumicino)国际机场的距离为3英里。意大利人爬到第二层,叩响了12号公寓的门。一个阿拉伯人模样的年轻人打开门后,意大利人将他推到一边,对房间
147 进行搜查,很快发现并没收了“女婿”和他的妻子成功地从埃及偷运到意大利的导弹。几个小时后,在罗马中部小小的阿特拉斯(Atlas)旅馆,其他一些巴勒斯坦人被逮捕了;他们赶来意大利准备参加对付以色列航空公司飞机的行动。至此,卡扎菲为被击落的利比亚飞机进行报复的尝试结束了。

在去没收导弹和逮捕巴勒斯坦突击队时,意大利人有摩萨德通报的准确情报,知道导弹放置的地点和巴勒斯坦人入住的旅馆。不过,谁告诉摩萨德的?这里披露的是以前从未公布过的答案:是“女婿”,萨达特的得力助手、摩萨德的间谍、这次反以行动的主要策划人,是他向摩萨德透露的消息。“女婿”由此实现了3个目标:首先,萨达特等待已久的反以战争将在4周后发动,正在作最后的准备;在这个关键时刻,“女婿”阻止了一场针对以色列飞机的恐怖袭击。其次,“女婿”帮助卡扎菲策划了行动,又暗中破坏了它,使萨达特仍能与卡扎菲上校保持良好的关系。第三点或许是最重要的:通过向摩萨德透露消息并有可能拯救了以色列人的生命,“女婿”巩固了他在摩萨德中建立的可靠声望;如我们马上就要看到的那样,这反过来又使他能够实施欺骗以色列人的最后步骤,进行他的最后一击。

与此同时,约旦国王侯赛因于1973年9月25日飞往以色列,在特拉维夫北部海尔兹利亚(Herzelia)的摩萨德总部米德拉沙(Midrasha)会见了梅厄总理,警告她埃及和叙利亚将很快发动进攻。下面是他的原话:

> **侯赛因国王:** 在叙利亚,我们有一个非常敏感的渠道,从那里获取情报。根据这个渠道传来的信息,叙利亚声称在依照计划进行准备,将所有部队投入训练,参加这次叙利亚行动;然而事实上,在过去两天左右的时间里,这些部队进入了预备攻击的位置。它

们是计划的一部分,除了一个小小的调整外:第三师用来对付可能会经约旦迂回到侧翼的以色列部队。一切都在训练的掩盖下进行,但根据我们以前获得的情报,那些位置是进攻出发地,而所有 148
部队都已到达指定位置。没有人知道这意味着什么。不过,我觉得很可疑。无论如何,谁也说不准。必须把它们当作事实对待。

果尔达·梅厄:难以置信。这么说,在未同埃及人全面合作的情况下,叙利亚人就打算干些什么?

侯赛因:我想不是的。我认为他们会合作。[①]

从法律上来说,约旦与以色列仍处于交战状态,而侯赛因国王竟然飞到敌人那里,警告说他的阿拉伯兄弟就要发动入侵。这实在是个惊人的事件。由于摩萨德对谈话做了秘密拍摄和录音,国防部长达扬收到了英语抄本,并转给了总参谋长。第二天,9月26日,总参谋长和同事们讨论了此事。在达扬和最高司令部获得了谈话节录的情况下,我们惊讶地看到,以色列人没能理解国王对总理说的话。如上面的原始摘录所显示的那样,侯赛因的警告是"(埃及和叙利亚)会合作(进攻)",而总参谋长埃拉扎尔在会议上说:"不清楚(准备开火的叙利亚人)是否与埃及人合作。"尽管从抄本来看,国王的警告明确表示将是埃及与叙利亚的联合进攻,埃拉扎尔仍说:"没有比叙利亚人单独进攻更愚蠢的事了。"和埃拉扎尔一样,达扬也没有理解国王说的话,评论道,叙利亚人"将发现没有埃及就投入战争很困难。"[②]会议的结果是,侯赛因国王在战争爆发10日前发出的警告未受到重视。以色列没有动员预备役,以吓阻集结的叙利亚人和埃及人。

---

① 这份文件首次发表于 Ahron Bregman and Jihan el-Tahri, *The Fifty years war*, pp. 118-119。通过这份罕见的文件,我们能够证实有关国王对以色列的访问的传言。

② 上述引文出自未刊抄本,读者可从下列著作中读到这次关键对话的节录:Arie Braun, *Moshe Dayan ana the Yom Kippur War* (Tel Aviv, 1992), pp. 39-40(希伯来文)。

国王的警告没有得到认真对待的原因，主要可能还是因为以色列新收到了“女婿”的重要情报；根据他的不同看法，发生战争的危险性似乎极低。9 月 28 日，在侯赛因发出埃及和叙利亚计划发动进攻的警报后第三天，“女婿”陪同老板安瓦尔·萨达特访问了沙特阿拉伯，参加了
149 总统与沙特国王的会晤。在只有他们三人的会谈中，萨达特对费萨尔国王说，埃及准备进攻以色列。会谈结束后，“女婿”联系了摩萨德的管理者，说萨达特决定**推迟**战争。既然“女婿”参与了萨达特和费萨尔国王的会晤，那么，他对摩萨德报告说战争将推迟就是彻头彻尾的谎言，是他欺骗以色列人的明证。然而，摩萨德对“女婿”的信任超过了对侯赛因国王。仅仅在几周以前，这位埃及间谍“证明”了他的可靠，向摩萨德发出重要警告，通报了策划中的在罗马对以色列航空公司的飞机进行恐怖袭击的消息，导致恐怖分子被逮捕，袭击还未开始就遭挫败。

与此同时，埃及和叙利亚正在作进攻以色列的最后准备。在 9 月的最后一个星期，埃及宣布进行动员，但为了欺骗以色列人，隐瞒自己的意图，又于 10 月 4 日遣散了 9 月征募的人员中的 20 000 人。对于那些想去麦加作“欧木赖”[1]的军官，埃及还在《金字塔报》公布了对他们的指示。在叙利亚，为迷惑以色列人，新任情报部长乔治·萨迪克尼(George Saddegni)宣布，阿萨德总统将在 10 月 6 日的那个星期访问偏远的代尔祖尔(Deir Al-Zour)和哈塞克(Hasaka)省。就在这些事情发生的时候，两支军队的代表在叙利亚会了面，将 10 月 6 日下午 2 点定为开火的时间。[2]

10 月 5 日上午 11 点 30 分，星期五，果尔达·梅厄总理召集了内阁，讨论正在恶化的局势。此时事态已很清楚，埃及和叙利亚在边界集结了大批军队。另有情报表明，苏联顾问正在离开埃及和叙利亚。在这次关键的会议上，总参谋长和军事情报局局长描绘了前线的形势，但

---

① Umra，穆斯林的小朝，副朝，指除了正式朝觐时间外，一年任何时候都可以单独去麦加的朝圣。——译者注

② 对叙利亚国防部长穆斯塔法·特拉斯(Tlas)的访谈，大马士革，1997 年 7 月 3 日；对萨阿德·萨兹利的访谈，开罗，1996 年 9 月 28 日，见于作者档案。

判断说敌人不大可能发起攻击;如果战争已迫在眉睫,他们应能看到更多的迹象和情报。由于下次开会的时间定在星期天,内阁决定向总理授权:如有必要,总理可以在第二天动员预备役。以色列的战争信条要求,当敌人在边界有如此规模的集结时,国防军应该动员;如果总理在星期五就下令动员,历史将走上另一条道路。当然,以色列没有动
员。在战争爆发的前一天,那些参加了关键的周五会议的人们似乎相 150
信,在预备役部队到达以前,以色列的常备军和空军将能挡住入侵者的步伐。我们很快就会看到,这种看法是不正确的。以色列人严重低估了敌人的力量和决心。内阁部长们之所以未能下令全面动员,还有另一个原因,即担心军队的增加会被视作一种威胁,从而加剧战争的危险乃至引发冲突。我们知道,“女婿”提供的假情报导致了1973年4—5月的错误动员;它让以色列耗资巨大,招来了许多批评。人们对它仍记忆犹新。部长们在这个星期五问自己,会不会是另一次假警报?最后一个理由并非最不重要:摩萨德还有“女婿”的“保证”;如前所述,他参加了那次萨达特与沙特阿拉伯国王的会晤,并转达给以色列,当时埃及总统告诉国王,他将推迟对以色列的战争。

入侵

阿拉伯人的进攻在第二天开始。10月6日是星期六,也是犹太传统日历中最神圣的赎罪日。将近下午2点的时候,222架战机从7个埃及空军基地起飞,实施低空飞行,执行对西奈的以色列军事目标的轰炸任务。埃及人的开局与以色列在1967年做的类似,都是先展开大规模空袭。接着,沿整个苏伊士运河,埃及大炮以雷霆之势开火了,在第一分钟向以色列阵地倾泻了10 500发炮弹,平均每秒175发。与此同时,60架战机从叙利亚的几个空军基地出发,轰炸以色列人在戈兰高地上的阵地,同时炮弹也凶猛、密集地射向以色列阵地。

与此同时,在特拉维夫的梅厄总理办公室里,部长们和军方人士召开了紧急会议,等待着战争的爆发。“女婿”最终向摩萨德局长兹维卡·扎米尔确认了将发生战争一事。埃及间谍坚持要见到扎米尔本

人;在他的要求下,10 月 5 日晚,“女婿”和摩萨德局长于伦敦的一个公寓中见了面。在这次重要的会面中,“女婿”迟到了,让摩萨德局长等得心焦;他告诉扎米尔,战争将在星期六、10 月 6 日下午 6 点爆发。“女
151 婿”必定很清楚,由于以色列人需要征召和动员预备役去前线,这个警报来得太晚了。甚至到了现在,这位埃及间谍仍想误导摩萨德,把将在下午 2 点爆发的战争对扎米尔说成 6 点。

在国防部长达扬和总参谋长埃拉扎尔的一场激烈争吵后,以色列对预备役的动员于上午 10 点左右开始了。达扬倾向于进行有限的动员,只包括空军和两个步兵师,一个应付北方,一个去南方;他错误地相信,两个师加上空军便足以抗衡侵略者。另一方面,总参谋长埃拉扎尔希望全面动员,以便立刻展开反攻;埃拉扎尔是个进攻欲望强烈的人,而为了进攻,他需要集结强有力的部队。两人争执不下,问题提交到几乎没什么军事知识的总理那里。虽然总理最终赞同埃拉扎尔的提议,下令全面地、毫无保留地动员预备役,但宝贵的时间白白流失了。在伦敦得到“女婿”对战争即将爆发的最后确认后,摩萨德局长于 10 月 6 日凌晨 4 点将消息传到了以色列;从那时到战争真正开始的下午 2 点有 10 个小时,其中约 5 个小时浪费在达扬和埃拉扎尔之间无休无止的争论中,争论该动员多少部队。到梅厄总理作出最后决定前,以色列没有动员一兵一卒。

下午 2 点 5 分,梅厄办公室的会议还在进行着。国防部长的副官走了进来,递给达扬一张便条,告诉他阿拉伯人开始进攻了。埃及的 5 个师渡过了苏伊士运河,建立了桥头堡和继续进攻的阵线。其中北部的 3 个师组成了第二军,南部的 2 个师组成了第三军。每 15 分钟就有一批部队过河,到下午 3 点 15 分,埃及军队已经有 20 个步兵营进入了西奈沙漠,包括 800 名军官和 13 500 士兵,武器都是便携式的或能够人力拖动的。从下午 5 点 30 分开始,埃及人派出装备着便携式反坦克武器的突击队,空降到西奈的深处,企图阻止以色列的预备役到达苏伊士运河前线。

一边是 5 个师的大规模入侵,另一边,与之相对抗的是不到 10 个以色列步兵排、12 个炮兵连、52 门炮、290 辆坦克、2 个霍克式(Hoks)

地对空导弹发射连、6个高炮连。这点微薄的兵力大约有450—500人,分布在16个堡垒和4个观察哨中。为什么沿着边界只有这么少的 152
一点部队,而巴—列夫防线的据点只有一半有人进驻?直到战争爆发前的几周,阿里埃勒·沙龙还是南部军区司令。他不信任巴—列夫防线,但又未能说服上司,让对方相信以色列的战略应该是运动战,一条防线在战争中是无用的——他将被证明是对的。沙龙找到了一种折中的方式,保留了防线,但关闭了30个堡垒中的16个。[①] 这造成了灾难性的后果:堡垒之间间距太大,无法有效地进行相互火力支援;如今,埃及军队渡过运河后,可以轻松地穿过堡垒间的宽大缺口,进入沙漠。防线上的少量以色列军队发现自己处于危险的境地,对如潮水一般渡过运河而来的埃及军队无能为力。巴—列夫防线被放弃了、崩溃了,据点陷落了。更糟糕的是,基于"女婿"提供的情报,南部军区司令什穆埃尔·戈南——他于1973年7月15日接替了沙龙的职务——被告知,战争将于下午6点爆发;他决定到最后一刻再进行军队的部署,以免埃及人看到他的兵力分布后有时间作相应的调整。然而战争的开始比预料的要早,这样,戈南的决定就成了一个灾难性的错误。

预备役部队向前方的输送至关重要,但这需要时间。雪上加霜的是,由于埃及人和叙利亚人精准的导弹系统的威胁,以色列空军无力为地面部队提供支援,阻挡敌军的前进。在战争最初的几个小时里,以色列崩溃的不仅有巴—列夫防线,还有一种信念或者说期望:在空军的支援下,正规军能抵挡任何潜在的阿拉伯入侵。在北方,叙利亚人先成功地进行了空袭,接着出动了装甲部队,第一波有500辆坦克,以后又增加300辆。他们粉碎了以色列人的整个战线,突入了戈兰高地。虽然在9月13日的空战后,以色列作了部分动员,使戈兰高地的兵力超出了平常的水平,但如此大规模的叙利亚进攻势不可挡,以色列人败下阵来,约旦河谷地区受到了严重威胁。[②] 153

① 作者对哈伊姆·巴—列夫的访谈。

② 作者对伊扎克·霍菲的访谈,拉马特甘,1996年10月21日。

反击

戈兰高地

由于以色列的定居点离叙利亚边界很近，又没有什么屏障可以阻止叙利亚人深入戈兰高地，以色列人不得不优先关注北方。10月6日夜，总参谋部加派了一个师，以增援戈兰高地上已有的两个师，但形势仍很危急。为缓解前线的压力，总参谋长埃拉扎尔请求政府许可，以轰炸叙利亚城市。请求被批准后，10月9日，以色列空军轰炸了大马士革的叙利亚国防部和空军总部，以及霍姆斯(Homs)省的目标。不过，在这一天，形势的奇迹般缓解来自另一个地方：叙利亚人走出了地对空导弹的防御圈，而以色列空军最大限度地抓住这个机会，取得了极大的战果。对以色列人来说，这几乎是上天所赐的礼物。如国防部长达扬后来在回忆录中写的那样："10月9日夜，我发现气氛有所变化……人们感到这是越过了低谷的一天，叙利亚人的进攻势头已被遏止。敌人开始撤退了。"①两天后的10月11日，以色列人攻击了约旦第40坦克旅；这个旅是侯赛因国王派去援助叙利亚人的，它遭到了27人死亡、50人负伤和14辆坦克被击毁的损失。接着，以色列人转而对付同样赶来支援叙利亚的伊拉克部队，狠狠打击了它。以色列人击退了所有叙利亚—约旦—伊拉克的进攻，重新占领了戈兰高地。"到战争第一周结束的时候，"达扬在回忆录中写道，"叙利亚人……处于防守状态，战斗在他们的土地上进行。"②此时，以色列人收复了全部失去的土地，还多占了边界处的一些地方。

沙漠中的战争

在西奈，10月8日，大致在埃及发动入侵两天后，以色列人未经集

① Moshe Dayan, *Story of My Life*, p.488; Golda Meir, *My Life*, p.361.

② Moshe Dayan, *Story of My Life*, p.494.

结便实施了一次重要的反击行动,力图瘫痪埃及的战争机器,乘其立足未稳之际,横扫跨过苏伊士运河的东岸埃及部队。以色列人的尝试未能成功,人员与装备损失惨重。不过很快,天平开始倾向于埃及人的对 154
手。战争开始的时候,埃及人享有突然袭击和兵力远胜对手的优势,但现在,以色列人逐渐实现了近乎全部的动员能力,恢复了信心,重新组织并将部队从戈兰高地调往南方——到10月11日,叙利亚人事实上已经被赶出了战场——开始准备反攻。不过,以色列人的成功与其说是出于高明的洞见或战略,不如说是由于埃及人的误算和短视。如前所述,萨达特最初要求将军们策划一场有限的反以战争,埃及人的军事计划也的确只打算实现非常有限的目标:跨过苏伊士运河,向沙漠挺进几英里,获得并确保一个立足点,等待萨姆导弹系统运来后建立防御网。然而,为了延续开始阶段的成功,在叙利亚人的强烈要求下,埃及高级司令部征得萨达特的同意后,改变了原来的有限战争计划,深入到沙漠更远的地方,以实现对以色列的南北夹击,缓解叙利亚人的压力。这可能是埃及在战争中所犯的最大错误,因为一旦离开导弹保护伞,埃及坦克和部队就进入了以色列空军的打击范围。10月14日,随着向沙漠的深入,前进的埃及人受到以色列空军和已站稳脚跟的以色列先进坦克的沉重打击,被迫在留下燃烧的坦克后撤退。局势扭转了,以色列人成了进攻的一方。在沙龙将军的指挥下,以军突破埃及第二、第三军之间疏于防护的真空地带,成功渡过了苏伊士运河。到10月20日,以军在运河上牢牢控制了三座桥,使得更多的部队和坦克来到运河的西岸。

10月22日,星期一,根据联合国第338号决议,交战各方将在下午6点52分实现停火。10月23日,为改善自己的谈判地位,以色列破坏了停火,以4个装甲旅相互配合着发起了进攻。在苏伊士运河南段,它们包围了埃及第三军,包围了苏伊士城,并继续向南前进,直到距苏伊士城10英里处、海边的阿达比亚(Adabia)。到10月24日,包括2个加强师、4.5万人、250辆坦克的第三军被彻底切断了与友军的联系。这天晚上,在苏联的威胁和美国逐渐增长的压力下,以色列同意了 155

第二次停火。不过，它拒绝回到10月22日的战线。

战后：社会与外交

考虑到10月6日的糟糕局势，考虑到以色列是在毫无防备的情况下被拖入两条战线的战争的，它所取得的军事胜利的确令人吃惊。当枪炮声沉寂下来后，以色列军队停在离开罗63英里、离大马士革28英里的地方。然而，胜利的代价很高：以色列阵亡2 687人，7 251人负伤；算上装备、生产、出口方面的损失，这次战争在经济上的耗费超过了70亿美元。战争还在情感上、心理上、政治上产生了深远的影响。它粉碎了自满情绪，侵蚀了自信心，使整个国家陷入了一场最严重的危机之中；这次战争以后，深受创伤的以色列长久地遭受着阵痛的折磨。预备役军人参加了战斗，亲身体会到了军政领导的缺点，不打算轻易地原谅或遗忘。从前线回家后，军人们几乎自发地开始了抗议运动，要求进行彻底的调查：为什么以色列毫无警惕、毫无防备？领导人受到了前所未有的指责，国防部长达扬承受了最尖锐的批评，从一名战争英雄变成了反面人物，无论走到哪里都会遭遇难以平息的敌意。随着民众不满情绪的积聚，反政府示威的增加，梅厄总理于1973年11月初宣布，任命最高法院院长、高等法官西蒙·阿格拉纳特领导一个司法委员会，调查军政首脑在战前收到情报后的最初决定，国防军在那时的总体准备状态等。

与此同时，美国国务卿亨利·基辛格开始了穿梭外交，试图在日内瓦召开一次国际和平会议，讨论实施第242号决议的问题。他部分实现了目标。1973年12月21日，由美国和苏联发起，会议在日内瓦的万国宫[①]开幕，以色列、埃及和约旦派出了代表团，叙利亚人和巴勒斯坦解放组织没有参加。会议算不上成功，在相互指责的争吵声中，开了
156 不到一天就宣布休会。虽然如此，一个被称为日内瓦和平会议的机制建立起来，以后的谈判将在这个框架内进行。它还决定，下一次的外交

① Palais des Nations，联合国欧洲总部。——译者注

活动将致力于使以色列和埃及军队脱离接触,以减少摩擦,预防战争的再次爆发。

此时,以色列国内也在准备着大选。本来大选的日期已定在 1973 年 10 月 31 日,但由于战争不得不推迟。当然,选战很激烈,不断地纠缠于谁应为赎罪日战争初期的惨败负责的问题。工党领袖的主要目标是为自己在战争中的行为辩解,号召选民对自己授权,以继续战后的外交活动;其他一切事务都被推到了一边。工党本来很有可能丧失政治霸权,但它将自己描画为唯一能够领导以色列的政治力量,宣称只有它才能实现犹太人渴望的、与阿拉伯人的和平,成功说服了分裂的、被战争弄得疲惫不堪的以色列公众站在工党这边。于是,在 1973 年 12 月 31 日的选举中,工党联盟再次成为议会第一大党,赢得 51 席,比上届大选少了 5 席。主要反对党是加哈尔集团与两个右翼小党合并而成的利库德集团,获 39 席。

1974 年 1 月 18 日,以色列方面和埃及总参谋长签订了一份协议,协议规定以色列从所占据的苏伊士运河以西的土地中撤出,把运河东岸的一块 19 平方英里的土地分成三部分,其中,埃及占有一块,可以在上面部署不超过 7 000 人的军队,30 辆坦克,36 门大炮;中间的一块由联合国控制,作为缓冲区;以色列保留东边的一块,武装的配置与埃及一样。协议的最后一个条款说,它不是最终的和平条约,而是通向和平的第一步。

阿格拉纳特报告

1974 年 3 月 10 日,梅厄向议会提交了新政府名单,通过了信任投票。政府中有一些新面孔,包括前将军伊扎克·拉宾和阿哈龙·亚里夫,但梅厄继续让摩西·达扬担任国防部长。如后来的事态所表明的那样,这是一个错误的决定。达扬头上的耀眼光环早已消散,公众认为他应为赎罪日的溃败负首要责任。不可避免地,他所招致的越来越多的批评也影响到了政府。1974 年 4 月 1 日,由于阿格拉纳特调查委员 157
会中期报告的发表,公众的不满达到了顶点。这个委员会是梅厄于

1973 年 11 月成立的，其职责是调查在赎罪日战争前及初期的"失误"。中期报告免除了梅厄与达扬的责任，而把问题干脆地推到军方头上，尤其是总参谋长大卫("达多")·埃拉扎尔和军事情报局局长埃利·泽拉身上。政府或许以为报告可以缓和公众的不满，但结果恰恰相反。以色列人拒绝接受委员会的判决，继续追究政治领导人的责任。

战争令年迈多病的梅厄总理心力交瘁，此时又被公众甚至自己的党员抛弃，她决定放手了。1974 年 4 月 10 日，工党的派别在议会进行了激烈的辩论，于是她宣布辞去总理职务，说道，"我已经走到了路的尽头，"还说，"无法再承受这副重担。"[①]没有人要求她留下，她的短命政府垮台了。

在这戏剧性的一天，以色列还发生了一件大事。一伙属于乔治·哈巴什的人民阵线(Popular Front)的巴勒斯坦人潜入北方的柯亚特什莫纳(Kiryat Shmona)镇，杀死了 18 名以色列人，其中 8 名是孩子。这对处于低谷的国家士气又是一次打击。

梅厄辞职 12 天后，1974 年 4 月 22 日，星期一，工党中央委员会开始挑选总理候选人。竞争者有两位，一个是伊扎克·拉宾，六日战争期间的总参谋长，另一个是西蒙·佩雷斯，属于工党右翼的拉菲派，此时是情报部长。在工党幕后强人平哈斯·萨皮尔的带领下，踌躇良久的元老们决定支持拉宾，使他以 298 比 254 的 44 票优势当选。萨皮尔本人曾拒绝谋求继梅厄之后的总理一职。

5 月 15 日，另一桩血腥的恐怖袭击深深震动了以色列人。3 名隶属哈瓦特马集团[②]的巴勒斯坦人占据了以色列北部马马洛特(Ma'alot)镇的一所学校，以 100 名学生作为人质，要求释放被关押的巴勒斯坦人。看守总理梅厄指示用军事手段解救人质。军队向恐怖分子所在的
158 建筑发起了攻击，但代价高昂，22 个孩子在行动中丧生。

① Matti Golan, *Shimon Peres, a Biography* (London, 1982), p. 143.

② Nayif Hawatma(1935－)，1967 年，他与乔治·哈巴什一起创建了解放巴勒斯坦人民阵线，两年后的 1969 年 2 月，他建立了自己的组织解放巴勒斯坦人民民主阵线。——译者注

1974年5月31日,星期五。离开办公室前,梅厄签署了以色列与叙利亚武装脱离接触的协议。在美国国务卿亨利·基辛格的斡旋下,协议经过耗神费力的间接谈判后才得以达成。根据协议条款,以色列需撤出在战争中取得的叙利亚领土,戈兰高地将划分为3个区,除两国所占地域外,还有一个联合国缓冲区,其中包括以色列在战争中夺取的库奈特拉(Quneitra)镇。随着以叙脱离接触协议的签订,1973年10月的赎罪日战争正式落下帷幕。

伊扎克·拉宾上场

1974年6月3日,伊扎克·拉宾向议会提交政府名单并获得批准。它基本上是一个新政府,没有了梅厄和达扬,19名部长中只有7名是前内阁成员。伊加尔·阿隆留任副总理和外长;作为对工党右翼的和解姿态,拉宾的主要对手西蒙·佩雷斯被任命为国防部长。

以色列新任总理伊扎克·拉宾是土生土长的"萨博拉"[①],1922年出生于耶路撒冷,在一个社会主义犹太复国主义者家庭长大。英国委任统治巴勒斯坦时期,拉宾在卡多里(Kadoorie)农业学校学习一段时间后,加入了犹太地下组织哈加纳。在1948年阿以战争期间,拉宾服役于哈加纳的精锐部队帕尔马赫,参加了解除阿拉伯人对耶路撒冷的封锁的行动;在战争的不同阶段,他还曾在这个国家的中部作战,尤其是与埃及军队战斗。1949年,26岁的拉宾中校和三位同事一起,参加了与埃及的停战谈判。此后,他度过了20年的军事生涯。1967年6月是他最辉煌的时刻,在战争的6天时间里,他目睹了以色列对阿拉伯人的决定性胜利。然而,有流言说他在战争爆发前夜经历了某种神经崩溃;这折磨了他很多年,还被对手们用来贬抑他。1968年1月1日,拉宾从军中退役,做了5年以色列驻美国大使,与美国政治家和颇有权 159
势的犹太社区领袖建立了重要关系。出任大使是拉宾投入政治生活的

---

① Sabra,希伯来语,原意为巴勒斯坦仙人掌的带刺浆果,后来转义为出生在巴勒斯坦和以色列的犹太人。——译者注

准备，而且，赎罪日战争爆发时，他幸运地不在国内。这样，当梅厄总理和国防部长达扬等工党领袖被指责未能预见战争时，拉宾清清白白，没有受到战争初期的灾难性失败的任何牵连。1973 年 12 月，拉宾当选工党议员，1974 年 4 月成为劳工部长。在梅厄辞职和击败佩雷斯后，拉宾成为以色列总理。

重建国防军和应付经济问题

对于拉宾来说，最紧迫的任务是国防军的重建：吸取战争中的教训，研究和吸收战争中的经验，更新装备，等等。同样重要的还有国家和军队恢复某种平衡的任务，主要通过复员一批预备役军人，使他们回归平民生活，与此同时，满足准备新的战争的需求。拉宾和国防部长佩雷斯一起，将为期 3 年的国防军重建计划作为头等大事，并命令立刻开展对国防需要的研究工作。

拉宾还不得不面对另一项主要工作，对付恶劣的经济状况。这与重建国防军的需求颇多抵牾。以色列刚刚经历了一场极其昂贵的战争，国防开支大幅增加，在战后时期攀升到令人咋舌的高度，占全部国家预算的 40%，对经济产生了巨大的负面影响。更糟的是，经过多年高达 10%的年增长率后，经济增长率在战后的 4 年中降到了 3%。此外，贸易赤字增长很快，而通货膨胀在 1974 年达到创纪录的 56%。大多数商品价格急剧提升，人民承受了极重的负担，塞法迪人等社会中较贫困的人群遭受的打击尤其沉重。1974 年 11 月 9 日，拉宾采取了第一个重要步骤，宣布以色列镑贬值 43%；这是货币贬值计划的开始，它在以后又绵延了很长时间。拉宾禁止进口汽车和奢侈品，为期 6 个月。
160 他还试图让以色列人相信，鉴于在 110 万劳工中，受雇于公共部门的有 30 万人，政府不得不把人力转向生产领域，以提高出口水平。

给低落的国民士气雪上加霜的是，丑恶的恐怖主义又露了头，在以色列和海外都很猖獗。1974 年 11 月，一伙巴勒斯坦人闯入贝特谢安镇，打死 4 名以色列人，打伤 20 人。12 月，一名巴勒斯坦人将一枚手榴弹扔进特拉维夫的一家电影院，炸伤 51 人。1975 年 3 月，巴勒斯坦人在特拉维夫的萨沃伊(Savoy)饭店抓了些人质，一直坚持到部队于两天后投入的时候。1975 年 7 月，耶路撒冷的锡安广场发生了爆炸事件，13 人死亡，65 人受伤。

第二个西奈协议和定居点

1975 年 9 月 4 日，在美国国务卿亨利·基辛格的斡旋下，以色列与埃及经过数月的谈判，签订了第二个西奈协议。协议要求以色列向西奈沙漠撤退约 18 英里，包括从西奈油田的撤离，从米特拉和吉迪两个山口撤离；山口是以色列于 1967 年夺取的，在西奈半岛上具有战略意义。双方同意，埃及军队将占领的以军撤出区域纵深不到 4 英里，其他地方由联合国紧急部队建立一个更宽的缓冲区。米特拉和吉迪山口中及附近将设置电子预警站，由以色列人操作，观察埃及领土上的情况；埃及人也有相应的装置，用来监视以色列人控制的区域。拉宾虽然未能使萨达特总统公开保证不诉诸战争，但双方同意将避免“使用或威胁使用武力，或对对方进行军事封锁。”

拉宾总理和国务卿基辛格、总统杰拉德·福特分别交换了信件，其中美国人答应向以色列提供大批新式武器系统，在 5 年时间内满足以色列的石油需求(如果不能从其他地方弥补油田的出产)，而且，当以色列面临重大威胁的时候迅速与之协商，讨论美国所能给予的外交或其他支持。这些保证之外，美国还承诺，在巴勒斯坦解放组织接受联合国第 242 号决议和放弃恐怖主义以前，不承认这个组织；美国承诺在联合国安理会否决对以色列的惩罚性措施。这样，第二个西奈协议不仅减 161
少了以色列和埃及的摩擦，降低了战争重启的危险，还在以色列和美国间建立了更密切的关系。

不过在国际舞台上，以色列并非一切顺利。1975 年 11 月 10 日，联合国大会收到要求谴责犹太复国主义为“种族主义”的提案，75 个国家赞成，只有 35 个国家反对。以色列非常震惊和沮丧。

在国内，拉宾除了应付经济问题外，还需面对宗教团体不断增长的影响；这些团体试图在有争议的西岸地带建立更多的定居点。在古城塞巴斯蒂亚(Sebastia)附近的埃朗莫莱,政府受到了一次考验:在那里,定居者未经批准就开始建造一个新定居点。拉宾指示军队用武力将定居者迁走;军队出动了不下 7 次。到 1975 年 12 月,国防部长西蒙·佩雷斯同意"暂时"将定居者迁入卡德姆(Kaddum)的一处军营,不久,定居者去了另一个地方凯比尔山(Mount Kabir),在那里不再被强迫搬迁。从政府的这次妥协中,定居者受到了极大的鼓舞。就政府而言,这也是一个重要的转折点,它向所有的人表明,政府在执行法律方面并不那么坚决。

恩德培行动

在以色列史上,赎罪日战争后是一段阴郁的时期,为它投进一线光明的是一次出色的军事行动——虽然从历史的角度看不算很重要。它开始于一次劫机事件;1976 年 6 月 27 日,星期六,巴勒斯坦人劫持了一架从特拉维夫飞往巴黎的法国客机,命令飞行员转飞卡萨布兰卡,停留一夜后,第二天上午去了喀土穆,再由那里飞到乌干达首都坎帕拉的恩德培机场,距以色列约 2 500 英里。犹太和以色列人质被监禁在废弃的旧抵达大厅,劫机分子通知以色列人,要求释放关押在 5 个国家的 53 名巴勒斯坦人。劫机者发出了最后通牒,要被释放的巴勒斯坦人在 48 小时内到达恩德培,否则将炸毁飞机。后来,劫机者在压力之下将
162 期限延长了 72 小时,截止到 7 月 4 日 11 点。

拉宾政府决心不向劫机者屈服,以免恐怖分子以后用类似手段迫使政府让步。在考虑了包括外交和军事行动在内的一切可能做法后,到 7 月 3 日,政府批准了解救人质的军事行动方案。

主要沿着非洲东部的海岸线,4 架以色列大力神运输机和 1 架用作指挥机的波音 707 飞向了恩德培。领头的大力神尾随 1 架英国货机降落在机场,没有引起塔楼的怀疑。飞机还在滑行的时候,一名打头的伞兵便跳了出来,放置了可移动的降落指示灯,引导另外 3 架运输机下来。其余人员登上一辆梅塞德斯和两辆陆虎,完全模仿着乌干达总统阿敏的出行车队。以色列人驾车驶向旧抵达大厅,打死一名乌干达士

兵,冲进了关押人质的大厅,迅速击倒驻守在那里的 4 名巴勒斯坦人,在匆忙将人质撤出大厅和送上飞机前还打死了另外两名。第一架飞机降落 57 分钟后,起飞的第一架大力神满载被解救的人质离去;42 分钟后,第四架也是最后一架离开。回以色列前,所有飞机先降在内罗毕加了油。在行动中,以色列军官约哈南(约尼)·内塔尼亚胡中校背部中弹身亡。袭击进行的时候,人质中一名上了年纪的以色列妇女正在坎帕拉的医院里,后来被力图报复的乌干达人打死。

解救行动和乘客重获自由让整个国家兴奋起来,在几天时间里,缓解了战后时期的压抑和紧张。不过,它并未真的改变任何事情;事实上,它还加剧了政府的紧张状况:拉宾总理和国防部长佩雷斯争起功来。拉宾声称佩雷斯在解救行动中发挥的作用微乎其微,佩雷斯则试图将功劳归于己身,暗示总理曾对采取军事行动犹豫不决。

拉宾下台

拉宾政府没能存在很长时间,最终导致它垮台的是个微不足道的事件。1976 年 12 月的一个周五下午,从美国购买的第一批 F－15 战 163
斗轰炸机预计抵达以色列。能够买到这种最先进的现代战机被认为是政府的一项重大成就,因此,拉宾总理安排了一次欢迎仪式,亲率政府全体成员和军方人士参加。然而,飞机的降落时间离耶路撒冷安息日的开始不足一小时;由于间隔太短,仪式的举行事实上迫使政府首脑破坏了犹太人的一个基本戒律,即安息日不得旅行。战机的到达比预定的稍晚,欢迎仪式延伸进了安息日。由于圣日被亵渎,宗教党派非常愤怒,在议会中有两个议席的以色列正教工人党提出了对政府的不信任案。国家宗教党是工党的第二大伙伴,在对联合政府的忠诚和它的宗教信念间左右为难,于是在投票表决时决定弃权。拉宾本以为会得到国家宗教党的全力支持,此时气得脸色发青,报复性地撤掉了这个党两名部长的职务,结果他不稳定的政府只得到 57 票,比 120 个议席的议会所需的 61 票多数少了 4 票。1976 年 12 月 21 日,拉宾辞职,宣布于

1977 年 5 月 17 日提前大选。

随着选举日的临近，拉宾的党魁地位受到了主要对手西蒙·佩雷斯的挑战。两人的竞争异常激烈。1977 年 2 月 23 日，工党会议就此事进行表决，在 16 票弃权的情况下，拉宾以 1 445 对 1 404 的微弱优势击败了佩雷斯。再次当选党的领袖仅 3 星期后的 3 月 15 日，拉宾又受到沉重的一击。《国土报》(Ha'aretz)登出一篇文章，披露他的妻子利娅在华盛顿特区拥有一个账户。这是当时的货币法令所不允许的。当人们发现拉宾是账户的联合签署人时，情况变得复杂了。总检察长阿哈龙·巴拉克通知拉宾，他准备起诉他的妻子。拉宾本来可以利用人们对他是否知道账户的事的猜疑来制定对策，然而，他决定放弃对总理职务的角逐。4 月 7 日，拉宾提出辞职，两周后的 4 月 21 日，工党的中央委员会召开了一次特别会议，确认由西蒙·佩雷斯取代拉宾成为总
164 理候选人。

西蒙·佩雷斯上场

西蒙·佩雷斯是以色列政坛老将，其政治生涯开始于和大卫·本—古里安共事的时代。29 岁时，他被以色列的第一位总理任命为国防部办公厅主任。在以色列—法国关系的建立过程中，佩雷斯是位重要角色。1956 年的西奈战役时期，他在与法国的合作中发挥了最关键的作用，还成功地使法国承担了向以色列提供一个原子反应堆的政治义务。几年后的 1965 年，本—古里安离开马帕伊，组建拉菲党，佩雷斯是最早追随他的人之一。1967 年六日战争爆发前夕，在先是主张由本—古里安后又改为达扬取代艾希科尔总理的活动中，佩雷斯是主要推动者。为吓阻阿拉伯人对以色列的进攻，他还建议公开以色列的秘密武器原子弹，不过被拒绝了。

西蒙·佩雷斯是难得的政治奇才，是以色列 20 世纪最富有灵感的政治家之一。他精力十足，富有想象力和创造力，生气勃勃的丰富心智内有无可胜数的点子，总能变戏法似的解决难题，将政治体制导向令人吃惊的新道路。但他可能是太聪明了，有着致命的弱点。不说外国人，

至少在以色列人中，他会引起各种各样的情感——除了信任。在他一切最重要的活动中，人们都毫无例外地发现一些追求私利的成分。很多以色列人认为，政客佩雷斯善于进行幕后操纵，狡猾、无原则、不可靠，老是用背叛回报别人的忠诚。拉宾不喜欢佩雷斯，对他了解很深，说他是个“无可救药的阴谋家”。这一有名的评价当然不会提升佩雷斯的信誉。

由老马帕伊、劳工联盟和拉菲党重新聚合而成的工党与最左翼的马帕姆联合起来，建立起工党主导的“联盟”，由佩雷斯率领着，在选战中与梅纳赫姆·贝京的利库德集团交锋。后者也是一个政党联合体，包括贝京的赫鲁特党、小得多的自由党及更小的一些派别，如国家阵线(State List)和拉阿姆(La'am)。佩雷斯的工党联盟被认为代表着既有体制，是那些富足的、有着欧洲背景的老人们的党。利库德则面向从阿拉伯国家和俄国新来的移民，面向城市贫民窟和被忽视的发展中城镇中的居民，支持这些人的要求。佩雷 165
斯的联盟所进行的是一场艰难的战斗，因为他的党状态很糟，不仅背负着赎罪日战争失利的责任，还受到一系列金融丑闻的重创，党的领导人中有的破产，有的被判入狱，有的自杀，令人难堪的爆料一个接着一个。

更糟的是，佩雷斯的对手不仅有右翼，还面临着中间分子的挑战。一个被称作“戴希党”的新政党成立了，全名是“争取变革民主运动”(Democratic Movement for Change)，其领袖是著名考古学家、前将军伊加尔·亚丁。新党源于赎罪日战争后的抗议活动，主要成员包括以前的将军们和知识分子，追随者大多是出身于欧洲的中上层以色列人，受过良好教育。戴希党为这些温和的中间派提供了一个机会，一个无需投工党或利库德集团票的机会。除了主张现代化以外，它的主要政纲还有选举制度改革，要求用选区制取代无政府状态的政党名单制和政治寡头式的政党中央委员会。它还希望分散政府权力，建立一个福利部，集中社会改革所需的一切权威，确保政府投入更多的精力来关心社会边缘群体。

选举和工党政府的垮台

1977年5月17日,以色列进行了一次里程碑式的选举。贝京的利库德集团获得重大胜利,赢取了43个席位,而工党失去了1/3的支持者,只有32席。工党的惨败是和戴希党的成功分不开的,后者首次在全国选举中亮相就得到了令人目眩的15席,从工党票库拿走了足以使利库德集团成为以色列第一大党的票数:在戴希党赢取的选票中,有2/3之多来自那些在1973年属于工党阵营的投票者。此外,大批塞法迪人抛弃了工党,进一步加重了利库德集团获胜的砝码。在20世纪50年代,塞法迪犹太人主要投工党的票,因为它不但是执政党,还给塞法迪人提供了食物和住处。晚至1969年的时候,塞法迪人对政府的怨
166 恨不断增长,不过工党仍能得到其票数的55%。到1973年,这一比例降至38%;1977年为32%。借助离开与阿什肯纳兹人关系密切的工党这一姿态,塞法迪人表达了自己的不满:尽管他们的收入从绝对数量上有了绝对提高,但相比阿什肯纳兹人人均消费高出自己65%的事实,塞法迪人还是觉得受到了歧视。这样,一方面,阿什肯纳兹人离开工党转向戴希党,另一方面,塞法迪人转而投票支持利库德集团,两相结合导致了工党政府的垮台。

在以色列存在了29年后,利库德集团终于首次成了执政党,工党也首次尝到了失败的滋味。这不仅仅是一次政府的更迭,它是以色列
167 的一场革命。1977年以后,以色列政治与从前再也不一样了。

第六章　贝京年代(1977—1983)

建立联合政府

极端正统派权力的出现

利库德集团在选举中获得 43 个议会席位，加上沙龙的什洛兹昂[①]党共 45 席，不足 120 席议会所需的 61 票多数。和以前的当选总理一样，贝京不得不开始漫长而复杂的谈判，劝说潜在的合作伙伴加入政府。伊加尔·亚丁的戴希党拥有 15 席，是贝京竭力争取的对象，但他没能成功。戴希党坚持对选举制度进行大幅度改革，用选区制取代政党名单制，还对未来的政府提出了一些贝京无法接受的外交政策。不过，在利库德对这些事情均无承诺的情况下，戴希党仍将于 10 月加入联合政府，其中伊加尔·亚丁出任副总理，他的党获得了通讯、劳工、司法、交通等部长职位。

但在这个时候，由于戴希党不肯松口，不愿让步的贝京只得转向宗教党派，邀请拥有 12 席的国家宗教党和 4 席的非犹太复国主义极端正统派以色列正教党加入政府。传统上，国家宗教党一直是工党政府的

① Shlomzion，意为犹太和平。——译者注

盟友，工党联合政府的第二大伙伴。它接受了利库德集团的邀请，但开价很高，拿走了包括教育部和文化部在内的三个部长职位。国家宗教党希望借助这些部门影响世俗的以色列社会，使之更多地符合自己的宗教信念。

168 以色列正教党通常被称作“阿古达”。与国家宗教党不同，阿古达不要任何部长职位，然而它的要求也很苛刻。除了以色列建国的头3年以外，这个极端正统党一直拒绝加入联合政府。但如今，它决定利用自己讨价还价的能力，抓住机会，争取让政府向自己关心的那些核心事务做出妥协。以色列正教党参加了与利库德集团有关入阁一事的谈判。

在接着进行的艰苦会谈中，以色列正教党希望耶希瓦[1]的学生在年满18岁时可以继续学业，而不必像所有其他以色列公民那样加入国防军；由于可以推迟多年再参军，这些学生即使真的进了军队，实际服役的时间也将非常之短。贝京接受了这一要求，心里清楚在1977年前有800名耶希瓦学生推迟服役，以后还会急剧增加。阿古达的另一项主张是，女孩有权宣布自己的宗教生活方式与军事生涯不相协调，而一旦作出这样的宣告，她就能免服兵役。利库德集团接受了阿古达的要求，从而改变了以前的做法。在工党政府时期，正统派的女孩可以免服兵役，但之前应先由一个特别小组对她们是否忠于传统作彻底的调查；即使能不参军，这些女孩也要在非军事部门工作相应长的时间。如今，贝京同意，想要免服兵役的女孩只需象征性地接受一下军方的面试，而军方所能做的不过是盖上一个表示同意的图章。其结果是，1976年有21%的女孩免于服役，到1980年就攀升到了32%。以色列正教党要求让它的领袖什洛莫·洛伦茨担任议会财政委员会主席，贝京答应了。这意味着以色列的极端正统派将能对国家资金的流向产生影响。阿古达还希望以色列航空公司的飞机在安息日留在地面上，改变自由的流产法，等等，利库德集团都接受了。在联合协议的43个条款中，整整30条是关于宗教事务的；通过它们人们可以了解，作为参加政府的条

[1] Yeshiva，犹太教经学院。——译者注

件,宗教党派可以榨取到什么样的让步。凭着后见之明,我们可以说1977年之所以是以色列历史上的转折点,不仅因为利库德集团在30年时间里首次击败了工党,也因为这次选举后,一种新的势力——极端正统派——出现在以色列政治中,其影响在未来的岁月里稳步增长。 169

摩西·达扬曾是工党里的热门人物,经过1973年赎罪日战争的失利后被放逐到了政治荒野。贝京走出了一步妙棋,任命达扬为外交部长。这是非常聪明的政治选择：贝京清楚自己在海外的形象很糟糕,通过吸纳达扬,他可以表明利库德政府是严肃的、负责任的。贝京对同事们说,各国领袖"会尊重达扬","在世界各地接受他"。而对于离开工党宣布自己是"独立人士"的达扬来说,一个显赫的职位将能洗刷他在赎罪日战争中的污点,恢复他的声誉。总理保证不会像达扬怀疑的那样单方面吞并已占领土,保证以色列将与阿拉伯人进行和平谈判,在这以后,达扬接受了贝京的任命。前将军阿里埃勒·沙龙很想成为国防部长,但利库德集团的一个派别自由党反对,结果成了农业部长和定居点委员会主席。自由党领袖西姆哈·埃尔利奇成为财政部长。埃泽·魏茨曼在选举中负责右翼的协调工作,为利库德集团的胜利立了大功,国防部长一职留给了他。

1977年6月20日,贝京向议会提交了他的政府名单。在演讲中,他宣布他将向腐败和通货膨胀开战,降低税收负担,通过鼓励投资提升以色列的国民生产总值,减少对市场的干预。贝京还清楚地表明,他渴望与以色列的敌人为了和平而共同努力,与此同时,他决心在圣经以色列地的所有地方——指西岸——安置犹太人;对于西岸的被占领土,他常常称之为朱迪亚和撒马利亚。经过7个半小时的议会辩论,贝京的新政府以63比53票通过了信任投票。前恐怖分子成了以色列的头号人物。

走向和平的最初几步

在罗马尼亚和摩洛哥的重要会谈

不久后的1977年8月25日,贝京去了布加勒斯特,会见罗马尼亚

170 总统齐奥塞斯库。1967年战争后，他是唯一与以色列保持着外交关系的共产党领袖。在后来的一次难得的媒体访谈中，贝京说，“齐奥塞斯库谈到需要实现和平”；由于这位共产党领袖是萨达特总统的朋友，贝京请求他说服萨达特访问以色列。“你同他关系很好，”贝京对齐奥塞斯库说，“或许你可以告诉他，说我想见他。”[①]

贝京还把所谓的罗森文件(Rosen Document)交给美国人，通过美国向萨达特发出了信号。文件是外交部司法顾问罗森起草的，详细列出了以色列与埃及实现和平的46点提议。1977年9月10日，美国人向萨达特转交了文件，还附了一封美国总统亲笔写的密信。在信中，吉米·卡特强烈建议埃及总统迈出政治家的大胆一步，考验贝京的和平诚意，帮助清除通往日内瓦会议的障碍。此时，卡特仍认为日内瓦会议是推动以阿和平最可取的机制。

新当选的以色列总理还赞同他的外交部长达扬与埃及副总理哈桑·图哈米会谈，地点定在摩洛哥的拉巴特(Rabat)。这可能是贝京表明急于同埃及实现和平的最强烈姿态了。9月16日，会谈在高度保密的状态下举行。在以色列、埃及和摩洛哥，只有极少数人知情。附录1收入了会谈备忘录的主要部分，是第一次公开发表。[②] 这份珍贵的文件意义重大；与一般看法不同，它证明外长达扬并未通过图哈米事先向萨达特保证，说以色列将把西奈还给埃及。因此，关于萨达特加速与以色列和谈的行动，所谓他完全清楚西奈已落入口袋的说法没有根据。如贝京后来解释的那样，“我们谁也没有提前向萨达特许诺任何东西。”[③]另外，这份文件还表明，以色列和埃及都不想让美国或苏联当中间人，更喜欢双方直接谈判。

---

① Eric Silver, “Begin’s Secret Interviews”, *The Jerusalem Report*, 21 May 1992; also Dan Pattir, “With Nicolae Ceauşescu the President of Romania”, *Middle East Insight*, *May–June* 1983, p. 12.

② 译自摩萨德特工本—波拉特(Ben-Porat)的希伯来文记录，作者档案。

③ Eric Silver, “Begin’s Secret Interviews”, *The Jerusalem Report*, 21 May 1992; 另见 *Yediot Ahronont*, 13 November 1987 (Hebrew)。

与图哈米在摩洛哥秘密会晤3天后，外长达扬飞往美国，会见卡特总统和国务卿赛勒斯·万斯，探讨打破以色列人和阿拉伯人间的僵局的可能性。在华盛顿，达扬受到美国总统的质问；后者对他与图哈米在摩洛哥的会谈当然一无所知，说以色列采取了“一种非常顽固的立场”，阿拉伯方面则显得“更为灵活”，希望以色列显示出灵活性，接受西岸的一个巴勒斯坦“实体”，拆除犹太人定居点，参加日内瓦会议——前国务卿亨利·基辛格在1973年战争后创建的一种机制。达扬礼貌地拒绝了总统的要求。 171

对耶路撒冷的历史性访问

贝京访问罗马尼亚一个月后，萨达特总统在布达佩斯会见了罗马尼亚领导人。“你已经见过贝京，”作为客人的萨达特对主人说，“告诉我，第一，你认为他想要和平吗？第二，他是否足够强有力(能保证促成某些成果)？”齐奥塞斯库对两个问题都给出了肯定的回答，使萨达特大受鼓舞。[①] 对于图哈米与达扬外长在摩洛哥的会晤结果，萨达特也觉得很受鼓舞。通过他的使节，埃及总统错误地认为，达扬带到秘密会谈来的信息是以色列愿意从西奈撤退。[②] 有了这些积极的信号，加上美国总统卡特所谓迈出“政治家的大胆一步”的请求，萨达特决定不惧艰险，直捣黄龙。11月9日，星期三，萨达特在埃及议会发表演讲，说为了和平，他愿意走到天涯海角，“甚至去以色列议会”。这一戏剧性宣告起初并未被认真看待，但很快在开罗、华盛顿、以色列激起层层波澜。埃及外交部长伊斯梅尔·法赫米提出辞职以示抗议，而美国仍钟情于日内瓦会议，视之为促进中东和平的最佳途径。如今球踢到了自己这边，贝京总理迅速回应，先是口头邀请萨达特访问耶路撒冷，5天后又通过美国驻特拉维夫和开罗大使发出正

---

① Eric Silver, ‘Begin’s Secret interviews’, *The Jerusalem Report*, 21 May 1992.

② 埃及记者穆罕默德·海卡尔评论道：“不清楚图哈米是怎样[向萨达特]报告[他与达扬的会谈]的，但萨达特的理解是以色列准备从埃及领土撤军。”参见 Mohamed Heikal, *Secret Channels* (London, 1996), p. 256。

式邀请。

然而,萨达特的声明在以色列引起的是一阵混乱。11 月 15 日,总参谋长莫迪凯·古尔在接受一份日报《新消息报》的访谈时说,“如果他的动机是又一次赎罪日战争式的欺骗,萨达特应该明白,我们很警惕。我们知道,埃及军队正在准备对以色列的战争……虽然萨达特宣布他
172 打算来耶路撒冷。”[①]其他一些以色列人警告说,也许来的不是萨达特,而是一伙恐怖分子,他们将冲下飞机,扫倒在跑道上迎接萨达特的以色列领导人。

当然,这些都没有发生。萨达特在埃及议会发表“愿意走到天涯海角”的戏剧性演说仅 10 天后,在贝京发出访问耶路撒冷的正式邀请仅 4 天后,1977 年 11 月 19 日,星期六,一架埃及飞机降落在特拉维夫附近的本—古里安国际机场,里面走出了埃及总统萨达特。在一片埃及和以色列的旗帜中,萨达特走过犹太国的大人物们组成的欢迎行列,同人们一一握手。欢迎者中有总理贝京、总统伊弗雷姆·卡齐尔、以色列内阁成员、大拉比们,有在 1973 年率军渡过苏伊士运河反击的阿里埃勒·沙龙,有前总理果尔达·梅厄。萨达特从未见过梅厄,但立刻认出了她。

没过多久,埃及人和以色列人到了耶路撒冷才发现,这次历史性的访问事实上建立在误解的基础上。萨达特说,埃及从刚与达扬在摩洛哥会谈后的图哈米那里得知,以色列准备从整个西奈撤退。贝京立刻打断了他,“总统先生,我们没有这么说。”达扬补充道,他在与图哈米的会谈中讲得很清楚,自己扮演的是这样一个角色:回去向贝京报告他没有对埃及人作任何承诺。在本书的附录 1 中,备忘录也表明了这一点。但萨达特坚持道:“图哈米说你们准备撤退。”达扬答道,“总统先生,我没有这么说,”接着又说,“如果图哈米说我们准备撤退,他就是个骗子。”[②]

---

① Interview with Mordechai Gur in *Yediot Aharonot*, 15 November 1977(希伯来文)。

② Mohamed Heikal, *Secret Channels*, pp. 256 and 263.

第二天,在耶路撒冷的阿克萨(Al-Aqsa)清真寺作过早祷和参观过大屠杀纪念馆亚德瓦谢姆后,萨达特去以色列议会发表演说。“今天,我到你们这里是来实现和平的,是要在坚实的基础上创造一种新的生活,”他向大厅里坐满了的人说道。接着,他谈到了自己的和平计划:

> 我来这里不单单为了埃及和以色列的协议……我来你们这里
> 不是为了部分和平。……那意味着我们仅仅是在推迟保险丝烧断
> 的时间。……我来你们这里,是为了一起创造持久的和平……我 173
> 真诚地告诉你们,我们欢迎你们安定、安全地生活在我们中间。这本身就是一个巨大的转折点……今天我告诉你们,并向全世界宣告,我们愿意和你们在基于公正的永久和平中共同生活。我们不想包围你们,也不想被预备发射的毁灭性导弹包围,被恶意和仇恨的炮火包围……今天,通过对你们的访问,我请求你们伸出真挚和由信念支撑着的双手……和平不可能靠占领别人的土地获得,只有建立在公正基础上的和平才是名副其实的。……我告诉你们,你们必须彻底放弃所有征服的迷梦,放弃武力是与阿拉伯人打交道的最好方式的想法……我们的土地不容讨价还价,甚至不容讨论。……从1967年占领的全部阿拉伯土地撤离是合理的,无可争议的。……至于巴勒斯坦人问题,没有谁能否认它是整个问题的核心……没有巴勒斯坦人就没有和平……我在这里告诉你们……拒绝承认巴勒斯坦人、拒绝承认巴勒斯坦人建国与回归的权利是没有用的。

这场演讲包含着一切以色列人害怕的成分:从1967年占领的所有阿拉伯土地完全撤离,巴勒斯坦人建国和回归的权利等。以色列人认为萨达特的话异常严厉,以至于他还在讲台上演说的时候,国防部长魏茨曼就给总理递了张条子,说:“我们该准备战争了。”

11月21日,在降落以色列43小时后,萨达特回开罗了。他的耶路撒冷之行是以色列史上的重大事件,也是现代史上最重要的事件之

一。经历了30年的流血冲突和5次全面战争后，阿拉伯国家——最大和最强盛的阿拉伯国家——的一位领袖伸出了承认与和平的双手。虽然这次访问仅是象征性的，但它打破了心理障碍，注定将推动更为实际的谈判。

1977年12月2日，达扬外长和埃及副总理图哈米再次于摩洛哥
174 的马拉喀什(Marrakesh)会晤，商讨在萨达特访问的基础上，两国应如何开始和平进程。图哈米读了一份手写的文件，强调将来的谈判不仅应讨论埃以关系，还要包括巴勒斯坦问题。达扬则递给图哈米一张手写的纸，上面是他的一些"想法"而不是"提议"，如两国该怎样着手进程，以色列准备做出哪些让步，等等。预计以色列将从西奈撤军，但保留犹太人的定居点和机场；吉迪和米特拉山口以东的区域将非军事化，由以埃联合巡逻至2000年；沙姆沙伊赫控制着蒂朗海峡，而海峡又是船只出入以色列埃拉特港的通道，应继续由联合国监管。达扬的非正式纸张没有提到巴勒斯坦人的"自治权"(autonomy)，但用了"自治"(self-rule)这个词。达扬也说到了以色列1967年从叙利亚手中夺来的戈兰高地，但图哈米将这部分撕了下来，又把纸张还给达扬。显然，埃及不打算涉及叙利亚的事。

1977年12月25日，在伊斯梅利亚，贝京总理和萨达特总统进行了艰难的高峰会晤。萨达特坚持在被占领土西岸和加沙地带建立一个巴勒斯坦国，而贝京立即予以否决。这构成了会晤中的最大难题。事实上，东道主萨达特宣读的联合声明总结了这次不成功的会议，显示了双方在此问题上的巨大分歧。声明说："代表团……讨论了巴勒斯坦问题。埃及的观点是应在西岸和加沙地带建立一个巴勒斯坦国。以色列的观点是生活在朱迪亚、撒马利亚和加沙地带的巴勒斯坦人应建立自治政府。"①伊斯梅利亚峰会所取得的唯一成果或许是成立了两个工作委员会，一个是政治性的，由两国外交部长领导，军事委员会由两国国

---

① Eliahu Ben-Elissar, *No More War* (Tel Aviv, 1995), p. 15. 希伯来语。本-埃利萨是总理办公室主任，后来成为以色列第一任驻埃及大使。

防部长领导。尽管有在巴勒斯坦事务上的异议造成的危机,但上述安排确保了以色列与埃及不中断接触。对贝京总理来说,它还解决了一个令人头疼的问题:国防部长魏茨曼和达扬外长的职责虽然息息相关,彼此却在激烈地竞争着,都抱怨总理偏向对手。 175

1978 年 1 月 16 日,政治委员会的第一次会议在耶路撒冷的希尔顿饭店召开,其结果是以色列与埃及的和平之路遭受了另一次挫折。代表们甚至未能就会谈日程达成共识。到了晚上的正式宴会,一场危机产生了:以一种看起来屈尊俯就的姿态,贝京总理转向埃及外长说:“纳粹的大屠杀降临到犹太人头上时,埃及的外交部长还很年轻。”接着,贝京提高了声音,总结他的演讲道,“我以自己的最强音宣布,**不**。**不**撤到 1967 年的边界,**不给**恐怖分子自治的权利。”这些刺耳的字眼带来了恶劣的后果,触怒了卡迈勒外长,更触怒了萨达特总统。他命令代表团回家。

1977—1978 年冬,以埃关系的基调是陷入僵局,还因以色列在有争议土地上的政策而趋于恶化。在埃及、阿拉伯世界和华盛顿看来,以色列是在挑衅。贝京政府决心把西岸变成犹太人的定居地,以防止将来归还给阿拉伯人;它还在西奈建造定居点,打算用作为以色列想要保留的空军基地讨价还价的砝码。达扬外长和农业部长沙龙领导的西奈委员会是议会中的一个小组织,它批准了在西奈建定居点的计划,为此投入了大笔资金。听到这个消息后,萨达特总统勃然大怒。不过,对以色列政府的强硬路线感到沮丧的不仅是萨达特,还有一部分以色列群众。这些人曾为萨达特的历史性访问欢欣鼓舞,对和平进程裹足不前极其失望,决定向政府施压,促使它走上和平之路。这样,“现在就和平运动”产生了。

国内战线

现在就和平运动

一封广为人知的信引发了这场运动。它是写给贝京总理的,上面有 350 名预备役军官的签名。这封所谓的“军官信件”声称:“政府看重 176

在大以色列的边界内(即包括西岸和加沙地带等被占领土)建设以色列国,愿为此牺牲与邻居的和平及友好关系,这令我们深感怀疑……"它接着说,"政府看重定居点的建造……不愿消除(与阿拉伯人的)历史性纷争和建立正常关系……令人怀疑我们事业的正当性……"还说,"政府的政策鼓励继续控制……100万阿拉伯人,这会破坏国家的民主与犹太特征,使我们难以认同以色列国。"总理后来接见了写信者的代表们,但他本人并未受到很大触动。虽然如此,信件引起了许多以色列人的共鸣,导致了"现在就和平"(*Shalom Achshav*)运动的产生。这是一个由三条主要原则引导着的非议会运动。首先,在生活于被占领的西岸和加沙地带的阿拉伯居民问题上,它反对使以色列人的统治永久化的任何政策。其次,以色列的未来边界应建立在安全考虑的基础上,而不是犹太人定居点的分布。最后,为了和平,以色列应准备做出土地上的让步。

随着越来越多的以色列人的加入,现在就和平运动在全国设立了分支机构,组织大规模示威,压迫政府为和平而让步——主要是土地方面的让步。它的代表还同巴勒斯坦人和阿拉伯领导会面。在20世纪70年代末,尤其是在萨达特访问耶路撒冷后、与埃及签订和平条约前的一段时期,现在就和平成了以色列一股有影响的温和势力。不过,到20世纪80年代初,它在成功地动员以色列人方面才达到了顶峰。

一位塞法迪总统

1978年4月,由贝京总理动议,以色列首次选出了一位塞法迪总统。在30年的时间里,这个职位一直是阿什肯纳兹人占据着:1948到1952年是哈伊姆·魏茨曼,1952年到1963年是伊扎克·本—兹维,1963到1973年是扎尔曼·夏扎尔,1973年到1978年是伊弗莱姆·卡齐尔。
177 以色列总统不是一个有影响的职务,人们记得哈伊姆·魏茨曼说过,作为以色列总统,他至多被允许"用我的手帕擦鼻子"①。当然,在象征意义上,它仍是最重要的。贝京还相信,通过把一位塞法迪候选人带进议

① to poke one's nose in,意为做些探问、干预。——译者注

会,为自己争取到当选所需的支持,他将能提高塞法迪人在以色列的地位,回报后者在把自己由反对党领袖变为总理时所给予的帮助。

准确地说,这不是第一次提名一位以色列的塞法迪总统候选人。早在 1973 年,扎尔曼·夏扎尔去世后,伊扎克·纳冯就成了候选人。纳冯出身于耶路撒冷一个备受尊敬的塞法迪家庭,在这个城市里长大和接受教育。他后来学习了阿拉伯和希伯来文学、伊斯兰文化及教育学,成了一名教师。以色列独立战争期间,他在哈加纳中服役。20 世纪 50 年代,他曾与大卫·本—古里安和摩西·夏里特共事。1965 年,与西蒙·佩雷斯、摩西·达扬、特迪·科勒克等人一起,他参加了本—古里安脱离马帕伊的活动,帮助建立了拉菲党。他后来当选为议员,成为以色列政府中的一名部长。

1973 年,纳冯被提名为候选人,但出于政治而不是族类的原因,他遭到果尔达·梅厄总理的反对。从本性上看,梅厄不是一个会忘记和原谅的人,固执地认为纳冯应当受到惩罚:他的罪是对马帕伊不忠,参与本—古里安建立分裂的拉菲党的活动。最终,纳冯失去了候选人的资格,著名科学家、阿什肯纳兹人伊弗莱姆·卡齐尔当选为总统。当时在以色列,许多人认为梅厄反对纳冯的候选人资格是反塞法迪人的歧视行为,塞法迪人尤其如此认为。这不仅无助于增进以色列两大族群的友好关系,还强化了一种观念,即工党是傲慢的、反塞法迪人的。反过来,这又鼓励许多塞法迪人在 1977 年投票支持利库德集团。如今,经过 5 年之后,贝京总理提议由纳冯做总统候选人,虽然他在政治上更接近工党而不是利库德集团。这遭到了利库德集团中自由党一派的强烈反对,后者更中意自己阵营中的埃利米拉赫·里姆拉特。不过,贝京坚持己见,相信选出一位塞法迪人总统很重要。最终,经过复杂的政治操作后,纳冯在议会中以 86 票当选以色列第五任总统,也是第一位塞 178
法迪总统。

经济

我们应记得,在选战中,贝京保证优先关注经济,对付通货膨胀,根除腐败,降低税收和生活负担,提升以色列的国民生产总值。既然他让主张建立自由企业的自由党成员西姆哈·埃尔利奇担任财政部长,许多人期待会有一些影响到经济部门平衡的变化,解除管制,引入调节经济的市场力量。的确,早在 1977 年 10 月,埃尔利奇就提出了一个“新经济政策”,似乎指示着以色列经济的新方向。这一新经济方案的支柱之一就是出售国有企业。国有企业突出地集中于能源生产、银行、矿业、水资源发展等方面。通过对国有公司的控制,政府能在它们的股票交易中迅速获利。不过,这些公司缺乏能干的劳动力,官僚作风严重。对于埃尔利奇处理低效的国有公司的尝试,许多以色列人交口称赞,但公司卖出去的极少。由于公司存在的问题,政府想要卖掉它们,然而,同样是这些问题吓退了那些潜在的购买者。

埃尔利奇“新经济政策”的另一要素是外币兑换的自由化,允许市场自发调节,消灭以色列的货币投机。政府批准了这一方案,借此对猖獗的美元黑市达成了釜底抽薪的效果。然而,另一方面,这也意外地增加了拥有外币的以色列人的财富——大多数是那些德国赔款的接收者。这导致了贫富差距拉大的社会后果:有钱的主要是阿什肯纳兹人,穷人则主要是住在贫民窟和内盖夫的发展中城镇中的塞法迪人。更糟的是由于允许自由兑换,财政部长埃尔利奇无意中鼓励了过度的美元换取谢克尔的现象,加重了政府急于降低的通货膨胀率。政府还
179 希望从希斯他助那里撤销以色列唯一的医疗保险计划,使之国有化,并削减税收,但都失败了。事实上,利库德集团当政时的税收与工党时期一样高。

为什么“新经济政策”无法实施?可能因为贝京总理太专注于外交领域,对经济和其他国内事务不够耐心。此外,官僚主义积重难返,固守着传统做法不肯放手。国内有一些强大的利益集团,最重要的是代表工人的希斯他助。这个工会组织还是一个重要的雇主,由工党控制着,反对任何有可能威胁工人利益的变革。关于以色列经济难以实行改革的原因,另一解释是利库德集团本身其实也相信工党鼓吹的社会原则。由于主要靠低收入阶层才成为执政党,利库德集团很难采取削

减补助一类的措施,那会危及把它送上台的人们对它的支持。掌管着财政部的自由党人急欲使经济转型和自由化,削减预算,然而它在利库德集团内部没有足够的力量,无法推行重大变革。此外,油价居高不下,国防支出不断增长,政府还打算将免费教育扩展到高中的4年,推行更新方案(Project Renewal)——一项消除贫民窟的重要举措,所有这些都对预算产生了不利影响。在所占领土上增建定居点每年也吞噬着巨额资金。

信仰者集团与定居点建设

面对无论是预算方面不断增长的压力,还是来自以色列的“现在就和平”运动与国外的强烈抗议,政府都未放弃在被占领土上建设定居点的计划。在利库德政权得以存在的最重要理由中,有一点就是坚持让犹太人在这些土地上定居,努力使之成为以色列的一部分。

当然,工党政府也曾在西奈和所占领的西岸建立定居点,不过,工党基本秉持着世俗而非宗教的观念,采取的是一条实用主义路线。决定建造多少和在哪里建造新定居点时,它考虑的主要是安全因素。因此,新城镇往往分布在约旦河沿岸,远离人口稠密的阿拉伯区,工党把这里看作战略性资产,不准备归还给阿拉伯人。利库德集团很不一样, 180
在考虑新定居点的数量与位置时,比照的是意识形态而不是实用主义原则。总理本人深信,犹太人有权定居在圣经中以色列地的任何部分。引人注目的是,就在总统委托他组建新政府的那一天,贝京拜访了拉比兹维·库克,“古什埃姆尼”运动的精神领袖。定居者主要来自这一运动。

古什埃姆尼(意为“信仰者集团”)从1974年诞生起就是新以色列定居者的代表。它相信犹太人对朱迪亚和撒马利亚——即西岸——拥有历史权利,相信通过在历史上的故乡定居,犹太人会更接近于被救赎,决心加速在这些土地上的定居。到1977年,信仰者集团在所占领土上已建造了12个定居点。如今,由于利库德集团当政,这个运动获得了巨大的进展。新总理根本不想隐瞒对信仰者集团的同情,还让它知道自己对其全力支持的立场。我们应还记得发生在工党政府时期的那个事件,当时,犹太人在古城塞巴斯蒂亚附近建造了非法的埃朗莫莱定居点,后来被政府迁到了位于卡德姆的军营。贝京访问了卡德姆,对那里的定居者保证,“将会有更多的埃朗莫莱”。接着,他的政府给卡德姆以完全合法的地位,也把这种地位给予撒马利亚的另一处定居点奥夫拉(Ofra),给予耶路撒冷—杰里科公路上的马来阿杜敏(Ma'aleh Adumin),后来又批准了信仰者集团在西岸新建60个定居点的计划。在工党政府时期,信仰者集团的定居者是一些制造麻烦的人,到了利库德集团当政的时候,这些人摇身一变,成为一种主流运动的参与者。

实施在所占领土定居的活动时,利库德政府的目标是削弱阿拉伯人对土地的控制,使人口比例向有利于以色列的方向转化。因此,定居点的建设不是像工党时期那样,远离阿拉伯城镇和村庄,而是鼓励在阿拉伯人密集的地方建造新的村庄。利库德集团力图阻止阿拉伯人发展农业和工业,制订和实行了一系列限制措施。阿拉伯人的土地以安全借口被没收,用水受到严格管制。在政府
181 的支持下,信仰者集团以个人要求和组织协调为原则,建立的定居点往往只有几十个家庭。定居者如果不愿从事农业,可以到以色列本土寻找工作。极富侵略性的利库德定居计划和信仰者集团的执行热情结合起来,仅在1977—1978年,以色列就建造了24个新定居点。到1993年,所占领土上的定居点达到136个,有116 000名定居者。

恐怖主义和利塔尼行动

这个时期,针对以色列的恐怖主义十分猖獗,最出名的是1978年3月11日那一次。在特拉维夫北面不远处,9名巴勒斯坦人攻击了两辆公共汽车,导致28名以色列乘客死亡,78人受伤。9名劫持者全被以色列安全部队打死。传统上,以色列对恐怖主义的反应就很严厉,这次更胜以往。3月14日,政府派出军队进入黎巴嫩,实施“利塔尼行

动”(Operation Litani)。在巴勒斯坦解放组织于1970年9月(黑九月)被赶出约旦后,它与以色列的斗争就转到了黎巴嫩。“利塔尼行动”的目标是黎巴嫩南部的巴解组织及其设施。在1973年的赎罪日战争之后,这是国防军最大的一次军事行动。以色列人沉重打击了巴解组织,认为它应对公共汽车被袭事件负责。通过“利塔尼行动”,以色列还希望防止更多的恐怖事件,破坏了巴解组织的基础设施,缴获了许多武器和文件。

国际社会认为以色列的军事行动过了头——在某种意义上的确如此。1978年3月19日,联合国安理会以12票比0票通过了第425号决议,要求以色列从黎巴嫩撤军。3月20日,安理会通过第426号决议,将联合国临时部队(UNIFIL)部署在黎巴嫩南部地区,监视巴勒斯坦游击队的活动。3月30日,面对越来越多的国际批评,以色列同意撤军,但保留了一块“安全区”。“利塔尼行动”和联合国部队的存在都未能阻止巴解组织在黎巴嫩南部的重建,它与以色列人时有交火。黎巴嫩依然是让以色列头痛的一个问题。 182

戴维营及以后

在萨达特总统对耶路撒冷的戏剧性访问之后,以色列与埃及的接触缺乏成效,卡特总统对此一直很关注。1978年夏,卡特交给国务卿万斯一个任务,让他以中立的态度把两国外长叫到一起,看看双方是否还有推动和平事业的充分愿望。这促成了7月达扬和埃及外长穆罕默德·易卜拉欣·卡迈勒的一次高峰会晤,万斯也在场,会晤地点选在英国的利兹(Leeds)城堡。双方又一次未能实现任何目标。与以往一样,最主要的障碍是埃及要求将两国的协议与巴勒斯坦问题的解决捆绑在一起,以及坚持犹太定居点和空军基地全部从西奈撤出。对于利兹会谈的失败,萨达特总统极为失望,于是在7月2日让正在开罗的以色列军事委员会成员回国。这个委员会是在伊斯梅利亚峰会上成立的。如今,由埃及总统对耶路撒冷的戏剧性访问带来的动力已消失殆尽,恢复会谈的尝试也都毫无结果。萨达特好几次暗示,他可能会重新走上冲突之路。在此局面下，卡特总统决定采取大胆的一步，设想让贝京和萨达特开始一次马拉松式的峰会，一旦两位领导人会了面，不取得一定成果就无法离开，否则便有丧失政治脸面的危险。峰会预定在戴维营举行，它是位于马里兰州的总统度假地；时间定于1978年9月5日开始。万斯亲自将正式邀请信交给贝京总理和萨达特总统本人，两人都接受了。

贝京率领一个小代表团来到戴维营，成员包括外长达扬和国防部长魏茨曼等人。他决定与埃及达成一个有关总体原则(DOP)的协议，以此作为将来会谈的基础，而把细节和存在的异议留给外长和国防部长解决。贝京希望只谈西奈，把西岸放在一边，尽可能不涉及巴勒斯坦问题。萨达特总统则打算在戴维营讨论一切具体事务，为永久和平打
183 造一个坚实的框架。他想明确地收回西奈的所有主权，并找出解决巴勒斯坦问题的途径。

代表团到达戴维营以后，9月6日，卡特总统邀请萨达特和贝京作第一次面对面的会谈，探讨他们的分歧之处，不要助手在场。这没收到什么效果。萨达特一开场就拿出一个咄咄逼人的提议，包括一切陈腐的阿拉伯要求和对以色列的指控，严苛到荒唐的地步。萨达特宣读了一份12页的文件，列出了埃及的要求，如以色列彻底撤出西奈，拆除犹太人定居点，撤离空军基地，从东耶路撒冷撤出，申明巴勒斯坦难民回归过去的巴勒斯坦家园的权利——或者由以色列支付赔偿，还要求以色列为使用被占领土作补偿。

9月7日是峰会的第三天，贝京在会谈中完全拒绝了萨达特的提议。“这像是战胜国对失败者提出的和平”，贝京对萨达特说，还说“这份文件不适合做谈判的基础。”气氛紧张起来。“贝京总理，”萨达特喊道，“(给以色列)安全，是的。土地，不。”卡特总统后来在日记中写道：“我以为萨达特会暴跳起来。”[1]经过了这次不成功的会谈，卡特确信贝

① 本段引文引自 Jimmy Carter, *Keeping Faith*, *Memoirs of a President*, (London, 1982), pp. 347 and 351。

京和萨达特无法单独进行建设性接触,此后,他一直尽可能地将两人分开。

然而,这不仅仅是因为萨达特与贝京性情不合。以往的会谈中有一些难解的障碍,如西奈沙漠中的犹太定居点和空军基地,巴勒斯坦问题,等等,它们在戴维营依然困扰着谈判人员。9 月 10 日是峰会的第六天,在以色列人和埃及人弥合歧见的多次尝试失败后,卡特总统和他的团队提出了自己的和平方案,并在随后几天的会谈中不断地修订。然而,峰会仍一次次陷入危机。9 月 15 日是星期五,也是特别紧张的一天,峰会似乎不得不在未达成协议的情况下告一段落。危机的起因是达扬与萨达特的一次不成功的面对面会谈。外长明确地告诉埃及总统,以色列不会放弃西奈的定居点。这令萨达特极度厌烦,决定离开戴维营回埃及。国务卿万斯不清楚这些,去找萨达特商讨一件事,却发现 184
总统正在收拾行装。万斯急忙找到卡特,脸色发白,身子发抖,如卡特后来回忆的那样:“他的脸色苍白,说道,‘萨达特要走。他和助手们已经收拾好行装。他请我安排一架直升机。’”[①]卡特总统介入了,说服萨达特留下来,还警告贝京总理,说如果以色列领导人不表现出更大的灵活性,如果第二天再不能达成协议,卡特将宣布休会,并认为以色列人应承担会谈失败的责任。

逐渐地,萨达特和贝京的立场有所接近,缩小了双方要求之间的距离。在与以色列有关西奈的和有关西岸、加沙的协议间,萨达特同意不把它们联系得那么紧。卡特表态华盛顿将提供资金,让以色列在内盖夫修两个新机场,于是贝京的态度软下来,同意放弃西奈的机场。当贝京在西奈的犹太定居点问题上立场松动以后,会谈实现了一个重大突破。美国总统国家安全事务助理布热津斯基(Brezezinski)后来回忆道:“在一次漫长、激烈的争论中,贝京叫喊着‘最后通牒’,‘过分的要求’,以及‘政治自杀’。最后,贝京答应由议会决定犹太定居点的命运,还同意暂时解除对党的忠诚的义务,让每位议员都作为个体投出自己

---

① Jimmy Carter, *Keeping Faith*, p. 391.

的一票。”①从贝京的角度看，让议会决定是在机智地回避难题，他不愿做历史上第一个撤除犹太定居点的总理。贝京的重要让步是在鹰派农业部长阿里埃勒·沙龙进行了关键的干预后作出的；后者在电话中向总理保证说，放弃犹太定居点不会危及以色列的安全。这次干预常被看作沙龙在一个关键时刻对贝京的支持，但后来表明，贝京并不这么看。事实上，他对沙龙的做法很是恼火。贝京说：“他（沙龙）给我打电话，说可以同意定居点的事。那是一条公开的电话线，很明显，谈话中的每句话都会被记录。他在公开的线路上打电话很不好。”又曾说：“谈话中的每一句都被记了下来。毫无疑问，美国人听到了他在公开线路
185 上的话。”②换句话说，通过在一条公开线路上给他打电话，贝京觉得被沙龙束缚了手脚，削弱了他关于定居点为以色列的安全所必需的论点。

耶路撒冷问题是另一大障碍，贝京不肯让步，双方未能就此达成共识。最后对它的解决方式是这样的：萨达特和贝京分别给卡特写信，阐述自己在这个问题上的观点。在信中，贝京提到了议会于 1967 年 6 月 28 日颁布的一项法律，它给予政府在以色列地的任何地方适用以色列法律、实行司法与行政管理的权力。“基于这项法律，”贝京在信中接着写道，“以色列政府在 1967 年 7 月通过一项法律，宣布耶路撒冷是一个不可分割的城市，是以色列国的首都。”萨达特在给卡特总统的信中说，阿拉伯耶路撒冷是西岸的一个有机组成部分。采用交换信件的方式表明各方认为无法达成共识，耶路撒冷将保持现状不变。

一切问题都经过处理以后，1978 年 9 月 17 日，星期天，萨达特和贝京在华盛顿签署了《戴维营协议》。事实上，他们签署了两份不同的文件，一个标题是“关于实现中东和平的纲要”，另一个是“关于签订一项埃及同以色列之间的和平条约的纲要”。第一份文件展望了以色列

---

① Jimmy Carter, *Keeping Faith*, p. 396; Zbigniew Brezezinski, *Power and Principle, Memoirs of the National Security Adviser 1997 – 1981* (New York, 1985), p. 270.

② Ariel Sharon to author; Eric Silver, “Begin’s Secret Interviews”, *The Jerusalem Post*, 21 May 1992; Dan Pattir, interview with Menachem Begin, *Yediot Aharonot*, 27 November 1987 (Hebrew).

与所有阿拉伯国家的和平,但集中于西岸和加沙。它构想了谈判的三个阶段：首先,在选出一个被占领土自治机构的问题上,埃及、以色列、约旦制定出基本规则,并定义这个机构的功能。其次,自治机构建立和运转以后,一个为时 5 年的过渡期便开始了,以色列解散它在这些地方的军事政府,将军队撤到特定的安全区域。第三个阶段在过渡期的第一年内开始,由以色列、埃及、约旦和从西岸、加沙居民中选出的巴勒斯坦代表展开会谈,决定被占领土的最终地位。在那以后,以色列人、约旦人、从西岸与加沙选出的巴勒斯坦代表组成一个单独的委员会,谈判以色列同约旦间的正式和平条约。

戴维营的第二份文件要具体得多,对以色列人和埃及人也更重要。《关于签订一项埃及同以色列之间的和平条约的纲要》规划了西奈的未来,预定在 3 个月内实现两国间的和平。协议明确了方方面面的事情, 186
包括从西奈的撤离,半岛上的军事安排,亚喀巴湾和苏伊士运河的自由航行,以及以色列和埃及的关系正常化。

戴维营峰会持续了 13 天,是埃以和谈最困难、最不愉快的阶段。峰会达成的协议是一项杰出的成就,不仅对贝京和萨达特两位大胆的领导人,对卡特总统也是如此。在总是很复杂、有时令人愤怒的谈判过程中,卡特展现了他的决心、对大量细节的掌握、卓有成效的调节技巧和顽强的个性。

有关戴维营会谈的著述浩如烟海,但几乎都忽略了一个方面,即吸引其他阿拉伯国家参与的尝试,希望在峰会上实现的成果不单单是埃以协议。这些尝试都失败了。美国人是主角,但还有另一个人,他在前面的章节中出现过,我们称他为“女婿”。

我们还记得,“女婿”是纳赛尔总统的亲戚,萨达特的心腹,还是摩萨德的间谍——事实上,是同时为埃及和以色列工作的双重间谍。如今,在戴维营会谈前后,他极力拉近萨达特总统和侯赛因国王的关系,期待国王参加和平进程。毫无疑问,其他国家加入进程符合以色列和埃及的利益,但不清楚的是,谁请“女婿”去劝说其他阿拉伯政府的？虽然他曾是萨达特的心腹,埃及政府中的高官,不过,此时他与萨达特的关系正处于低谷。正是在戴维营会谈前后,萨达特收掉了他的外交护照。这让我们开始猜测另一种可能,即事实上,以色列在利用“女婿”和他跟阿拉伯领导人的良好关系,力图扩大签订和平协议的阿拉伯国家的数量。无论如何,他没能完成任务,条约的签订者只有以色列和埃及。

1978 年 9 月 25 日,议会从休会期中被召集起来,贝京总理提请审批《戴维营协议》。经过 17 个小时的辩论后,84 名议员投票赞成,包括议长和未来的总理伊扎克·沙米尔在内的 19 人反对,17 人弃权。协议获以色列议会批准后,1978 年 10 月 12 日,以色列人、埃及人、美国人
187 齐聚华盛顿布莱尔大厦(Blair House),讨论和平条约的细节问题:描绘以埃新关系的准确言词,以色列从西奈撤离的时间表等。会议开幕时,人们曾以为它将很快结束,但在谈判步入困境后,这种乐观气氛消失了。埃及与其他阿拉伯国家原来签有共同防御协定,它们是否优先于同以色列的新条约?以色列何时开始第一次撤离行动?以色列撤离时,萨达特是否愿意互派大使?双方对这些问题有争议。与会人员还对别的问题有不同意见,如以色列坚持它有权在西岸和加沙继续修建定居点,如埃以协定和有关西岸、加沙的谈判应在多大程度上关联起来。虽然在戴维营,萨达特默认了贝京有关不那么紧密地联系二者的方案,但如今,埃及人的要求比萨达特强硬。在谈判进行期间,11 月 3 日,埃及代理外交部长布特罗斯—布特罗斯·加利宣布,在与以色列签订正式和约前,埃及坚持要巴勒斯坦自治的确切时间表。11 月中旬,布莱尔大厦会谈停了下来,不久完全破裂了。到 12 月,完成和约的 3 个月期限即将告满的时候,埃以和平进程陷入了僵局。只有美国的干预才能引领双方走出死胡同。从 12 月 11 日起,国务卿万斯度过了匆忙的一周,穿梭于耶路撒冷和开罗之间,但没能打破僵局。当万斯回到华盛顿时,“他的心情极为失落,充满了对贝京策略的愤恨。”①

① Zbigniew Brezezinski, *Power and Principle*, p. 278.

1979年3月1日，卡特总统在华盛顿接待了贝京，经过4天的会谈后，终于迫使总理答应了几项新提议。有了这一小小的成果，卡特开始了在耶路撒冷和开罗间穿梭外交，终于在3月13日找到了令贝京和萨达特都满意的新方案，使得两方人员得以最终拟出协定。贝京接着把它提交给了议会。辩论持续了27个小时，在对最后的协定表决时，95名议员举手赞成，18人反对，2人弃权，3人宣布拒绝参加表决。

1979年3月26日，以色列人和埃及人聚在华盛顿，正式签署和平条约。甚至到了这个时候，双方仍在讨价还价，尤其是以色列人。贝京总理很不寻常地要求与美国总统作一次私下会谈，也邀请了总统的国家安全事务助理。按照布热津斯基的说法： 188

> 贝京对总统说，他有一个个人请求，希望作为同贝京夫人的友谊的象征，卡特能免除美国给以色列的30亿美元援助的巨额债务。“给贝京夫人的象征”这个短语贝京重复了好几次。卡特在财政问题上有些小气，先是一脸惊愕，然后转向我放声大笑。

消除了这个及其他一些最后的障碍后，签字仪式在白宫北草坪举行，1 400名嘉宾参加。卡特注视着贝京和萨达特签署了他们历史性的和平条约并握手。那天晚上华盛顿有一个盛大的聚会。总统国家安全事务助理布热津斯基后来写道：

> 在白宫花园里的巨大帐篷中，我们庆祝和平条约的签署。这真是一个不寻常的夜晚，聚会中不仅有欢乐，还有和解。我和魏茨曼夫妇、(穆罕默德·)阿里斯(Alis)、基辛格坐在一张桌子边。魏茨曼的儿子也在。他在与埃及人的一次冲突中受了重伤，看起来留下了永久性的伤疤。他参加了聚会，和萨达特的孩子们混在一起。魏茨曼很是感动地告诉我，萨达特拥抱了他的孩子。当他的儿子和萨达特的儿子握手拥抱时，我能感受到魏茨曼夫妇被深深

地打动了。[①]

撤退与辞职

以色列立即着手归还埃及土地的准备。在那些反对归还所占领的土地的右翼分子中，这引起了越来越激烈的不满情绪。1979年10月，右翼分子联合起来，组建了泰西亚(意为“复兴”)党，其基本纲领是废除《戴维营协议》与和平条约。基于完全不同的原因，10月23日，身患癌
189 症的达扬外长提出辞职。他认为，对于在戴维营同意的给予巴勒斯坦人自治权利的承诺，总理敷衍塞责，破坏制定具体实施方案的准备工作。达扬很有理由相信，贝京将自治问题放在了次要的位置上：负责这些敏感谈判的内政部长约瑟夫·伯格是宗教人士，他很客气地说，对于他认为属于圣经以色列地的领土，他很不情愿达成会导致以色列放弃土地的协议。此外，政府继续出于“安全考虑”没收阿拉伯人的土地，建造新定居点。在达扬看来，这些做法的目的只可能是想让自治谈判流产。

虽然在兑现有关西岸和加沙的承诺方面，贝京没什么热情，但在以色列与埃及就西奈达成的协议上，贝京不打算食言。1979年11月15日，圣凯瑟琳修道院还给了埃及，11月25日，以色列军队从阿尔马(Alma)油田撤离。

与此同时，定居者运动觉察到耶路撒冷政府同情它的事业，于是毫不犹豫地加以利用。1979年底，在摩西·莱文杰拉比的率领下，一群定居者溜进了希伯伦的哈达萨诊所并拒绝离开；1929年的阿拉伯骚乱以前，这里是希伯伦犹太人生活的中心之一。政府不仅允许定居者留下，还给予这些人合法地位和保护。第二年是30年来在所占领土建定居点最多的一年，共建造了38个。

1980年5月26日，国防部长魏茨曼步达扬后尘从政府中辞职，正式的理由是不满总理削减国防预算。事实上，与达扬的辞职如出

① 上述两段引文引自 Zbigniew Brezezinski, *Power and Principle*, p. 287。

一辙,魏茨曼认为贝京故意拖延实行在戴维营答应的巴勒斯坦自治,还对给在所占领土上的定居者增拨资金一事也很失望。魏茨曼希望副总理和戴希党领袖一同辞职,使政府垮台,但没有如愿。继摩西·达扬之后,魏茨曼的辞职意义重大,它意味着政府将变得更激进、更右倾、更富侵略性。外交事务现在由达扬的接替者、鹰派分子沙米尔 190
负责,他不赞成戴维营协议,在议会表决时投了反对票。贝京不愿让阿里埃勒·沙龙当国防部长,自己兼着这个职务,由总参谋长拉斐尔·埃坦担当自己的主要军事顾问。埃坦讲求实际,是个富于侵略性的鹰派分子。

1980 年 7 月 30 日,贝京推动议会通过了耶路撒冷基本法,以加强以色列对这个城市的控制。应当指出,在许多年里,以色列领导人多次宣布耶路撒冷是以色列的永久首都,但止步于此,并未对耶路撒冷问题立法。然而,贝京本性上是个墨守成规的人,希望将以色列对耶路撒冷的控制以法律的形式固定下来。议会通过的"耶路撒冷法"规定,这个城市将永不分割,将作为所有国家机构的驻地——有些部门仍留在特拉维夫——保证一切宗教的信徒进入其圣地的权利,耶路撒冷在国家发展预算中居于优先地位,等等。

"塔穆兹 1 号"

由于伊拉克试图发展核能力,1981 年,以色列与巴格达的关系急剧紧张起来。

早在 1976 年,伊拉克便与法国签订了协议,由后者提供一个功率为 40 兆瓦的研究用核反应堆,法国人称之为奥西拉克(Osiraq),在伊拉克叫做"塔穆兹 1 号"(Tamuz 1)。以色列专家估计,伊拉克将在 9 年内有能力爆炸一个初级的"核装置",此后将能很快造出由飞机或地对地导弹运载的炸弹。1978 年夏,贝京与部长们讨论了这件事。农业部长沙龙等人认为,伊拉克和其他阿拉伯国家发展或得到核武器应视作战争的理由,以色列应采取包括军事在内的一切手段予以阻止。当时,贝京否定了用军事力量对付伊拉克核反应堆的提议,指示通过外交

途径解决，主要是向法国施加压力。伊拉克的核反应堆是法国提供的，
191 法国还是巴格达浓缩铀的主要供应者；浓缩铀是发展核能力所需的一种基本原料。沙米尔外长向法国代办吉安—皮埃尔·肖韦(Jean-Pierre Chauvet)提出了此事，要求在任何情况下都不能让伊拉克掌握军事级别的燃料。肖韦试图安抚沙米尔，说伊拉克总统萨达姆·侯赛因将核弹扔到以色列是发疯行为，那会祸及成千上万的阿拉伯人。这种安慰未能使以色列满意，它决定在外交施压的同时也采取其他措施，以阻止或至少延迟伊拉克发展核能力的步伐。

1979 年 4 月，一些破坏者闯进法国土伦(Toulon)附近的一个仓库，炸掉了装着为伊拉克第一个奥西拉克核反应堆准备的箱子，里面的组件本来预定在那个星期装船起运的。有消息说，破坏者是以色列特工。不过，这次行动只是推迟了巴格达的计划，到这年秋天，新的箱子运到了伊拉克。1979 年 6 月，第一批浓缩铀抵达伊拉克，以色列人估计，再有三批伊拉克就能从奥西拉克核反应堆分离出足够的燃料，用于生产武器级别的钚。一年后的 1980 年 6 月，在巴黎的旅馆中，领导伊拉克核研究计划的物理学家叶海亚·马舍德(Yahia el-Meshed)教授被谋杀，有消息说是以色列特工干的。伊拉克与伊朗的战争爆发时，伊朗攻击了伊拉克的反应堆，人们升起了一丝希望，觉得伊拉克的核反应堆该停止运转了。然而伊朗人没能造成很大破坏，反应堆很快恢复了工作。

由于国际社会未能阻止伊拉克人，1980 年 10 月 14 日，贝京召集一些部长开会，讨论以色列面临的越来越大的危险，讨论应以什么措施防止伊拉克研发核弹。部长们的意见分歧很大，最后的决定是采取军事手段与否要由政府全体成员拍板。约两周后的 10 月 28 日，贝京召集政府秘密会议讨论此事。下面是他对讨论的总结：

> 一只巨大的钟在我们头上嘀嗒作响。在幼发拉底河与底格里斯河岸边的某个地方，人们计划着要消灭我们，正在准备武器……
> 192 每过一天，这些人离目标就更近一些。我们要问问自己，像伊拉克

> 这样的国家生产核武器意味着什么？那意味着，以色列的每一个男人、女人、孩子都受到了威胁。在5年或3年时间里，伊拉克人将拥有两到三颗原子弹，每个都有丢在广岛的那一颗的威力。萨达姆•侯赛因是个残酷的独裁者……他会毫不犹豫地用大规模杀伤性武器对付我们……如果伊拉克有了原子武器，下面两件事中将会发生一件，或者我们被迫屈服于其要求，或者我们陷于被灭亡的危险中……推迟反应堆运转的唯一办法是军事打击。[①]

政府进行了投票表决，10名部长支持贝京轰炸伊拉克核反应堆的提议，6名依然反对。几个月后，有报告说伊拉克人继续着反应堆的建造工作。此时，贝京已了解到，一旦反应堆开始运转，军事打击就不能实施了，因为那将在巴格达上空形成致命的放射性云层。以色列政府决定，1981年5月10日将是空袭反应堆的日子。但在最后时刻，在以色列飞行员已进入战机座舱准备起飞时，贝京取消了行动，原因是他收到了一封"个人的、高度机密的"手写信，是反对党领袖写的。在信中，佩雷斯敦促贝京不要轰炸伊拉克反应堆。"以色列，"佩雷斯警告贝京说，"将像荒野中的一棵荆棘(如果打击伊拉克)。我建议你不要行动。"佩雷斯之所以希望取消行动，是不是担心一场成功的空袭将增加贝京的声望，帮助他赢取即将到来的大选？我们可能永远也无法知道答案。无论如何，不管是贝京决定需要重新考虑一下，还是觉得消息的泄漏——佩雷斯应该不知道这次行动——会对飞行员们构成威胁，他决定推迟攻击。不过，没有推迟很久。

1981年6月7日，星期天。下午4点，8架以色列F-16战机和一小队护航的战斗机出发了，目标是摧毁伊拉克的核反应堆。飞机加满了油，携有两枚2 000磅重的MK-84铁弹的特别炸弹挂架，从位于内

---

① Arie Naor, *Begin in Power, a Personal Testimony* (Tel Aviv, 1993), p. 221(希伯来文)。

盖夫的埃蔡恩(Etzion)空军基地起飞。战机组成了一个密集编队,在雷达上显示为一架大型商业飞机。它们把正在落山的太阳甩在后面,
193 向东越过亚喀巴湾,沿沙特阿拉伯北部靠近约旦边界的地方飞行,低空靠近伊拉克,以免被觉察到。第一批炸弹瞄准伊拉克反应堆的混凝土和铅保护圆顶,使用了延时引信,使炸弹能在落进圆顶后爆炸。第二批炸弹紧跟着落下,丢进圆顶里的洞中,从内部毁掉了反应堆。这是一次杰出的军事行动。

反对党领袖佩雷斯有一件事说对了:在一段时间里,以色列因对伊拉克的攻击而受到谴责,受到国际社会的孤立。起初,美国总统罗纳德·里根没有追究此事,后来,他在正式的声明中批评了以色列的攻击行为,还支持联合国安理会通过谴责性的决议。原定给予以色列的F-16战机也推迟交货了。此外,由于以色列对沙特领空的侵犯,利雅得迫切要求加强雷达防护,要求美国提供空中预警机(AWACS)。然而,凭借后见之明,我们可以确信,如果不是贝京决定毁掉核设施,10年后爆发的海湾战争将会导致远为可怕的后果。

第二届利库德政府

虽然在大选前的关键时刻,对伊拉克核反应堆的成功空袭增进了政府的声望,但利库德集团之所以能步入第二任期,主要原因还在于政府的经济政策。1981年1月,尤拉姆·埃里道成为贝京的新财政部长。他的两名谨慎的前任是西姆哈·埃尔利奇和伊加尔·霍罗维茨,由于未能扭转恶劣的经济状况而被迫辞职:1979年的通货膨胀率达到116%,1980年为133%。埃里道在大选前几个月上台,他无耻地滥用国家财政储备贿赂选民,大幅度降低税收,降低一大批消费品的进口税。与此同时,他将相当多的美元和共同市场货币储备注入国家的银行系统,人为地使以色列谢克尔升值。埃里道不顾有关经济自杀的警告,把自己主政的时期变成了购物狂欢节,变成以色列人大肆购买进口
194 商品的时期,如彩电、汽车、空调。仅在1981年2月,公众就买了50 000台彩电。突然之间,每一种人们渴望的东西都便宜了30%甚

至40%。

选战进行得很激烈。贝京的利库德集团强调其在外交政策上的成果,并保证延续它的经济政策,加快在有争议的占领区建造定居点的步伐。佩雷斯领导的工党号召采取新的外交政策,缓解以色列在国际上的孤立状态——这种状态是由一些行动造成的,如1980年通过耶路撒冷法,1981年对伊拉克的轰炸。最主要的是,佩雷斯的工党要求采取更负责的财政政策。

随着大选的临近,戴希党即争取变革民主运动率先阵亡。第一届利库德政府成立不久,它便加入了贝京内阁。人们期待它能引发变革,阻止定居点的建设,然而,贝京不重视这个党,它的内部分化也很严重。戴希党的政府部长们一个个相继偏离了早期的理想主义,到1981年4月2日,经投票这个党解散了。戴希党曾想成为温和的以色列第三党,关注国内与社会事务,如今,这一勇敢的政治试验结束了。

1981年6月30日,以色列人走向投票站。利库德集团又一次获胜,工党则不得不再次品尝失望的苦果。由于没了戴希党的挑战,工党赢得了47个席位,比上一次增加了15席,恰好是戴希党在1977年的所得。虽然如此,它还是落后于利库德集团的48席——比上一次多了3席。1981年的选举结果无可置疑地宣告,以色列政治进入了新的时代;1977年的选举并不是一次意外,它标志着工党垄断以色列政治的时代的终结。1981年大选还清楚地表明,右翼的政治基础是族群性的:在375 000名利库德集团新增选民中,60%以上来自东方社会。

宗教党派国家宗教党遭受了一次沉重的打击,仅获6席,比上届少了一半。它所失去的选民转向了利库德集团,转向了赢得3个议会席位的新党泰西亚党,转向了以色列传统党,即塔米党。后者获得了3席,其领袖是前国家宗教党部长阿哈龙·阿布哈彻拉(Aharon Abuhatzeira)。达扬试图建立一个温和的泰莱姆党(Telem),但仅得到了他自己的一席。独立自由党遭到惨败,没有赢得议会席位。 195

作为最大党派领袖,贝京受总统伊扎克·纳冯所托,组织新政府。与以前一样,他不得不和宗教党派进行艰苦的谈判,后者为加入联合政府提出了很高的要价。以色列正教党在其他要求之外,还坚持让议会通过一项新的法律,保证诸如经济困难等“社会因素考虑”(sociological considerations),不应成为准允穷人在公立医院堕胎的理由。选举后不久,这项法律就通过了。

1981年8月6日,贝京向议会提交政府名单,以61对58票获得批准。与上一届相比,贝京的新政府要激进得多。温和人士达扬、魏茨曼、亚丁走了,他们的重要职位给了鹰派角色伊扎克·沙米尔等人。贝京不顾同事和朋友的强烈反对,任命前将军阿里埃勒·沙龙为国防部长。归还埃及土地的时间定于1982年,贝京相信沙龙是处理这一事务和迁走西奈犹太定居点的合适人选。无论如何,沙龙是定居者中的斗士,贝京认为由他负责搬迁不会引出太大的问题,招致太大的公众抗议。在这个问题上,贝京是对的。到了将剩余的西奈土地还给埃及的时候,沙龙派出推土机铲平了亚米特镇,动用了部队,强行迁走了那些到最后时刻还坚持不归还土地的定居者。的确,以色列之所以能成功地将西奈的剩余部分归还埃及,沙龙功不可没。

黎巴嫩战争

雄心勃勃的沙龙不满足于仅仅搬迁西奈的定居者,他所关心的、追求的东西在别的地方:在黎巴嫩。自1981年7月24日以来,以色列与巴解组织实现了停火,双方一直认真地遵守着协议。但这并不能让沙龙满意,他觉察到黎巴嫩有两个基本的问题,认为它们不是停火所能解决的。第一个是巴解组织在黎巴嫩的存在,以及它的武装部队的建
196 设。沙龙相信削弱黎巴嫩的巴解组织很重要,不仅因为这能降低以色列所面临的一个越来越大的军事威胁,而且,沙龙和利库德集团的其他一些人相信,削弱了黎巴嫩的亚西尔·阿拉法特的力量,也就不可避免地削弱了巴解组织在西岸和加沙的影响,从而便利了以色列对这些土地的控制,并可能促动一个温和的巴勒斯坦领导层出现。第二个问题是叙利亚军队在黎巴嫩东部的存在,叙利亚防空导弹系统在黎巴嫩贝卡(Beka'a)谷地的存在,妨碍了以色列空军自由进出黎巴嫩领空。在

沙龙看来,叙利亚在黎巴嫩的存在和其影响的不断增长对以色列很不利,撇开别的不谈,由于叙利亚在黎巴嫩的军事部署,一旦以色列和叙利亚发生战争,国防军将很难把黎巴嫩用作一条走廊、一道后门,从西面发起对叙利亚的进攻。有了这些考虑,毫不奇怪,从坐上国防部长位置的那天起,沙龙便把大量时间和精力用于规划一场在黎巴嫩的大战,以消灭阿拉法特的巴解组织,打击叙利亚人。战役准备的一个方面是与贝希尔·杰马耶勒建立密切的联系。后者是黎巴嫩的政治新星,控制着马龙派(Maronite)基督教徒及其长枪党(Phalange)武装。

值得指出的是,沙龙并不是第一个与黎巴嫩马龙派合作和支持它的以色列领导人。工党政府时期,以色列对马龙派的援助就已经开始了,20 世纪 70 年代中期达到了顶峰。多年来,关于对黎巴嫩马龙派的政策,以色列有两个相互对立的阵营。一个主要是军事情报局,认为不能信任基督教马龙派,不应该支持它。另一个以以色列的秘密机构摩萨德为代表,认为与马龙派合作是有好处的,它能为以色列提供一扇窥视阿拉伯世界的窗户。利库德集团上台后,贝京总理倾向于后一阵营,不过与摩萨德的动机很不相同。他把黎巴嫩的马龙派看作受迫害的少数族群,就像犹太人一样,相信保护它、反对那些想将其赶出穆斯林世界的人是以色列的道德义务。由此在贝京年代,摩萨德视马龙派为工具的观点和总理的道德路线结合起来,以色列与马龙派基督徒的合作 197
不断深入,在沙龙任国防部长期间达到前所未有的地步。

如前所述,沙龙希望打击黎巴嫩的巴解组织和叙利亚人。不过,精明的沙龙知道,政府的同事们不会批准进攻黎巴嫩的叙利亚人,以免局势失控,演变成与叙利亚在戈兰高地上的全面战争。因此,在描述计划于黎巴嫩采取的军事行动时,沙龙降低了与黎巴嫩的叙利亚人发生武装对抗的危险,坚持说未来的军事行动目标只在于打击黎巴嫩的巴解组织,将避免与叙利亚人发生任何冲突。

沙龙还把他的黎巴嫩计划通报了美国政府。尽管对轰炸伊拉克核反应堆一事持批评态度,在罗纳德·里根时期,美国与以色列关系的密切程度还是超过了之前的任何一届政府。沙龙亲自去了华盛顿,于

1982年5月会见了国务卿亚历山大·黑格。他们在国务院进行了面谈，期间，黑格可能是漫不经心地给沙龙的黎巴嫩计划开了绿灯。他似乎同意以色列在面对一次“国际认可的挑衅”时采取行动，虽然他的赞同附有条件。用他的话来说，以色列对挑衅的反应必须“与挑衅的程度相当”。从以色列最可靠的盟友那里，沙龙明确获得了许可，由于发生在伦敦的一起事件，他所需要的“国际挑衅”也没有让他等很久。

1982年6月3日，以色列驻英国大使受到巴勒斯坦人枪击，伤势严重。贝京召集了内阁紧急会议；作为报复，会议同意派战机轰炸贝鲁特及其周边的巴解组织目标。贝京内阁此时已经知道了一桩事实，即刺杀以色列大使的实施者属于阿布·尼达尔领导的一个分离组织，它是巴解组织及其领袖阿拉法特不共戴天的仇敌。以色列政府决定撇开这一事实，执行其报复计划。

在以色列空袭之后，巴解组织以炮击以色列在加利利的定居点作回应。这与在伦敦谋杀大使一事结合起来，以色列似乎有了华盛顿要
198 求进行在黎巴嫩的军事行动所需的“国际认可的挑衅”。1982年6月5日，贝京召集内阁批准了第676号决议，国防军得到了入侵黎巴嫩的许可。决议说道：

> (a) 国防军被授予使所有加利利的定居点脱离恐怖分子炮火射程的任务，这些恐怖分子的总部和基地集中在黎巴嫩。(b) 行动代号是“为了加利利的和平”。(c) 行动期间不得攻击叙利亚军队，除非它攻击我们的军队。(d) 以色列国继续致力于同独立的黎巴嫩签订一项和平条约，保持它的领土完整。[1]

根据批准“为了加利利的和平行动”的部长们的证词和回忆录，他们理

① Menachem Begin, Speech in the Knesset, *Divrai Ha'Knesset*, 12 August 1982; Ariel Sharon, Speech in the Knesset, *Divrai Ha'Knesset*, 29 June 1982.

解的是一次持续 24 至 48 小时的有限行动，军队将不超过边界以北约 28 英里的范围。用国防部长沙龙对同僚们的话说，黎巴嫩首都贝鲁特“不在画面之内”。很快，事态向着全然不同的方向演变。

内阁开了绿灯后，国防军越过边境侵入了黎巴嫩。沿着黎巴嫩的海岸公路，以色列坦克与部队会同从海上登陆的人员滚滚向北进发，在沙龙保证“不在画面之内”的贝鲁特郊外，与贝希尔·杰马耶勒的马龙派基督教长枪党武装汇合。在黎巴嫩东部，另一支大部队在阿维多尔·本一加尔将军的总指挥下，在叙利亚人的鼻子底下向贝鲁特—大马士革公路方向前进。本一加尔是位赎罪日战争的老兵和英雄。以军的行动可能切断贝鲁特与黎巴嫩东部的叙利亚人的联系，后者被迫还击，不知不觉地给了沙龙一个极好的借口，一个他等着“还击”和进攻位于黎巴嫩的叙利亚导弹系统的机会。的确，当受阻于一个叫察哈拉特(Zahalate)的地方的以色列军队需要空中支援时，沙龙警告议会和部长们说，除非先摧毁贝卡谷地的叙利亚导弹系统，否则以色列空军不可能为地面部队提供支援，而这意味着人员的损失。这把部长们置于一 199
种尴尬的两难境地：一方面希望降低以色列人的伤亡，另一方面又急于避免同叙利亚人的冲突，因为那有可能升级为在戈兰高地全面开战。内阁就空袭叙利亚导弹系统的利弊进行了长时间的讨论，当睿智且经验丰富的年迈内政部长约瑟夫·伯格同意后，沙龙知道自己赢得了内阁的支持。他递给出席会议的空军副司令阿莫斯·阿米尔一张条子。“阿莫斯，”上面写道，“我懂骑马，知道在跨越障碍时，最高的障碍是最困难的。伯格部长就是最高的障碍，我们已经克服了他……阿里克(Arik)。”[①]接着，内阁批准了空军的行动，由 96 架 F－15 和 F－16 战机于 6 月 9 日实施。空袭效果巨大，在两个半小时内，以色列飞机摧毁了黎巴嫩东部叙利亚 19 个导弹连中的 17 个，受到重创的另外两个也在第二天被消灭。在攻击的过程中，叙利亚空军赶来参战，被击落 96 架米格战机，而对手无一损失。这是以色列空军最惊人的战绩之一，只

① 作者对阿莫斯·阿米尔的访谈，特拉维夫，1997 年 2 月 27 日。

有1967年6月5日上午的胜利可与之相比,那一次,它几乎将整个埃及空军击毁在地面。大规模空袭结束后,以色列地面部队向叙利亚第一和第三装甲师开战,在整个战线上进攻它们,尤其是在卡罗恩(Karoun)湖的东西两面(参见地图5)。

与叙利亚人的短暂冲突是决定性的,到6月11日就实现了停火。在贝鲁特的问题比较复杂。由于不想进入首都,以色列军队不得不长期围城,逼迫阿拉法特的巴解组织离开黎巴嫩。按照沙龙的命令,贝鲁特受到了炮击,以色列军队向前移动,拉紧了套在巴勒斯坦区和巴勒斯坦武装身上的绳索。随着一排排的炮弹落进贝鲁特,随着将城市炸成废墟的空袭的进行,黎巴嫩政府感到它必须驱赶阿拉法特,以结束以色列人的破坏行动。于是,它要求阿拉法特离开,后者同意了。在华盛顿的积极干预和斡旋下,1982年8月和9月的几个星期里,15 000名巴解组织成员和其他巴勒斯坦游击队员撤出贝鲁特,分散进入其他阿拉
200 伯国家。叙利亚军队也撤出了贝鲁特。

萨布拉、夏蒂纳与"现在就和平"运动

驱赶巴解组织和叙利亚人只是沙龙全盘战略的一部分。阿拉法特离开以后,沙龙还希望看到马龙派领袖贝希尔·杰马耶勒当选黎巴嫩总统,这样他就能与以色列签订一份和平条约。8月,以色列人派出直升机将黎巴嫩议员接到贝鲁特,以刺刀和现金为后盾,使杰马耶勒成为总统。然而,他还未上任就在9月被暗杀了。这对沙龙是一次沉重的打击;战前和整个战争期间,沙龙在杰马耶勒身上下了很大的本钱。更糟的是在他被暗杀后,以色列的盟友马龙派武装人员在埃利·胡贝克率领下,经以色列人同意,进入位于萨布拉和夏蒂纳的巴勒斯坦难民营,残忍地杀害了数百无辜的巴勒斯坦人和黎巴嫩什叶派穆斯林,以报复其领袖杰马耶勒被暗杀一事。

甚至在萨布拉和夏蒂纳的巴勒斯坦人遭到屠杀之前,由于在一个突然变成了"战争"的"行动"中人员伤亡越来越大,以色列人已经对进入黎巴嫩之事表现得不耐烦了。当战事变得艰难起来后,沙龙在政府

中的同事们试图与自己曾批准的战争保持距离，这让以色列人更加厌恶。如今，“现在就和平”运动开始动员以色列公众；在萨达特访问以色列之后，戴维营会议召开之前，这一运动扮演着一个重要的角色，组织了多次示威活动。在它的领导下，1982 年 9 月 25 日，以色列历史上最大规模的示威在特拉维夫出现，40 万以色列人聚在一起，抗议黎巴嫩战争，要求政府组织一个司法委员会，调查以色列在萨布拉和夏蒂纳屠杀事件中的责任。迫于巨大的公众压力，加上总统伊扎克·纳冯以辞职相威胁，贝京不得不同意进行调查。

与此同时，贝希尔遭暗杀后，他的哥哥阿敏·杰马耶勒成为黎巴嫩新总统。以色列政府希望与他缔结协议。1982 年 12 月初，沙龙宣布，他已与黎巴嫩达成和平框架协议。在美国的参与下，12 月 28 日，黎以两国就细节问题开始在卡尔德(Khalde)谈判。然而，会谈尚未结束，卡 201
汉(Kahan)委员会公布了对萨布拉和夏蒂纳事件的调查报告，以色列受到了强烈震撼。

报告发表于 1983 年 2 月 7 日，认定在马龙派对萨布拉和夏蒂纳的巴勒斯坦难民营实施屠杀一事上，以色列军队负有间接责任。报告认为，在贝希尔·杰马耶勒遭暗杀后的时刻，沙龙忽视了马龙派对难民营的人们进行报复行动的危险，建议不再让他担任国防部长。报告还认为，总参谋长的任期不宜延长，军事情报局局长应离职。对于贝京总理，报告的结论是他对当时的事态发展不够警惕，批评他不公正的“冷漠”态度，批评他“在内阁会议上和会议后，对于长枪党武装在难民营的行动没有表现出任何关注的兴趣”。

在政府中，在整个社会中，报告都引发了紧张的气氛。沙龙在政府中没有朋友，也不配有朋友，此时受到了前所未有的孤立。“现在就和平”运动在耶路撒冷组织了一次示威活动，要求贝京实施卡汉报告。在示威进行期间，一颗手榴弹投进了人群，示威者埃米尔·格伦茨威格被炸死。如今政府承受着更大的压力，决定全面采纳报告中的建议。黎巴嫩战争的设计师沙龙被踢出国防部，他的职位由前以色列驻美国大使摩西·阿伦斯担任。

对黎巴嫩的入侵是一个转折点,标志着以色列人对战争的态度进入了新的时期。如果说从 1948 年到 1967 年,以色列人无条件地愿意服役和牺牲,1967 年以后,仍愿意在战争中拿起武器追随指挥官,那么到了 1982 年,以色列历史上第一次出现了这种情况:战争还在进行的时候,军队就已经不再团结了。以色列人不仅批评战争,还采取了拒绝去黎巴嫩作战的立场。以色列在黎巴嫩损失的不仅是人员,还有军队在从前投入战斗时的那种热情和理想主义。

在美国国务卿乔治·舒尔茨的穿梭外交后,1983 年 5 月 17 日,以色列与黎巴嫩签署了协议,正式结束了两国的战争状态。协议同意在黎巴嫩南部给以色列一个安全缓冲区,呼吁以色列和叙利亚军队撤出
202 黎巴嫩。不过,这份协议忽略了叙利亚的利益,没有什么价值。毫不奇怪,大马士革宣布,它不受协议的约束。这样,协议签订几乎不到一天就失效了。后来,黎巴嫩政府也废除了它。无论有没有协议,以色列国防军都打算在黎巴嫩阿瓦利河(Awali)以南重新部署,以免陷入它所控制区域中越来越紧张的内部冲突。

贝京辞职

1983 年 8 月 28 日,以色列军队开始重新部署。同一天,贝京在内阁会议中说,“我干不下去了。”9 月 15 日,他正式向以色列总统递交辞呈。贝京从未解释过自己的动机,人们猜测,他辞职的主要原因是糟糕的健康状况——他一直忍受着严重的抑郁症的折磨——衰退的身体机能和他亲密的妻子的去世。作家伊扎尔·斯米兰斯基的说法可能更接近真相。1983 年 8 月 31 日,他在《达瓦尔》(*Davar*)日报上发表了一首诗,题目是“贝京为什么辞职?”

因为一夜又一夜
疲累的他上床睡觉时
他发现床上满满地
挤着鬼魂们

500 个鬼魂或者更多
沉默地站在他面前
什么也不说
挤满了他的卧室
令他无法入睡
沉默地站在他面前:
你!

经历了 2 276 个动荡不定的掌舵日子后,贝京留下的是一份不完满的遗产。他最大的成就可能是与埃及总统萨达特谈判并签订了和平条约,为此他于 1978 年 12 月 10 日获得了诺贝尔和平奖。但是,这一成果蒙上了黎巴嫩战争的阴影。的确,人们常常将这一场流血灾难归咎
于战争的设计师沙龙,然而贝京是总理,需要为以色列历史上这阴郁的 203
一页承担最终的政治责任。无论如何,没有贝京的全力支持,沙龙无法实施自己的计划。贝京岁月的另一遗产是在西岸的大规模定居活动,这是一项争议很多的政策,其功过今天还难以评估。在国内方面,贝京未能实现他对 1977 年到 1981 年任期的绝大部分承诺,在经济问题上
很失败,通货膨胀严重,贫富差距加大。 204

第七章　和平之路(1983—1991)

伊扎克·沙米尔上场

贝京没有想过未来的领导人问题,从未推荐谁接替他。当他突然离开舞台后,以色列没有现成的继承者接过他的职责。虽然如此,争夺空缺的总理职位的两位候选人还是很快出现了:副总理大卫·利维和外交部长伊扎克·沙米尔。

利维1937年出生于摩洛哥,父亲是个木匠,给他生了有11个兄弟姊妹。1956年,他移民以色列,住在约旦河谷的破败城镇贝特谢安,在那里做一名建筑工人。逐渐地,他被吸纳到政治活动中,先是在当地,然后在全国范围。利维具有敏锐的政治直觉,雄辩且精力充沛。在利库德集团权力层中,他的地位迅速上升,这不仅因为他本人富有才干,也因为利库德集团希望吸引塞法迪人的选票,急于用像大卫·利维这样真正的塞法迪政治家填充它的领导层。在赢得1977年大选后,梅纳赫姆·贝京让利维做移民吸收部部长。到利库德集团取得1981年的胜利时,利维在党内名单上的地位已是副总理。不过,大卫·利维有很多诋毁者,这些人因他的虚荣而藐视他,认为他不够坚强,编出了大量有关他的无聊笑话。

另一位候选人沙米尔1915年出生于波兰小镇鲁耶瑙(Rujenoy),

那时他叫伊扎克·雅泽尼茨基。在鲁耶瑙的 5 000 居民中,3 500 人是犹太人。20 岁那年,沙米尔移居英国委任统治下的巴勒斯坦。这是幸运的抉择;包括他的父母和姐姐在内,沙米尔家的绝大多数成员留在了欧洲,后来都死于死亡营。在巴勒斯坦,年轻的伊扎克做过建筑工人,做过书记员,但从未远离伊休夫的政治。1939 年,他宣誓忠于伊尔贡, 205
正式加入这个组织。一年后,伊尔贡分裂,沙米尔加入了阿拉海姆·斯特恩(“Yair,亚尔”)领导的莱希。1942 年,英国人枪杀了斯特恩,沙米尔成为莱希中央委员会的三人领导小组成员,是英国统治巴勒斯坦时最想抓获的犹太人之一。1946 年 8 月中旬,英国人逮捕了他,把他塞进一架飞往非洲的英国哈利法克斯(Halifax)轰炸机座舱。不久,他和其他一些犹太犯人一起逃脱了。在以色列于 1948 年宣布建国 6 天后,沙米尔借道巴黎抵达了这个犹太国。他继续活跃于莱希中,直到 1948 年 9 月。那时候,由于联合国调解人福尔克·伯纳多特伯爵遭到暗杀,本—古里安总理解散了莱希。沙米尔后来进入以色列的秘密机构摩萨德,作为高级特工在欧洲活动了 10 年。离开摩萨德后,他于 1970 年加入贝京的赫鲁特党,1973 年当选为赫鲁特的议员。1977 年,利库德集团在大选中获胜,贝京把议会议长一职奖给沙米尔。1980 年,摩西·达扬辞去外交部长的职务,沙米尔接替了他。一贯强硬的沙米尔坚信,犹太人有权定居在圣经以色列地的任何部分。他坚决反对归还阿拉伯人土地,对《戴维营协议》投了不赞成票。1982 年,萨布拉和夏蒂纳难民营发生了对巴勒斯坦人的屠杀事件,负责调查以色列责任的卡汉委员会指责沙米尔对此事态度冷漠。

1983 年 9 月 1 日,赫鲁特中央委员会召开会议,决定由谁做利库德集团领袖和贝京的继承人。在表决中,沙米尔以 436 对 302 票击败利维。

利库德集团的新领袖个子矮小,身材粗壮,肩膀很宽,长着一双冷酷的灰眼睛。性格多疑的伊扎克·沙米尔言语稀少,几乎不相信任何人,尤其是阿拉伯人。“阿拉伯人还是同样的阿拉伯人,”他曾经评论道,“大海还是同样的大海。”意思是阿拉伯人的最终目标是将犹太人赶进大海。沙米尔和前任有很多共同之处：他们的年龄一样，都出生于波兰，都是泽夫·亚伯廷斯基的门徒，所成长的环境都让他们为犹太传统自豪，都受到纳粹大屠杀的深刻影响。不过，他们在个性与风格上的
206 区别也很显著。贝京像演员一样非常注重形式、优雅的举止、仪式，常常从人群的欢呼中获取力量甚至灵感。在这些方面，沙米尔几乎与他完全相反。

经济混乱

上任之后，沙米尔开始组织联合政府，于 1983 年 10 月 10 日将名单提交议会。此时，他的政府已深陷上任后的第一场严重危机——经济危机。这在 9 月底就很明显了，当时有报道说，政府无力获得更多的国际贷款，很快会对外汇交易施加严厉的限制，谢克尔即将大幅贬值。为避免在这些预期政府将采取的措施中受损，公众于 10 月初大量卖出热门的银行股，买进明显更加稳定的美元。在过去的许多年里，后者的价值由银行本身人为地、不合理地予以保证，以不受通货膨胀影响地筹集投资资金。为应付愈演愈烈的抛售潮，并急于在股票交易所维持其虚夸的股票价格，商业银行开始从它们的海外分行买入美元。然而，公众对美元的欲求无边无际，银行很快耗尽了它们的硬通货储备，惊慌地向政府求助。10 月 9 日，特拉维夫股票交易所对银行股实行停牌。在这一紧急措施之后，内阁开了一夜的会——事实上，这是沙米尔新政府的第一次会议。第二天上午，财政部宣布谢克尔贬值 23%，受补助的商品提价 50%。危机并未就此结束。10 月 13 日，根据一家日报的说法，财政部准备将谢克尔与美元挂钩，以实现稳定，使以色列经济美元化。此后，公众加剧了已很疯狂的追逐美元的行为。美元化计划是财政部长尤拉姆·埃里道的主意，他本人是混乱的经济局势的主因。从一开始，人们就激烈地反对这个计划，它意味着以色列将不再能通过印
207 刷钞票来支付债务，而不得不大幅度削减预算，导致以色列生活水平下降，失业增加。公众一片恐慌，沙米尔总理承受了越来越大的压力，要求他立刻彻底放弃美元化计划。他召集了内阁紧急会议，而就在会议

召开前几分钟,财政部长尤拉姆·埃里道宣布辞职。接着,沙米尔任命伊加尔·科恩—奥加德为财政部长,后者是埃里道经济政策的批评者,尤其反对美元化。沙米尔走向公众进行安抚,宣布放弃美元化方案。几天后的10月20日,美元抢购不那么疯狂了,股票交易所重新试营业。当银行股恢复交易后,它们又迅速地失去了35%的票面价值。此时,财政部接管了股票,不得不向股票交易所注入1.5亿美元,以阻止更大的下滑。为恢复稳定,沙米尔政府还禁止去国外旅行的以色列人购买超过3 000美元的物品,并增加了涉及面颇广的多种新税。这场经济危机急剧降低了以色列的外汇储备,使其跌到低于30亿美元的危险程度。通货膨胀也很严重,1983年底时为207%。利库德集团和政府的支持率骤然下滑。

再次联合

民族联合政府

正常情况下,以色列人每4年去一次投票站,下一次选举原定于1985年11月举行。然而现在,大选需要提前16个月,因为以色列传统党即塔米党数次不赞同政府的社会与经济政策,决定离开。它在议会拥有3个席位,是一个致力于族群联合的派别。工党也加入了要求解散议会的力量,新的大选时间定在1984年7月23日。

选战中采用了效果显著的各种公共关系技巧,反对党领袖佩雷斯和沙米尔总理还进行了美国式的电视辩论。总的来说,辩论的过程相当平静,没有以前选举中的那种激烈对抗。佩雷斯和他的团队集中攻击利库德集团的管理失误和经济上的失败,沙米尔及其团队则专注于以前选战中的主题,把工党描述为一个偏向阿什肯纳兹人的党,一个腐败的党,一个想把犹太人的土地交到阿拉伯人手中的党。 208

选举的结果是佩雷斯的联盟获胜,赢得议会120个议席中的44个,比1981年大选少了3席。沙米尔的利库德集团赢得41席,比上届少7席。26个政党参加了选举,其中一半是全新的。新出现的沙斯党代表塞法迪犹太人，和塔米党一样，是将宗教和族类因素结合起来的几个政党之一。沙斯党赢得4席，这是它在以色列政治中崭露头角和迅速获取权力的开始。不过，这次选举的异常之处是卡赫党[1]的当选。它的领导者是梅厄·卡哈纳，一个美国犹太人，布鲁克林耶希瓦的拉比。20世纪60年代，他在美国组织了犹太反诽谤联盟（Jewish Defence League），12年后的1972年，他将活动的基地迁到了以色列，建立了好斗的卡赫党。这个党不仅有反对阿拉伯人的意愿和言词，还主张将以色列和西岸的阿拉伯人强行迁出。在1981年大选中，卡哈纳未能在议会中取得席位，但在这一次，他赢得了约25 000张选票，取得了一个席位。这使得议会在一两年后通过了一项法令，禁止反民主的或种族主义的政党进入议会。卡哈纳本人后来在一次对美国的访问中遭到暗杀。

作为议会最大党领袖，佩雷斯受哈伊姆·赫尔佐格总统所托组织政府。然而，他没能成功。沙米尔接着进行了尝试，也没有成功。这种情形很怪异：由于1984年大选两党所得非常接近，工党集团和利库德集团事实上在议会中形成了60比60的平局。对于以色列政治中的两个主要势力利库德和工党来说，唯一的出路是组成一个大型联合政府。

在耶路撒冷大卫王饭店的一个豪华套间中，利库德集团领导人沙米尔和工党领袖佩雷斯举行了一系列会谈，试图组成一个广泛的联合政府。关于这些会谈，佩雷斯写道："我们不间断地谈判……我没有意
209 识到那有多困难。伊扎克·沙米尔有着无尽的耐心，还有同样多的固执。他能在那里坐上几个小时，几乎不说话，什么也不做……我长篇大论地讲，而沙米尔的突出贡献是长时间的沉默……"[2]经过39天的谈判，协议最终达成了，两位领袖组建了联合政府，其基础是权力分享，总理一职两人轮流担任。西蒙·佩雷斯成为总理，离职的沙米尔做副总

---

[1] Kach，希伯来语"这样（相当于英语中的thus）"的英语拼法，取自20世纪30—40年代的犹太非主流军事组织伊尔贡的一个口号"这样"或"只有这样"。梅厄·卡哈纳于1932年出生于纽约的布鲁克林，少年时代曾加入伊尔贡的前身之一贝塔尔（Betar）。——译者注

[2] Shimon Peres, *Battling for Peace*, p. 232.

理和外交部长。根据民族联合政府组建协议,25 个月后沙米尔接替佩雷斯做总理。国防部长由工党的拉宾担任,他将在整个联合政府运作期间担任此职,无论佩雷斯还是沙米尔做总理。这是一个拥有 25 位部长的大政府,12 个属于工党集团,12 个属于利库德集团,另一个属于国家宗教党。6 位部长没有任所。政府在议会中有 97 名议员支持。为使这一特大政府顺利运转,两党同意再组织一个小内阁,各出 5 名成员。这事实上意味着,对于任何政策提议,每个党都有否决权。佩雷斯和沙米尔同意,新政府的任务是使以色列军队撤出黎巴嫩,扭转问题重重的经济形势,尝试与约旦达成和平协议,巩固与埃及的和平条约。在所占领土上建造定居点一向是利库德集团的头等大事,但不是工党的。两党就这个问题达成了妥协,同意在联合政府的第一年中,建造的新定居点不得超过 5 个到 6 个。

新科总理佩雷斯干劲十足,充满了希望,决心将总理任期变成他生命中最重要的一段时期。他立刻指示国防部长拉宾制订并呈交小内阁一份详细计划,准备分阶段撤出黎巴嫩。自 1982 年的黎巴嫩战争以来,以色列军队就被拖在了那里。在两位利库德部长大卫·利维和吉迪恩·帕特的合作下,小内阁中的利库德人无法否决这项提案,拉宾计划得以于 1985 年 1 月 14 日获得内阁批准,打算从黎巴嫩绝大部分地区撤退。从 2 月到 6 月,拉宾计划开始实施。在第一阶段,以色列加强了它的代理人、所谓的南黎巴嫩军(South Lebanese Army,SLA)的力量。这支军队由安托万·拉哈德将军领导,是一支黎巴嫩基督教武装。到第二个阶段,以色列军队先撤到扎哈拉尼(Zaharani)河以南的临时 210
区域,再撤往一个狭窄的安全区。安全区位于以色列与黎巴嫩边界地带,有 3—4 英里宽。等这个阶段成功实施以后,绝大部分军队就可以回到国内的基地了,只留下一支小部队,由它负责巡逻以色列自行宣布的安全区。

在佩雷斯总理的日程表上,仅次于黎巴嫩泥潭的第二项任务是经济问题。他决心稳定经济形势,恢复经济活力。这个任务并不容易完成。在利库德集团统治的 7 年里,以色列的外债几乎翻了一番,年度贸易赤字高达55亿美元，年度通货膨胀率超过400%。不过，虽然利库德集团的经济管理很糟糕，尤其是在尤拉姆·埃里道担任财政部长期间，但经济的灾难性状态并非没有外因。许多因素对以色列经济产生了负面影响，如高涨的石油价格，农业随世界经济的衰退而出现的萧条——加上在欧洲共同体市场的竞争变得激烈起来，以色列的几种利润最丰厚的冬季水果和蔬菜销路不畅。飙升的国防开支和在被占领土建造定居点的费用增加了经济的困难局势，后者每年要花费15亿美元的公共资金和10亿美元私人投资。此外，以色列经济是服务导向性的，生产部门的重要性不如商业、金融和公共部门。与此同时，整个国家还罔顾危机的局势，看起来已习惯于丰足的生活，就像生活在一个虚假的伊甸园中一样。

佩雷斯和财政部长伊扎克·莫代密切合作，制定了一个紧急经济计划，于1985年7月开始实施。谢克尔贬值25%，工资——在希斯他助的全力配合下——价格、汇率全部冻结。这项计划遭到了强烈的反对，尤其是利库德部长大卫·利维。他是塞法迪人的真正代表，而塞法迪人是以色列社会中最贫困的那一部分。不过，利维没能建立足以提出否决的部长阵线，政府以压倒性的多数投票接受和批准了经济计划。这些严厉的措施证明十分有效，在一年时间里，通货膨胀这一主要问题下降到可以控制的20%。

佩雷斯是一位富有效率的、成功的总理。他的支持率达到了80%
211 之高，公众普遍赞赏他在分配给自己的相对短的时间里所取得的成就。由于佩雷斯的巨大成功，他的一些朋友建议不要同沙米尔轮换总理职务，结束民族联合政府，举行并赢得选举，领导以色列走向更美好的未来。然而佩雷斯意识到，他的名声不算很稳定，总是有许多以色列人怀疑他的可靠性，而破坏与沙米尔的协议会对他的声望造成灾难性的一击。佩雷斯决定与沙米尔轮换。

伦敦协议

1986年10月21日，佩雷斯和沙米尔交换了职务，成为外交部长，沙米尔就任总理。在把以色列拖出黎巴嫩泥潭和稳定经济以后，作为外长的佩雷斯依然干劲十足，开始着手民族联合政府日程中的下一个目标，实现与约旦和其他阿拉伯国家的和平。另一方面，如果说沙米尔有和平政策的话，那就是拖延时间，保持他的"清白"记录。佩雷斯与约旦国王侯赛因有一位共同的朋友米什肯勋爵，即伦敦调解人维克多·米什肯，佩雷斯请他安排一次与国王的会谈。1987 年 4 月 11 日，星期六，在米什肯位于伦敦中部的家里，佩雷斯率助手、外交部政治主任约西·贝林和摩萨德的伊弗雷姆·哈勒维(Efraim Halevi)会见了国王。哈勒维代表总理，任务是监督常常变得太过热情的佩雷斯。他们进行了超过 7 个小时的讨论，最终达成一份手写的协议，也就是后来所说的"伦敦协议"。这是一个相当机智的文件，包含着富有想象力的方案，走钢丝般地绕开了可能出现的雷区。文件提供了阿拉伯人和以色列人想要的东西，为两方走到一起探讨真正的问题和双方具有分歧的事务铺平了道路。如佩雷斯后来解释的那样：

> 我们同意召开一次国际会议，启动(和平)进程，但不要它把方案强加给各方。事实上，我们同意会议只召开一次，以后的会谈应在各方事先赞同的情况下进行。我们还同意，应组织一个约旦与巴勒斯坦人的联合代表团，不包括巴解组织成员。最后，我们同意
> 在会议开幕以后，实际的谈判应是双边的、面对面的，由以色列人 212
> 及其阿拉伯对手坐在两边会商和平问题。①

换句话说，国王与佩雷斯找出了一条中间道路。阿拉伯人要求和谈应在一次国际会议的框架下进行，所以有了召集国际会议来启动进程的想法；以色列人希望与阿拉伯人举行双边会谈，因此在会议开幕后，所设想的实际谈判由两方面对面地进行。由于约旦和以色列都不想看见

---

① Shimon Peres, *Battling for Peace*, p. 307; also Shayke Ben-Porat, *Talks with Yossi Beilin* (Tel Aviv, 1996), pp. 89—90 (Hebrew).

巴解组织成员坐在谈判桌边，伦敦协议写道，与会者必须赞同联合国第242号和第338号决议——巴解组织不接受这些决议。但国王与佩雷斯的方案同意组建约旦—巴勒斯坦联合代表团，愿意让巴勒斯坦本地人参加。此外，国王与佩雷斯清楚，只有华盛顿具备足够的影响力，能够将这样一个大胆的方案提请有关各方考虑。因此，国王与佩雷斯同意，请求华盛顿将伦敦协议"提交"给以色列和阿拉伯人。不过，协议上仅标明了日期，并未签署，因为虽然国王有拍板的资格，但佩雷斯没有，他只是民族联合政府中的外交部长。一项艰巨的任务摆在佩雷斯面前：说服多疑的右翼总理接受伦敦协议。

与此同时，佩雷斯还把助手约西·贝林派往赫尔辛基，把伦敦协议交给正在那里访问的美国国务卿乔治·舒尔茨。在国王已表示同意的情况下，贝林请求美国将协议提交有关各方。舒尔茨本人很热心，但他了解其中的困难。在回忆录中，舒尔茨写道，"以色列民族联合政府的外交部长(西蒙·佩雷斯)与一位外国元首达成一份协议，请我将协议内容交给以色列总理(沙米尔)，而他是另一个党的领袖……佩雷斯……希望我与他合作……"[①]

在以色列内阁于周日举行会议后，佩雷斯见了沙米尔，告诉他自己与侯赛因国王达成的协议。两人没谈出什么结果；基于个人的和实际的理由，沙米尔不想接受协议。就个人而言，沙米尔觉得佩雷斯在背着
213 他行动；佩雷斯还拒绝将文件副本留下，说总理办公室会把文件泄露给新闻界，这令沙米尔很是愤怒。他认为在作出最后决定前，总理应该**读到**而不是**听到**这样一份重要的文件。[②] 从更实际的方面来说，沙米尔强烈反对举行国际会议的做法，不喜欢这个方案。他相信，在超级大国和地区强国参加会议的情况下，以色列会受到孤立甚至成为牺牲品；会议可能强加给各方一个解决问题的计划，而考虑到会议参与者的组成状况

① George Shultz, *Turmoil and Triumph, My Years as Secretary of State* (New York, 1993), p. 939.

② Shimon Peres to author, Tel Aviv, 9 July 1997; Yitzhak Shamir to author, Tel Aviv, 21 January 1997.

和绝大多数参与者已为人们所知的立场,所提出的计划也许是以色列无法接受的。尽管伦敦协议认为,国际会议只是以色列人与阿拉伯人谈判的开始阶段,但沙米尔对此视而不见。在他看来,如他对本书作者所说的那样——**任何**形式的国际会议都像"圣殿中的一头猪"那样令人厌恶。

沙米尔决心将佩雷斯方案扼杀在摇篮之中,派他的副手之一摩西·阿伦斯向乔治·舒尔茨解释沙米尔的保留态度。阿伦斯曾任驻美国大使,与美国国务院关系良好。在 4 月 24 日与舒尔茨的会谈中,沙米尔的使者对国务卿说,如果他把伦敦协议提交有关各方,沙米尔总理将视之为对以色列内政的粗暴干涉。[1] 舒尔茨向阿伦斯保证,他不会递交协议文本。

佩雷斯外长虽然极度失望,但还是于 1987 年 5 月 6 日将协议提交给了小内阁。结果毫不奇怪,5 名利库德部长反对,5 名工党部长赞成,形成了平局。佩雷斯担心内阁会拒绝协议——平局就是拒绝——决定撤回他的方案,不要求投票表决。这意味着"伦敦协议"的正式死亡。

然而,僵局不可能一直维持下去。如佩雷斯后来所说的那样:"由于我和侯赛因国王里程碑式的协议未能实施,我们都付出了沉重的代价。数百巴勒斯坦人和以色列人失去了生命:就在几个月后,西岸和
加沙爆发了'因提法达',导致了多年的暴力和流血冲突。"[2] 214

"因提法达"

"因提法达"(intifada)这个阿拉伯词汇,原意为"摆脱"、"驱逐",1987 年以后则特指巴勒斯坦阿拉伯人的起义。这场起义最初由一场车祸引发——当然,不是由它造成的。车祸发生于 1987 年 12 月 8 日,星期二,其中有 4 名巴勒斯坦人死亡。这场事故起初没有引起人们的注意,但是很快,流言传遍了整个加沙地带,说肇事的以色列人故意开车撞上巴勒斯坦车辆,为他弟弟几天前在加沙被杀一事进行报复。第

---

① Yitzhak Shamir to author; Moshe Arens to author, Savyon, 26 January 1997.

② Shimon Peres, *Battling for Peace*, p. 312.

二天，参加了车祸死者葬礼的数百名悼念者转向贾巴亚(Jabalya)，用石块攻击驻扎在那里的以色列军队。贾巴亚是加沙地带最大和最贫困的难民营。这就是我们所知道的“因提法达”的开始。

骚乱最初仅限于加沙地带，以色列军政当局未能及时认清它的本质。就事态的表面来看，以色列人认为与以前一样，它的发生没有什么特殊的原因，不过是骚动迸发出的一点火星。以色列人还错误地相信，骚乱是由伊朗或巴解组织发动的。事实并非如此，暴动不是从外部制造的，而是从本地巴勒斯坦人开始的，参与者绝大部分是阿以间历次战争造成的难民的后代。在加沙地带令人震惊的肮脏环境中，巴勒斯坦人生活得很艰难、很不舒心。挫折感极为普遍，尤其在年青一代中。这些人断断续续在以色列打着零工，不停地受着那里相当高的生活水平的刺激。想着加沙的可怕生存处境，巴勒斯坦人清楚地意识到自己低人一等的地位。

贾巴亚葬礼的第二天，加沙地带的巴勒斯坦人用石头、轮胎、破家具、钢制下水管道封锁了道路，还用石块攻击以色列军队。与前一天的自发性行动不同，地方领导层预先策划了这次骚动。从贾巴亚开始，示威活动和骚乱像野火一样蔓延到别的难民营，蔓延到坎俞尼斯(Khan Yunis)、布莱吉(al Bourej)、努瑟拉特(Nuseirat)、马阿兹(Ma'azi)和拉法赫。接着，骚乱又传到更富足、更现实主义的西岸，传到巴拉塔(Balata)、卡兰迪亚(Kalandia)等村庄和城镇。

使用武力似乎是扑灭骚乱的唯一办法，但这是妄想，以色列人很快就认识到了这一点。国防军接受的训练是同正规军作战，对于国内的
215 抵抗运动没有什么准备，没有什么能拿出来的现成方案。面对起义者所使用的以石头为主的原始武器，国防军的坦克、飞机、火箭、大炮完全失去了作用，急需的是对付骚乱的装备，而不是坦克和战机。军队需要盾牌和头盔，棍棒和催泪瓦斯，但以色列几乎没有这些东西。这种装备短缺的状况很糟糕，因为在随后的日子里，应付国内的骚乱成为国防军的主要任务。面对需要支援的请求，以色列最高司令部将大批部队调往被占领土。短短3天时间里，在出状况的区域巡逻的军队人数达到

了正常时期的3倍。

"因提法达"像晴天霹雳一样震动了以色列社会,在其中划出了清晰的分割线。第一道分割线的两边是以色列犹太人和70万以色列阿拉伯人,它被称作绿线。我们应记得,虽然大部分阿拉伯人在1947—1949年间逃离了以色列,但还是有些留了下来,到"因提法达"前夕,阿拉伯社团构成了以色列总人口的17%。经过了许多年以后,这些以色列阿拉伯人已经成为社会的一部分,像以色列犹太人一样拥有身份证,讲希伯来语,在以色列学习和工作。然而从历史与血缘关系上,以色列阿拉伯人与巴勒斯坦人是连在一起的;当被占领土上的同胞起义反抗时,当以色列人看起来是在过度使用武力以扑灭骚乱时,以色列阿拉伯人越来越发现自己很难无动于衷。在骚乱发生一周后的12月17日,阿拉伯人发动了总罢工,声援被占领土上的巴勒斯坦人,还往那里送去食物、药品和捐献的血浆。通过这些方式,以色列阿拉伯人表明自己更多的是巴勒斯坦人,而不是以色列人。对于以色列犹太人来说,这是一个令人震惊的发现。不过在很大程度上,虽然以色列阿拉伯人以行动支持了被占领土上的同胞,但这主要反映了阿拉伯人对于自己在以色列社会中的地位的不满。从理论上来说,阿拉伯人享有平等的权利,而实际上仍是二等公民:超过40%的阿拉伯家庭收入低于贫困线;在社会福利诸方面,犹太家庭所得实惠远胜阿拉伯公民。

12月19日,暴乱扩散到了耶路撒冷,这里也重复了曾在加沙地带和西岸城市街头发生的场景:街垒、燃烧的轮胎、飘扬的巴勒斯坦旗帜、投掷的石块。以色列在耶路撒冷实施了一场系统的骚扰战,企图用不断增强的压力迫使巴勒斯坦人停止暴乱。军队拦下并搜查阿拉伯人 216
的汽车,察看挡风玻璃刮水器和安全带的状况,确认司机和乘客是否付过税。此外,一项新规定禁止城外的穆斯林去哈拉姆·沙里夫(Haram al-Sharif)[①]礼拜;那里是拥有岩石圆顶和阿克萨清真寺的尊贵圣地,已

① 即圣殿山,穆斯林称之为尊贵圣地,阿拉伯语是哈拉姆·沙里夫(Haram al-Sharif)。——译者注

经存在 1 500 年了。所有进入耶路撒冷清真寺的人都要接受检查。虽然在耶路撒冷和被占领土的其他地方,以色列人都采用了这些骚扰措施,但暴乱并未停止,巴勒斯坦人的起义毫无减弱的迹象。

从 12 月 9 日到 31 日,“因提法达”头几个星期的特点是混乱和暴力。统计数据表明,在这短短的一段时期,22 名巴勒斯坦人被以色列人枪杀,其中 5 名是 13 到 16 岁的孩子。另外,大约 320 人受伤,有 2/3 年龄在 17 到 21 岁。青少年的伤亡率很高,既有这些孩子积极参加示威活动的因素,也缘于以色列军队采取的做法:为避免杀死示威者,军队朝人们的腿部开枪,而这对个子不高的小孩是致命的。在以色列一边,56 名士兵和 30 名平民被石头或瓶子砸伤。就在暴乱的第一个月内,巴勒斯坦人制造了 1 412 起事件,包括组织示威活动、投掷石块、燃烧轮胎、阻塞道路和搭建街垒。虽然总的来说,巴勒斯坦人克制着不使用枪类武器,免得以色列人有动用强大军事力量的借口,暴乱中还是投掷了至少 109 枚燃烧弹,发生了 12 起纵火事件和 3 次使用了手榴弹的攻击行为。

与此同时,从最初的震惊中恢复过来后,以色列人于 1988 年 1 月中旬在西岸地区部署了两个师级司令部,在加沙地带部署了第三个。巡逻巴勒斯坦区域的人员数量急剧增加,结果出现了装备短缺的情况,军队不得不打开应急仓库,分发通常用来为与阿拉伯正规军的全面战争储存的装备。在以色列,从所占领土传来的有关暴乱和野蛮行径的消息极大地震撼了公众。1 月 23 日,8 万到 10 万以色列人聚集在特拉维夫,谴责和抗议政府在所占领土实施的政策。在反对 1982 年的黎巴嫩战争的活动中,“现在就和平”运动曾担当起先锋的职能,这次又对以色列于所占领土采用的策略发出了响亮的批评声。

1988 年 2 月,一个新的军事组织加入了“因提法达”,它是穆斯林
217 兄弟会的分支。名叫“伊斯兰抵抗运动”(Harakat al Muqawama al-Islami),其阿拉伯语首字母的缩略形式即哈马斯,字面意思为“勇气”或“热情”。在被占领土上,哈马斯由穆斯林兄弟会的谢赫艾哈迈德·亚辛及其他 6 位领袖创建。这个组织之所以能在西岸,特别是在加沙

地带扩大其权力和影响,部分原因是以色列的愚蠢和短视政策。在起义爆发前的数年里,以色列认为哈马斯不如巴解组织邪恶,试图利用他们来对抗巴解组织,以平衡和削弱后者。

由于无法在被占领土击败巴勒斯坦人,以色列选择打击在突尼斯的巴解组织。此时,通过巴解组织总参谋长阿布·吉哈德(即卡里德·瓦齐尔[Kahlid al Wazir]),巴解组织已全面介入巴勒斯坦人的起义,发挥着组织和指导的功能。1988 年 4 月 15 日,经工党和利库德集团的小内阁批准,一支突击队登陆突尼斯,在阿布·吉哈德的妻子和小女儿面前枪杀了他。其后在 1988 年 7 月和 9 月,以色列人又对哈马斯实施了打击,逮捕了 120 名活跃分子,摧毁了它的司令部。然而,无论是对阿布·吉哈德的谋杀还是对哈马斯的袭击都未能中止“因提法达”。巴解组织继续发挥着组织和指导的作用,而哈马斯从打击中恢复过来后,开始将反以活动列为“因提法达”的一部分。

为平息不断增长的抵抗浪潮,结束起义,以色列人求助于各种方法,其中有些很残酷,包括切断电话和供电,在村庄、小镇和整个城市实行宵禁。在西岸,宵禁的范围较小,在加沙则较大。1988 年,以色列颁布过不下 1 600 次宵禁令,其中 118 次长达 5 天或更久。总计约 60% 的巴勒斯坦人经历过宵禁。以色列人还铲除树木,有时铲平整个果园,以免它们给攻击以色列军队的巴勒斯坦人提供藏身之处。根据巴勒斯坦人的数据,以色列在 1988 年铲除了超过 25 000 棵橄榄树和果树。在“因提法达”前,爆破房屋被认为是一种极端的措施,只用在那些受控有严重罪行的巴勒斯坦人,如今它成了一种常见的惩罚手段。在“因提法达”前,破坏房屋需经国防部长的特别批准,但在起义进行得最猛烈的时候,权力被下放给了地区指挥官。数据表明,这种手段用得相当频繁: 218
1987 年,103 座阿拉伯人的房屋被摧毁,1988 年飙升到 423 座。[①] 用于平息骚乱的还有驱逐这一严厉措施,以及关闭学校和大学。以色列修订了法律程序,以便大规模逮捕参与骚乱的巴勒斯坦人,还在以色

---

① B' Tselem, The Israeli Information for Human Rights in the Occupied Territories.

列南部的凯兹奥特(Ketziot)和希伯伦附近的达哈里(Daharieh)修建了新的监禁设施。在“因提法达”的前18个月中,约50 000巴勒斯坦人遭到逮捕,其中超过12 000人受到期限不等的行政拘留。被占领土上每80个成年巴勒斯坦人就有一个根据行政命令被监禁过,每40人就有一个因参加起义而被监禁24小时以上。

以色列人用于平息骚乱的另一项措施是经济惩罚,如禁止巴勒斯坦村民去城镇市场出售产品。这一禁令和其他经济惩罚措施一起,沉重打击了巴勒斯坦人。在1988年,巴勒斯坦人本已很低的生活水准又下降了30%到40%。但这些都没有什么用,起义仍在继续。

在所占领土的局势一片混乱的时候,1988年11月,以色列人走向了投票站。选战明显地为“因提法达”所主导。利库德政治家严厉批评和谴责了工党,说它在对待起义一事上“软弱”,还打算把犹太人的土地交给阿拉伯人。阿里埃勒·沙龙部长等一些利库德人把造成“因提法达”的责任推到工党头上,声称若是利库德集团掌握了所有权力,即如果没有工党这个联合伙伴,起义“在一周内就结束了”。在另一边,工党领袖佩雷斯反驳了这种说法,指责由于利库德集团领土扩张的狂想,由于它的几位好战分子不断鼓吹吞并政策,所占领土上的爆炸性局势进一步恶化了。

选举结果很接近。虽然代表人数从41位降到40位,利库德集团还是成了议会最大的一个党。工党从前一次的44席降到39席。共有15个党派在议会赢得了席位。极端右翼的党有3个:俞瓦尔·奈曼教授领导的泰西亚党获得3席;汇合党(Tsomet)是从泰西亚党分裂出来的,由前总参谋长拉菲尔·埃坦领导,获得2席;祖国党(Moledet)是
219 1988年成立的新党,主张驱逐全部巴勒斯坦人,由前将军里哈瓦姆·泽维领导,获2席。极左翼方面,新共产党获得4席,进步党只有1席。宗教党派选情不错,在拥有120名成员的议会中,它们的席位从12个增加到了18个。正统派有3个党参选,令人吃惊地赢得了13席。

哈伊姆·赫尔佐格总统请最大党领袖沙米尔成立新政府,于是建立党派联合的工作紧锣密鼓地开展起来。通过计算,沙米尔本可以拉

拢宗教党派和一些右翼小党，以此获得 65 席，建立一个没有工党的政府。然而，沙米尔再次选择与工党组成民族联合政府：如果排除工党，利库德集团需同 5 到 7 个宗教与右翼小党合作，只能建立一种不稳定的联合。不过，成分复杂的前政府规定总理职务在两党间轮换，而这一次沙米尔将一直担任总理。

1988 年 12 月 22 日，沙米尔第三次成为总理。他让拉宾继续担任国防部长，让佩雷斯做副总理兼财政部长，佩雷斯同意了。摩西·阿伦斯被任命为外交部长，大卫·利维担任住房部长，阿里埃勒·沙龙担任工商部长。这是一个包括 26 名部长的大政府；在以色列历史上，这也是工党第一次在另一个党领导之下参加政府。民族联合实现了，议会中再也没有有分量的反对派。

与此同时，被占领土上的战争仍在持续着，毫无减弱的迹象。从 1987 年 12 月到 1988 年 12 月，整整进行了一年的起义既是暴力的，又是致命的。311 名巴勒斯坦人被杀，其中 44 名是 13 到 16 岁的孩子，9 名在 9 岁以下。另外，15 名巴勒斯坦平民被以色列平民杀死，6 名以色列平民和 4 名联合国安全部队人员被巴勒斯坦平民杀死。在这个时期，共计 526 座巴勒斯坦人的房屋被摧毁。

石块投掷者大部分是年轻人，从公共关系的角度来看，用普通弹药对付他们对以色列的名声产生了灾难性的后果。1989 年，以色列开始使用橡皮子弹，但它的威力不足，又被塑料子弹取代。然而塑料子弹比 220
预期的更为致命，于是再换回带钢芯的橡皮子弹。部队还装备了轻而趁手的木棒——由加沙地带的阿拉伯受雇者生产。这些木棒足够结实，用劲击打时也不会折断。在统治印度期间，英国人用铁皮竹棍(*lathis*)对付反抗的印度人；如今，以色列人依靠的是木棒。在拉马拉举行的一次部队会议上，国防部长拉宾说：“先生们，为了恢复秩序，用你们的手或木棒揍那些示威者吧。”①这在后来以拉宾的“打断他们骨头的政策”而闻名。它也是部队所遭受的挫败感的证明：许多军人按

① 作者对安拉姆·米茨纳将军的访谈，海法，1997 年 1 月 27 日。

其字面意义予以执行，狠狠地将巴勒斯坦人打成了永久性的行动不便者。

持续两年的“因提法达”给以色列造成了怎样的影响？从经济或物质的角度来说，后果是微不足道的。没有多少以色列人离开了工作，没有出现严重的物资短缺，物价没怎么上升。在建筑等行业中，阿拉伯工人少了，但很快通过引入外国劳工等方式而得以缓解。但以前自视甚高的军队领导人失去了那份自信，受到两个方向的攻击：一些人指责军队太过松懈，一些人认为它太过残忍。从政治上来看，支持右翼的人有所增加，左右翼间的鸿沟变得更深了。

在20世纪80年代末，虽然“因提法达”极大地影响了以色列，但使得以色列人的生活发生了改变的还有其他事件，尤其是大规模的犹太移民的到来。这些人主要来自苏联和埃塞俄比亚。

移民与联合政府的垮台

埃塞俄比亚移民

埃塞俄比亚犹太人也被称作法拉沙人(Falasha)，意为“走向流散”。这是一个动人心弦的故事：在流散中的许多个世纪里，法拉沙人坚守着犹太传统，最终回归了以色列。由于其历史的保存是通过一代代口耳相传的方式，我们可能永远无法确切地了解法拉沙人的起源。人们对此主要有4种说法：古代以色列人丢失的但(Dan)部落；所罗门
221 王和示巴(Sheba)女王的儿子孟尼利克一世(Menelik Ⅰ)的后代；公元前586年，在第一圣殿被毁后，一部分犹太人逃离以色列去了埃及，后来定居在埃塞俄比亚，法拉沙人是这些人的后代；最后一种说法是，在许多世纪以前，埃塞俄比亚有一些基督徒和异教徒皈依了犹太教，法拉沙人是这些皈依者的后代。埃塞俄比亚犹太人拥有托拉(Torah)这一传统犹太教经典，但没有塔木德所教导的口传法，也没有塑造了现代犹太教的中世纪评注，而是继续发展出自己的传统。

在许多年中，对于法拉沙人的犹太特征的真确性，人们进行了激烈

的争辩,尤其是在不同的犹太宗教权威间。早在16世纪初,当被问到法拉沙人的犹太性时,埃及大拉比阿比·兹姆拉(David Ben Solomon Ibn Abi Zimra)宣布,这些人是犹太人。1908年,45个国家的大拉比承认法拉沙人是犹太同胞。1972年,以色列塞法迪大拉比奥瓦迪亚·约瑟夫宣布,他的结论是"法拉沙人是犹太人"。1975年,以色列阿什肯纳兹大拉比什洛莫·格伦对法拉沙人说:"你们是我们的兄弟,你们和我们有着共同的血脉,你们的确是犹太人。"到这一年的晚些时候,以色列部际委员会正式认可法拉沙人为犹太人,适用回归法。这奠定了政府将法拉沙社团带回以色列的基础。

1977年前,只有很少的法拉沙人来到以色列。贝京上台后,在高度保密的状态下,他的政府与埃塞俄比亚总统门格斯图·海尔·马里亚姆(Mengistu Haile Mariam)上校进行了协商,达成了一种安排:以色列向埃塞俄比亚空运武器,作为回报,埃塞俄比亚政府同意飞机返航时带上法拉沙人。起初,这个方案进行得相当顺利,很快有121名埃塞俄比亚犹太人抵达以色列。不久,交易的细节被新闻界得知,以色列人反对向埃塞俄比亚政权提供武器,方案立刻停止执行了。后来,在1980年,209名埃塞俄比亚犹太人来到以色列,1981年有956名,一年后有891名。这些行动的背景是法拉沙人的处境开始恶化,埃塞俄比亚政府下令禁止犹太教,禁止教授希伯来语。这个社团的一些成员还被关进了监狱,罪名是"犹太复国主义的间谍"。在埃塞俄比亚遭遇饥荒的
时候,埃国政府希望西方国家提供援助。以色列向华盛顿提出请求: 222
给予埃塞俄比亚政府的任何帮助都附上一个条件,即允许埃国的犹太社团迁往以色列。由于急需国外援助,埃塞俄比亚政府同意了。接着,以色列使者飞往埃塞俄比亚,引导法拉沙人——主要是男人和足够健壮的年轻人——徒步穿越埃塞俄比亚边境,来到苏丹,再乘飞机前往以色列。到1984年,苏丹的难民营中聚集了多达10 000名的法拉沙人,等待着去以色列。从1984年11月到次年1月,以色列秘密进行了被称作"摩西行动"的45天大规模空运,将8 000名法拉沙人送到国内。然而,1984年12月6日,《华盛顿犹太周刊》(*Washington Jewish*

Week)发表了一篇有关“摩西行动”的文章,还登出犹太呼吁联合会(United Jewish Appeal)的一则整页广告,在这之后,阿拉伯人不断向苏丹政府施加压力,要它禁止犹太人通过苏丹去以色列。于是“摩西行动”戛然而止,数百名埃塞俄比亚犹太人艰难地滞留在苏丹。在美国中央情报局的帮助下,以色列政府又安排了一次代号为“约书亚行动”(Operation Joshua)的空运,将剩下的犹太人带回国内。到这个时候,埃塞俄比亚犹太社区还有大约 2/3 的人,几乎全是不适合长途跋涉走到苏丹的妇女、儿童和病人。以色列政府继续寻求其他方式,力图把所有法拉沙人迁往以色列。

与此同时,以色列对埃塞俄比亚犹太人的吸收却颇不顺利——这么说还是客气的。抵达以色列后,埃塞俄比亚犹太人先被送进由活动房屋组成的营地中,学习希伯来语和适应以色列的生活。接着,政府向每个法拉沙人发放一笔钱,推荐新移民生活在挑选出来的不发达城镇,如阿夫拉(Afula)、伽特(Kirayt Gat)、阿什克伦(Ashkelon)、马拉奇(Kirat Malachi)、内提沃特(Netivot)、奥法基姆(Ofakim)等,还有其他一些发展城镇。这是一场艰巨的战役;法拉沙人突然被抛进西方式的先进以色列社会,面前的一切都与其留在身后的相当原始的生活方式极不相同。糟糕的是,身处以色列的埃塞俄比亚犹太人社团没有领袖,其克色斯(*keses*)原是社团的拉比和支柱,此时不断受到正统派拉比的
223 羞辱。正统派是以色列的宗教权威,它拒绝承认克色斯为拉比,禁止他们主持宗教仪式,自己又未能恰当地领导失去了方向感的埃塞俄比亚社团。这个与过去斩断联系的社团留下了严重的创伤,忍受着焦虑感和孤独感。许多新到移民自杀了——这在埃塞俄比亚是闻所未闻的。更糟的是,以色列的一些宗教派别重提埃塞俄比亚犹太人的犹太性问题,提出要这些人经历基俞尔(*Giyur*)程序,即一种皈依犹太教的方式。此外,种族主义也探出它丑陋的头颅:一些以色列人称埃塞俄比亚犹太人为“库西姆”(Kushim)或“什霍里姆”(Shehorim),意思是黑人。有些以色列大报的记者很过分地宣布,法拉沙人“浑身是病”,尤其是艾滋病。虽则如此,逐渐地,主要通过在国防军中服役,埃塞俄比亚人的年青

一代融入了以色列社会,掌握了希伯来语,成为劳动市场的一部分。

俄国移民

不过,构成以色列犹太移民主要来源的是解体的苏联,而不是埃塞俄比亚。虽然在 20 世纪 70 年代,苏联只允许很少一些犹太人离开,但到了 1986 年,犹太移民人数达到 6 000 人之多,并在以后的几年里稳步增长。从以色列的观点来看,令人烦恼的是许多犹太人更想去的是美国。1987 年,8 155 名犹太人离开了苏联,但只有 2 072 人到了以色列;在 1988 年离开苏联的 18 961 名犹太人中,来到以色列的只有2 173 名;1989 年,苏联发给离去许可证的犹太人数急剧攀升到 71 000 名,只有 12 117 人到达以色列。以色列对此很是关注;无论如何,这个国家存在的理由一直是在犹太人的土地上"聚集流散者"。以色列人采取了不寻常的做法,向美国政府施加压力,要它对来自俄国的犹太移民关闭大门,不给俄国犹太人难民地位,将这些人送到以色列,在这里做公民而不是难民。这样的政策违背了美国的核心价值观,违背了自由和自主决定个人未来的原则。以色列的压力被顶了回去。然而,由于大批俄国犹太人涌入美国,使其为吸收移民花费了巨额资金,政策逐渐发生了变化。华盛顿要求,想去美国的俄国犹太人需从美国驻莫斯科大使 224
馆获取护照,不再允许使用以色列人的离去许可证,还为移民美国的犹太人设置了限额。起初,限额为每年 24 500 人,后来被乔治·布什总统提高到 50 000 人。对以色列来说,美国的限制来得正是时候,因为到 1990 年,犹太人可以自由离开苏联了,其结果是抵达以色列的犹太人人数上升到惊人的 185 227 人。在此后的 6 年时间里,将近 70 万犹太人从俄国来到以色列,使得俄国犹太人成为以色列最大的一个族群。

对于来到以色列的移民,政府以前的做法是建立安置中心,在几个月的时间里为新来的人提供住处,然后再让移民离开,自食其力,最终完全融入以色列社会。如今,由于俄国移民与埃塞俄比亚移民不一样,他们能够自己照料自己,政府修订了吸收的程序,用"直接吸收"政策取代了旧的设立安置中心的做法。这样,在到达以色列的最初一段时期,政府就向俄国移民发放一大笔钱,将这些人送到市场中,自己寻找工作和住房,自食其力。

在 20 世纪 80 年代末和 20 世纪 90 年代初,从俄国来的移民不仅数量庞大,素质也很高。大多数成年移民都是大学或技术学院的毕业生,受过高等教育的比例比以色列的犹太人口高 4 倍。毫不奇怪,新移民对以色列社会各个方面形成巨大的冲击。由于来了许多俄国音乐家,交响乐团和室内乐团的数量急剧增加。大批俄国演员、导演、舞蹈设计人员涌入戏剧学校。大学和高科技机构得以引进高素质的工程师和技术人员。

也并非事事顺遂。俄国来的专业人士数量太多,而以色列市场相对有限,这导致了较高的失业率。在新来的人中,只有 30%能从事自己的专业,19%的人失业,其中女人的比例是男人的两倍。许多人不得
225 不接受培训,以适应以色列的市场。在新移民和原住民之间,社会关系也很紧张。政府不仅给俄国移民一笔现金,还提供了针对移民的一揽子福利措施,包括购房优惠、减税、海关降税和失业补助等。社会中较穷的原住人群感到,与新来的俄国移民相比,自己受到了歧视,对政府的吸纳政策提出质疑。以色列阿拉伯人尤其如此。同埃塞俄比亚犹太人的情形一样,有流言称多达 30%的俄国新到者不是犹太人。这对紧张的社会关系是火上浇油。此外,新到者中有相当多的单亲家庭,这在苏联很常见,但在以色列不多。这加剧了社会对新移民的怨恨;越来越多的人指责道,新移民就是来霸占和享用以色列的福利制度的。

虽然俄国犹太人能够逐渐地融入以色列社会,但彻底的融合比较缓慢,在最初阶段尤为如此。这些人尽管离开了俄国,但往往住在同一个区域,通过收音机、电视机及一批报纸和杂志营造出一种俄国的亚文化氛围,形成以色列中的某种流散者飞地。

佩雷斯的"臭棋"

与此同时,1988 年 12 月成立的民族联合政府根本就不团结,政府中的利库德与工党成员间的鸿沟在不断加深。在利库德集团追随者的

支持下,沙米尔计划大幅增建所占领土上的定居点,令阿拉伯人、巴勒斯坦人及政府中的工党伙伴都很失望。1990 年 3 月初,由于认为总理并未全力推进和平,佩雷斯决定中止工党与利库德集团在民族联合政府中的合作。掌管着国防部的拉宾警告佩雷斯道,脱离联合政府的做法只会有利于利库德集团,甚至说佩雷斯解散政府的企图是一招"臭棋"。然而,佩雷斯决心摆脱利库德集团的政治压制,可能还想在未来的政府中为自己谋得更高的职位,开始了与宗教党派的谈判。后者看起来很踊跃地支持他搞垮政府,似乎会加入成功之后工党领导的新联合。3 月 13 日,沙米尔对议会说:"佩雷斯先生不正当地指责政府没有 226
尽力推进和平进程,完成它的首要任务,想要解散和毁掉联合政府。我别无选择,只能解除他的职务。"[①]这引发了工党部长们的集体辞职。两天后,工党提出了对政府的不信任案,以 60 比 55 票通过,民族联合政府就此终结。

不过,佩雷斯的这步"棋"没能全部奏效。如政治中经常发生的那样,其结果最终对他和工党都很糟糕。佩雷斯相信,他已经搞定宗教党派,后者将加入工党领导的联合政府。然而,宗教党派在最后一刻抛弃了他。这样,尽管佩雷斯成功地搞垮了政府,却无法建立一个工党领导的新政府。当组建政府的任务交到沙米尔手上后,他争取到宗教党派和两个极端民族主义政党泰西亚党和索米特党的支持,成立了利库德集团领导的政府。1990 年 6 月 11 日,在工党反对党的注视下,沙米尔向议会提交了新政府名单,以 62 对 57 票获得批准。他将移民吸收放在第一位,但也重弹了右翼党派的老调,要在朱迪亚和撒马利亚建造新的定居点,扩建已有的定居点。

战争与移民

飞向以色列城市的导弹

在第四次成为总理的几周内,沙米尔遭遇了一次重大挑战。1990

① Yitzhak Shamir, *Summing Up*, p. 214.

年8月2日,伊拉克侵入了邻国科威特,占领了这个国家,宣布它是“伊拉克的第19个省”。作为回应,在美国的紧急要求下,联合国安理会一口气通过了12项决议,呼吁伊拉克从科威特撤出它的军队。由于伊拉克总统萨达姆·侯赛因不肯服从,乔治·布什总统命令美国军队进入这个地区,并与联合国密切合作,开始组织多个国家的一致行动。与此同时,以色列空军处于高度戒备状态,以防萨达姆·侯赛因转而攻击以
227 色列。

面对迅速增长的压力,萨达姆的回答相当狡猾。8月12日,他提出一个涵盖广泛的解决方案,要求解决“整个地区的……一切占领问题”。萨达姆提议,以色列立刻无条件地从所占领的巴勒斯坦、叙利亚、黎巴嫩土地撤出,叙利亚也从黎巴嫩土地撤出,伊朗从与伊拉克仍有争议的土地撤出。“考虑到伊拉克对(科威特)土地的历史权利及科威特人民的选择,”只有上述悬而未决的问题全部尘埃落定以后,才能讨论“有关科威特形势的协议条款”①。作为联合国领导的反萨达姆阵营最活跃的成员,美国公开拒绝了将伊拉克从科威特的撤离与其他问题挂钩的做法。此时,国务卿詹姆斯·贝克正在劝说阿拉伯国家的政府加入美国主导的联盟。他很快认识到,如果不将对伊拉克的要求和以色列的撤军联系起来,主要阿拉伯成员国便不情愿参加反萨达姆联盟。例如,叙利亚是阿拉伯激进主义的奉行者,美国很重视将它吸纳进来,然而,叙利亚的阿萨德总统虽与萨达姆关系恶劣,却也不想让以色列好过。他坚持在叙利亚加入联盟前,有关方面应声明认可萨达姆的建议。

的确,要想让阿拉伯国家参加西方的大规模反萨达姆联盟,不将上述两件事联系起来似乎是不可能的。1990年10月2日,布什总统在联合国大会发表演讲,呼吁伊拉克无条件从科威特撤军,宣称这将为伊拉克与科威特永久性地解决它们之间的争端铺平道路,为海湾国家重建稳定局势铺平道路,为这一地区所有国家和人民解决使阿拉伯人与

① Lawrence Freedman et al., *The Gulf Conflict* (London, 1994), p. 101.

以色列对立的冲突铺平道路。

1990 年 11 月 23 日，在感恩节时看望了驻扎在沙特阿拉伯的美国部队之后，布什总统于回国途中在日内瓦作了逗留，期间会见了阿萨德总统。在两人的会谈中，布什总统将伊拉克与以色列问题关联起来。这可能是美国最明确的表态了。正是在日内瓦，布什总统表示，一旦解放了科威特，他将认真考虑阿以冲突。“在我们解决萨达姆问题以后，”布什对阿萨德总统说，“在我们实现了科威特的解放以后，我向你保证， 228
美国将坚决、公正地转而关注阿以和平进程。”[1]由此，伊拉克与以色列问题确定地关联起来并得到认可。而在叙利亚的阿萨德最终加入反伊联盟之后，美国的外交也获得了一项重大成果。

11 月 29 日，联合国安理会通过了第 678 号决议，把 1991 年 1 月 15 日设为伊拉克无条件从科威特撤军的最后期限。根据决议，如果萨达姆到那个时候还未离开科威特，多国联盟将被授权使用“一切必要手段”，恢复这个地区的和平与安全。萨达姆没有从命，联盟于 1 月 16 日夜对伊拉克进行了大规模空袭。“沙漠风暴”开始了。

1 月 18 日夜，萨达姆向以色列城市发射了飞毛腿导弹，以此回应对伊拉克的空袭。5 枚导弹落在特拉维夫，3 枚落在海法。他的算计是通过激怒以色列来拆散美国领导的联盟：在受到攻击时，以色列一贯是会还击的；一旦它进行了还击，阿拉伯成员将很难与以色列一起打击一个阿拉伯国家。

以色列内阁召开了紧急会议，讨论在导弹落到以色列城市后应采取的措施。内阁部长们和军方的意见尖锐对立。空军司令强烈要求立刻还击，而总参谋长和他的副手都认为以色列应克制，坐山观虎斗，静待美国领导的联盟用猛烈的火力击垮伊拉克。包括阿里埃勒·沙龙和国防部长摩西·阿伦斯在内的 7 名部长主张还击，对伊拉克实施大规模报复；另外 7 名部长反对。最终，沙米尔总理打破了平衡，坐到了反对军事报复的一边，决定不顾伊拉克的挑衅，置身战争之外。考虑到内阁

---

① 对理查德·哈斯(Haass)的访谈，纽约，1997 年 7 月 21 日，作者档案。

中有沙龙、阿伦斯、沙米尔这样的强硬分子，考虑到以色列对敌人的进攻一向采取还击政策的历史，这一决定的确令人惊异。[1] 在战争期间，共有 40 枚飞毛腿导弹落在以色列，其中 26 枚瞄着特拉维夫区域，6 枚对着海法，5 枚落到了西岸，3 枚落在以色列南部沙漠。作为导弹攻击的直接后果，一名以色列人死亡，230 人受伤，其中一人重伤。在特拉
229 维夫，3 991 座房屋受到影响，87 座被摧毁，869 座严重受损，1 647 人被撤到旅馆。在特拉维夫的拉马特甘(Ramat Gan)郊区，3 742 座房屋受到影响，105 座被摧毁，600 座严重受损，另有 100 座公共与商业建筑受到影响，1 047 人被撤到旅馆。总的来看，以色列受到的伤害微乎其微，但心理上的冲击是巨大的。突然之间，不仅后方变成了前线，人们还担心萨达姆使用毒气攻击以色列城市。为预防起见，防毒面具分发给了每一个公民。在整个战争期间，人们一直随身携带着装在纸箱中的防毒面具。

所罗门行动

虽然中东地区局势很紧张，发生了战争，还有飞毛腿导弹落在以色列，但这些都未能阻止犹太移民进入这个国家。就在战争爆发的 1991 年，147 839 名俄国犹太人来到以色列。与此同时，解救埃塞俄比亚犹太人的行动也恢复了；在那里，饥荒和内战成了促使法拉沙人离开的强大动因。1991 年初，最危急的时刻到了。厄立特里亚和提格雷省叛军联合向门格斯图的军队发起攻击，迫使他逃离埃塞俄比亚。在叛军声称控制了首都亚的斯亚贝巴后，沙米尔政府命令实施“所罗门行动”，解救仍留在埃塞俄比亚的犹太社团，将法拉沙人带回以色列。

行动开始于 1991 年 5 月 24 日，星期五。在连续 36 个小时中，以色列共出动了 34 架以色列航空公司的大型喷气客机和 C－130 大力神式运输机，将 14 324 名犹太人从埃塞俄比亚接到以色列。为容纳尽可能多的人，飞机上的座位都拆掉了。行动很成功，把在那里生活了许多个世

---

① 伊扎克·沙米尔、埃胡德·巴拉克和摩西·阿伦斯同作者谈过这次重要的内阁会议。

代的埃塞俄比亚犹太社团的绝大多数人都带走了。到 2000 年,以色列大约有 50 000 名埃塞俄比亚犹太人。这是利库德政府的一项出色成就。

和平之路

颇具讽刺意味的是,可能正是由于伊拉克总统萨达姆·侯赛因的非法侵略行径,以色列、巴勒斯坦人及其他阿拉伯人之间的和平谈判才实现一次突破。我们应还记得,在战争爆发前不久,布什总统向叙利亚 230
总统阿萨德等阿拉伯领袖保证,如果他们加入反伊拉克联盟,华盛顿以后将致力于解决阿以冲突。如今,打败伊拉克后,布什总统决心实践他的诺言。1991 年 10 月 6 日,在提交国会的国情咨文中,布什宣布:"我们必须尽我们所能,弥合以色列与阿拉伯国家、以色列人与巴勒斯坦人之间的鸿沟。"[①]接着,总统派国务卿詹姆斯·贝克到中东地区,试图把阿拉伯国家、以色列人、巴勒斯坦人带到谈判桌前,解决阿以争端。在进行劝导、说服、施加压力等方面,技巧娴熟的贝克是个出名的能手。

虽然如此,贝克的任务绝不轻松。他不仅要和阿萨德和沙米尔等强力人物打交道,还面临着有关各方间几乎难以逾越的障碍,包括实质性问题和会谈形式一类的程序问题。以色列人坚持与阿拉伯人、巴勒斯坦人的和谈应是面对面的,不要在连续召开的国际会议的框架下进行,担心那会使自己受到孤立、被抛弃、不得不让步,最终成为失败者。以色列人相信联合国和欧洲共同体完全是亲阿拉伯的,反对它们正式参加会谈。以色列人还不愿同巴解组织坐在一张桌子边。恰恰出于相反的原因,也由于认为美国并非是不偏不倚的,阿拉伯人要求在连续召开的国际会议中与以色列谈判,要求联合国和欧共体积极参与,还希望在谈判中看到巴解组织的活跃身影——除了不是很情愿的约旦。

詹姆斯·贝克竭力去做他那难以完成的工作,其策略是给阿拉伯人和以色列人所想要的。为满足阿拉伯人的要求,他建议召开有与阿以冲突相关的地区国家参加的国际会议,但只是作为开幕式,接着就根据以

① Ahron Bregman and Jihan el-Tahri, *The Fifty Years War*, p. 206 (UK version).

色列人的愿望,会议分成各个小组,由以色列人与阿拉伯人进行面对面的直接谈判。考虑到以色列反对巴解组织参与,贝克建议从被占领土选出与巴解组织没有关联的巴勒斯坦人,加入到约旦代表团中。此外,为满足阿拉伯人的要求,他提议让欧洲人和联合国以观察员的身份参加。

贝克往各中东国家的首都跑了8趟,凭着他的技巧和坚韧顽强,劝
231 导、引诱、说服有关各方参加基于上述程序的和平会议。值得指出的是,跟佩雷斯和侯赛因国王于1986年形成的"伦敦协议"相比,贝克计划并没有太大的不同。由于沙米尔总理的反对,"伦敦协议"流产了。现在,由于打败了伊拉克,美国的声望如日中天,连沙米尔这样固执的人也无法拒绝参加马德里和会的邀请。

马德里和平会议

1991年10月30日,会议在雄伟的哥伦布大厅召开,由美国与苏联主持。布什总统谈了和平、条约、以色列人同阿拉伯人的外交关系、地区和解等问题。会议所设想的参加者是各国外交部长,但沙米尔总理认为,他应该亲自代表以色列出席。在会议的第一天,沙米尔发表的45分钟演讲是对过去、现在和未来的一次全面阐述。关于过去,在其他内容以外,沙米尔还说道:

> 在以色列地,我们是不间断地生活了近4 000年的唯一一个民族。……除了短暂的十字军王国时期,我们是这块土地上拥有独立主权的唯一民族。我们是以耶路撒冷为首都的唯一民族。……说到与这块土地联系的紧密与连续性,没有哪个民族能跟我们相比。

关于现在,沙米尔说:

> 我呼吁阿拉伯领袖……向我们和世界表明,你们愿意接受以色列的存在。表明你们愿意承认以色列是一个稳定一致的实

体……在绝大多数阿拉伯国家,人们的想法恰恰相反,唯一的区别是采用哪种方式把以色列置于无力自我保护的境地并……加以消灭。

关于未来,沙米尔说:

> 我们知道,我们的谈判伙伴将向以色列提出土地要求。但回顾一下长期的冲突史,很明显,冲突的本质不是土地问题。在以色列取得朱迪亚、撒马利亚、加沙、戈兰之前,冲突已经很激烈了…… 232
> 1967年战争前,当所争议的土地不在以色列控制之下时,没有哪里显示出承认以色列的迹象。①

这一天还有另外两位发言人,一个是巴勒斯坦代表团团长,来自加沙的海德尔·阿卜杜勒·夏菲,另一个是叙利亚外长法鲁克·萨拉。巴勒斯坦人要求分割土地,停止修建犹太定居点,承认巴勒斯坦人的自决权,要求以巴勒斯坦耶路撒冷作为"我们祖国和未来国家的首都"。叙利亚外长要求以色列从所占领的戈兰高地、西岸、加沙地带和南黎巴嫩撤军,声称在阿拉伯土地上建犹太定居点是非法行为。

会议第二天的时间是留给各方辩驳和国务卿贝克的闭幕词的,进行得颇显戏剧性。站在讲台上,沙米尔总理猛烈攻击了叙利亚。他说,叙利亚代表声称,他的国家是自由与人权保护的典范,这"令人极为怀疑",还说在古代,叙利亚的犹太社团遭受了"最恶劣的残酷压迫、折磨和歧视"。沙米尔的话引起了叙利亚外长的尖锐回击,后者在会议上把"恐怖分子"的称号赠给沙米尔:"让我来告诉你们,沙米尔32岁时是什么样子",接着展示了一张英国的照片,上面的沙米尔总理是一名"通缉犯"。

虽然听到了许多刺耳的声音,但自萨达特总统于1977年11月19日对以色列的历史性访问以来,马德里和会仍是阿以关系最大的一次

---

① Yitzhak Shamir, *Summing Up*, pp. 238－9.

突破。关于以色列人、阿拉伯人和巴勒斯坦人之间以后的谈判，马德里和会建立了两套机制。第一种是多边会谈，由以色列、阿拉伯国家及中东以外的其他国家参加，讨论中东地区的5个基本问题：水资源、环境、军备控制、难民、经济发展。第二个是双边机制，地点预定在华盛顿，由以色列和叙利亚、黎巴嫩、约旦、巴勒斯坦人等主要对手进行直接谈判；后两者将组成一个约旦—巴勒斯坦联合代表团。

马德里和会后不久，1991年12月10日，以色列人与叙利亚人和
233 黎巴嫩人的双边谈判开始了。8天后的12月18日，以色列人又开始了与约旦人和巴勒斯坦人的谈判。接着在1992年1月28日，多边会谈在莫斯科开幕，持续了两天。然而，两套机制都没有什么进展，没能取得重大突破。尽管以色列与黎巴嫩的双边会谈气氛良好，但很明显，在同大马士革商议并获得它的批准前，黎巴嫩代表团不会同以色列决定任何事情。而在大马士革收回沙米尔政府不愿归还的戈兰高地前，没有理由相信它会赞同一份黎巴嫩人与以色列人的和约。类似地，虽然以色列与约旦的会谈气氛良好并有相当进展，很明显，在以色列与巴勒斯坦人解决其分歧前，约旦人不会签署什么协议。然而，以色列与巴勒斯坦人的谈判举步维艰，双方甚至形不成一份有关日程的安排，甚至不愿走进同一个房间，而采取了互换备忘录和进行“走廊外交”的形式。以色列一点也不想对巴勒斯坦人让步，这是会谈陷入困境的部分原因。如沙米尔总理后来说的那样，他的意图是“就(巴勒斯坦人)自治权问题谈上10年，与此同时，我们在朱迪亚和撒马利亚的人口将达到50万，”沙米尔认为这样一来，有关这个地区的谈判将几乎不再可能。[1] 另一方面，巴勒斯坦人也未能表现出灵活性，不肯偏离其传统立场。的确，以色列人坚持让巴勒斯坦本地人而不是巴解组织参加谈判，原以为面对的是些更温和的领导人，事实证明这么想是错误的。在谈判期间，海德尔·阿卜杜勒·萨菲博士和来自拉马拉的哈南·阿什拉维——她是巴勒斯坦代表团的女发言人——等人拒绝妥协，缺乏想象力，坚持讨论最

① 转引自Robert Slater, *Rabin of Israel, Warrior for Peace* (London, 1996), p. 505。

敏感的事情,如耶路撒冷的地位和巴勒斯坦人的回归权,而不先从不那么困难的问题入手。此外,巴勒斯坦"本地"代表团高度依赖巴解组织,在华盛顿会见过以色列人后,代表团还要前往突尼斯,与巴解组织官员阿布·马赞商讨下一步的行动,领受他的指示;阿布·马赞负责协调参加华盛顿会谈的巴勒斯坦一边的事务。由于双方都不肯考虑对方能够接受的条件,华盛顿会谈陷入了难以摆脱的僵局。 234

与此同时,沙米尔在以色列的权力遭到了削弱。由于他决定参加马德里的和平进程,3 个右翼党派退出了政府,从而使得议会中他的支持者从 66 人下降到 59 人。必须做出表态的沙米尔被迫宣布,定于 1992 年 6 月 23 日提前大选。新的领导人即将上场,即将成为和平进程大胆而富有创意的新动力。 235

第八章　和平与战争(1992 年至今)

在整个 20 世纪 90 年代并延伸进新千年,和平进程是主导着以色列生活的最重要事务。从伊扎克·拉宾到本雅明·内塔尼亚胡,从埃胡德·巴拉克到阿里埃勒·沙龙,一任任总理将经济、社会等事务放在一边,将实现与阿拉伯人和巴勒斯坦人的和平置于其他一切目标之上。这些能干的总理们风格和方式各自不同,但都不得不既就一些敏感问题进行谈判,如戈兰高地的归还、耶路撒冷的地位、难民问题,等等,又必须打击与和平进程纠缠在一起的恐怖袭击。这种双线作战使他们的地位极不稳固,导致他们的任期都相当短暂。

伊扎克·拉宾上场

1991 年马德里和会以后,和平进程最重大的突破或许是在伊扎克·拉宾担任总理时期。他是在 1992 年大选后上台的。以色列选民令人吃惊地拒绝了沙米尔的领土扩张政策,而选择了主张领土和解的拉宾。这次大选中,沙米尔的利库德集团在议会中的席位从 40 降至 32 个,拉宾的工党则从 39 上升到 44 席。虽然自 1977 年中期首次担任总理以来,拉宾的政治人格没有发生根本性的变化,仍是混合着强硬、实用主义、急躁特征的一个人,并致力于以色列的安全,但毫无疑问,他更成熟和更有经验了。如今,他决心弥补所失去的时间。

236

当选之后,拉宾的第一项工作是组织联合政府。虽然工党获得了一次令人信服的胜利,但它离120席的议会中的多数仍有相当距离。拉宾找到了相互抵牾的两个政治伙伴,一个是左翼世俗党派梅雷茨党,它在选举中赢得了12席,另一个是超正统派的塞法迪人政党沙斯党,它有6个席位。1992年7月13日,拉宾向议会提交政府名单并获得批准。意识到在关键时刻"亲自"掌握军事机器的重要性,拉宾为自己保留了国防部长一职。迫于党内压力,他让主要竞争对手西蒙·佩雷斯担任外交部长,但限制了他的权力,只让他负责相比而言不那么重要的多边会谈,讨论水资源、环境等问题;以色列与阿拉伯国家的双边会谈在华盛顿举行,拉宾亲自主抓这些更为关键的谈判。在当选前夕,拉宾曾许诺说,"在上任的6到9个月内"与巴勒斯坦人达成和平协议,并着手处理与叙利亚和约旦的谈判。拉宾决心实现自己的诺言,但上任之后,他很快发现说比做容易。

华盛顿与奥斯陆会谈

虽然根据马德里和会的安排,以色列人与阿拉伯人、巴勒斯坦人的确在华盛顿举行了双边会谈,但进行得非常艰难,并全部陷入了僵局。更糟的事还在后面。1992年12月17日,为报复巴勒斯坦人绑架和杀害一名以色列士兵,拉宾政府决定将415名巴勒斯坦人从所占领土驱逐到黎巴嫩。这是没把力气用对地方。巴勒斯坦和所有其他阿拉伯代表团离开了华盛顿的会谈场所,以示抗议,直到"415名被驱逐者全部返回家园"。在这些会谈实际上全都停了下来的时候,包括拉宾总理在内,没有人知道以色列人和巴解组织已打开一个非正式的秘密通道,它将很快扭转巴勒斯坦人与以色列人的关系。

1992年12月4日,故事开始于伦敦。在那里,巴解组织官员阿布·阿拉同一位叫亚尔·赫希菲尔德的以色列学者见了面。这次会面
是哈南·阿什拉维建议举行的;她是参加华盛顿会谈的巴勒斯坦代表 237
团成员,跟阿布·阿拉和赫希菲尔德都认识,认为他们应交换一下对巴以冲突的意见。在这关键的一天,伦敦还出现了另一个角色,即挪威科

学家特尔杰·罗德·拉尔森,未来的联合国中东特使。与阿什拉维一样,他也认识两人,还告诉以色列教授说,在同阿布·阿拉见面后,如果他们决定继续会谈,地点可以安排在挪威。在伦敦皮卡迪里(Piccadilly)圆形广场附近的卡文迪什(Cavendish)酒店,赫希菲尔德见到了阿布·阿拉,讨论了他们所能为打破华盛顿会谈僵局提供的帮助。两人都同意,关键的一点是会谈应远离媒体的关注,只有这样,谈判才能持续进行,不受讨好公众的动机的干扰。两人笼统地交谈一番后,第二天晚上又见了面。分手的时候,两人表示还要再次会面。

自1982年被从黎巴嫩赶出以后,巴解组织就将总部设在突尼斯了。阿布·阿拉回到这里后,向阿拉法特和阿布·马赞作了汇报。后者即马哈茂德·阿巴斯,是华盛顿会谈的协调者。在报告中,阿布·阿拉提到,赫希菲尔德教授告诉他自己与约西·贝林关系很好;后者是以色列外长佩雷斯的副手。阿拉法特和阿布·马赞认为,阿布·阿拉与以色列教授应该继续会面。阿布·马赞后来解释道,"这对我们没有什么危害。如果对话富有成果,我们就能得到一些我们追求的东西;要是结果表明会谈没有什么重要性,那也没有什么关系。"[①]在以色列,赫希菲尔德教授也向约西·贝林作了汇报,副外长鼓励他继续跟阿布·阿拉会谈。

在挪威人特尔杰·拉尔森的帮助下,两人进行了又一次的秘密会谈。还在赫希菲尔德同阿布·阿拉于伦敦的第一次会面之前,拉尔森提出如果需要的话,他可以将会谈地点安排在挪威。1993年1月21日,在奥斯陆南50英里处的小镇萨尔普斯堡(Sarpsborg),会谈开始了,以色列一方的参与者是赫希菲尔德教授和他从前的一名学生罗恩·庞达克,巴勒斯坦一边是阿布·阿拉与两位巴解组织同事。这次会谈的主要特色大概是洋溢在这些态度积极的人们之间的一种气氛:双方受到探讨实质性问题的愿望的激励,而不是像已经中止的华盛顿会谈常常表现的那样,斤斤计较于己方的立场和得失。由于以色列人和
238 巴勒斯坦人先前的会谈往往因对历史的观点分歧而中断,阿布·阿拉

---

① Mahmoud Abbas(Abu Mazen), *Through Secret Channels* (Reading, 1995), p. 114.

提议将精力集中于未来的双边关系。赫希菲尔德表示同意,还提出首先考虑加沙,看看能以什么方式将它交给巴勒斯坦人,使后者能够实现自治。

"加沙优先"的想法不是首次出现。在与胡斯尼·穆巴拉克总统的首席政治助手奥萨马·巴兹会谈时,佩雷斯外长第一次说到这个观点,以后又跟阿姆鲁·穆萨(Amru Musa)及穆巴拉克本人提过。佩雷斯请埃及人问问,作为进一步谈判的基础,阿拉法特是否对先有一份加沙协议感兴趣。[①] 不过,巴解组织主席立刻拒绝了这种想法,怀疑以色列人只打算给他问题成堆的加沙,而留下西岸和耶路撒冷。如今,在挪威的第一次会谈中,巴解组织代表阿布·阿拉不反对从加沙开始的主意,但也提出讨论耶路撒冷的未来的可能性。赫希菲尔德不同意,说以色列认为那是它的永久首都,任何涉及像耶路撒冷这样敏感的话题都会早早葬送会谈,坚持在早期阶段只关注加沙。[②] 在此,赫希菲尔德代表了以色列的一种普遍情绪:当被问及是否愿意在和谈中讨论耶路撒冷地位时,83%的以色列人回答"不愿意"。当被问及是否愿意将加沙地带交给巴勒斯坦人时,84%的人回答"愿意"。[③] 总的来说,以色列人和巴解组织代表在挪威的会谈很顺利,又谈了两天后各自回家了。赫希菲尔德和庞达克向副外长贝林汇报,阿布·阿拉则向阿拉法特和阿布·马赞汇报。

1993年初,挪威非正式会谈一直持续着,目标逐渐集中于形成一份原则声明(Declaration of Principles,DOP),以此作为未来巴以协议的框架。赫希菲尔德和庞达克时时向副外长贝林通报挪威的最新情况;2月,看到会谈进展顺利,贝林决定向佩雷斯外长汇报。到这个时候,佩雷斯对挪威秘密渠道还一无所知。2月9日,佩雷斯将此事告知拉宾总理,还提议道,既然华盛顿渠道已经关闭,以色列应该把精力转

---

① Shimon Peres to author.

② Yair Hirschfeld to author, Ramat Yishai, 25 February 1997.

③ Asher Arian, *Security Threatened*, *Surveying Israeli Opinion on Peace and War* (New York, 1999), pp. 101 and 104.

向挪威渠道。拉宾不想在奥斯陆谈,他想在华盛顿。首先,华盛顿谈判
239 是在马德里和会上决定的,反对党利库德集团曾予以批准,无法对此提出异议。其次,至少在表面上,华盛顿会谈排斥了巴解组织,而在奥斯陆,谈判对手就是巴解组织——以色列根本不承认它是巴勒斯坦人的代表。不过,在佩雷斯的提议中,拉宾看到了一个机会,可以将继续奥斯陆会谈作为华盛顿会谈的条件,以奥斯陆为杠杆,说服阿拉法特派出他的代表团。自415名巴勒斯坦人被驱逐到黎巴嫩以来,代表团就离开了华盛顿的谈判桌。拉宾没有拒绝佩雷斯的提议,说:"如果与华盛顿会谈同时进行,我同意在奥斯陆会谈。"[①]杠杆发挥了作用。在挪威,赫希菲尔德将拉宾的要求转给阿布·阿拉,后者又转给突尼斯的阿拉法特。由于急于推动奥斯陆谈判,阿拉法特在安曼会见了他的华盛顿代表团,要其回美国参加谈判,代表团勉强同意了。这样,在中断4个半月后,1993年4月27日,华盛顿会谈恢复了。3天后,奥斯陆会谈恢复了。在华盛顿,正式的以色列代表团和来自被占领土的巴勒斯坦人重复着陷入僵局的旧模式,而在奥斯陆,非正式的以色列团队和巴解组织稳步地接近达成原则声明。

然而,阿拉法特现在坚持道,以色列应提高它的奥斯陆团队的级别:他的谈判小组包括阿布·阿拉等巴解组织高级官员,以色列一方却仅是两位学者,他们的立场并不必然地代表以色列政府的观点。在奥斯陆,阿布·阿拉将阿拉法特提高级别的要求转给赫希菲尔德,后者又转给佩雷斯。1993年5月14日,外长与总理讨论了这件事。如今佩雷斯认识到,与举步维艰的华盛顿谈判不同,奥斯陆会谈势头良好。他提议亲自前往挪威,负责那里的秘密会谈。[②] 拉宾反对;他认为如果佩雷斯去挪威,对奥斯陆秘密渠道毫不知情的政府就得对巴解组织承担义务。后来,两人同意派出外交部办公厅主任乌里·萨维尔,由他在奥斯陆代表以色列。值得注意的是,这种安排既意义重大,又颇为讽刺。

---

① Yossi Beilin, *Touching Peace* (Tel Aviv, 1997), p. 90 (希伯来文)。

② 作者对西蒙·佩雷斯的访谈。

重大在于,这是以色列第一次任命一位官员,与备受谴责的巴解组织开展直接会谈。具有讽刺意味的是,虽然以色列正式开始同这个组织谈 240
判,它却仍未承认巴解组织是巴勒斯坦人民的代表。

1993年5月20日,萨维尔来到奥斯陆。经过5轮会谈,双方已形成一份和平总体框架的草案,即原则声明,其中有14个条款和一些附件,包括"准备在这个地区实施一项马歇尔计划的指导方针"。当萨维尔到达奥斯陆时,那里的形势是:根据协议草案,以色列和巴勒斯坦人员有了新的谈判目标,即"达成建立巴勒斯坦临时自治政府机构的协议……在引向最终安排的过渡时期中由此机构负责……"协议草案接着说,为使被占领土上的巴勒斯坦人民能够根据民主原则自我管理,"应举行直接、自由与全面的政治选举。"过渡时期定义为自原则声明签订之日起,"不超过5年",在那以后,最终地位谈判应"尽早在以色列政府和巴勒斯坦人民的代表间进行,但不得晚于过渡时期第三年年初"。到过渡时期第二年年底,以色列军队应完全撤离加沙地带,托管制度将在那里建立。

然而,如阿拉法特正确地怀疑的那样,以色列学者代表不了以色列政府。来到奥斯陆后,萨维尔为继续会谈设立了新的规则。在第一次与阿布·阿拉及其团队会谈时,萨维尔宣读了一份书面文件,其中首先提到的就是耶路撒冷。他说,耶路撒冷将不予讨论,不列入会谈日程,因为以色列认为那是它自己的永久首都。相反,与之前的赫希菲尔德和庞达克一样,萨维尔提议会谈集中于加沙地带,以之作为交给巴勒斯坦人实施自治的第一个地方。萨维尔的第二点意见是,"无论未来发生任何事情,再不要有强制性的国际裁断,一切问题的解决都通过以色列人与巴勒斯坦人的直接谈判。"这反映了以色列的一个传统立场,即不相信国际社会能有公正的、不偏不倚的裁决。萨维尔的最后一个意见是关于安全事务的。"在整个谈判期间,"他读道,"以色列坚持应有可以信赖的安全安排。"①

---

① 本段中引文,Uri Savir to author,Tel Aviv,3 March 1997。

第二天，阿布·阿拉将突尼斯的巴解组织对上述先决条件的回答
241 转给了萨维尔。他说，阿拉法特同意以色列的所有要求：在这个阶段，耶路撒冷不列入谈判日程，不要有国际裁决，会谈集中在加沙地带的问题上。不过，阿布·阿拉又说，除了加沙，阿拉法特还想要其他地方，想要西岸杰里科地区的一些地方。

杰里科是西岸最缺乏活力的一个城镇。在一份以加沙地带为中心的协议上加入这么一个地方，这种想法不是第一次出现。1992 年 11 月 16 日，佩雷斯向埃及总统提过此事；同先前"加沙优先"的想法一样，外长希望穆巴拉克转请阿拉法特考虑。佩雷斯相信——如后来证明的那样——能在西岸拥有立足点，这将成为一个难以抵抗的诱惑，促使巴勒斯坦人参加谈判；阿拉法特可以因此放下心来，知道以色列不是骗他接过问题重重的加沙地带，同时坚持留下其他地方。

回到以色列后，萨维尔向佩雷斯和拉宾汇报了奥斯陆会谈的结果。他说，巴解组织代表看来是认真的，建议继续谈判，并在以色列团队中加入一名律师。拉宾和佩雷斯表示同意，选择了约尔·辛格。他是一个主要在华盛顿活动的以色列律师，20 世纪 70 年代在国防军法律部门服务，曾参与制订以色列与埃及、叙利亚的脱离接触协议和《戴维营协议》。辛格飞到以色列，同拉宾和佩雷斯会面。看过在奥斯陆形成的草案后，他称之为"一块夹生蛋糕"，[①]尤其批评了协议的核心部分，即以色列撤退后在加沙建立托管制度，因为它将引入以色列一直希望排除在外的国际社会。辛格还坚持要以色列承认巴解组织。首先，与巴解组织秘密会谈一事迟早会泄露；而且，承认了巴解组织，如果以后巴勒斯坦人不遵守协议，以色列可以找到能为此负责的人。拉宾和佩雷斯感到，承认巴解组织的时机还不成熟，以色列公众尚未做好准备。不过，两人决定派辛格去奥斯陆，将"夹生蛋糕""烤熟"。

1993 年 6 月 13 日，辛格与巴勒斯坦人首度碰面；这是奥斯陆会谈

① Yoel Singer, interview, Washington, 21 July 1997, in the author's archive; Yair Hirschfeld to author.

的第7轮。原则声明已被接受,但阿布·阿拉及其团队如何解释这份文件？辛格提出了超过40个引起很大麻烦的问题。问题如雨点般砸向巴勒斯坦小组,辛格则细致地记下对它们的回答,以备事后研究。6月 242
27日,在下一次奥斯陆会谈时,辛格向阿布·阿拉建议,双方"保留原则声明的现有结构",但加上"被接受的会议记录,作为原则声明的一部分,"并在"(上次会议中的)问题与回答的基础上做些变动。"[①]巴勒斯坦人不得不同意。在辛格所作的变动中,他将原始的协议草案合并进来,于7月9日举行的第9轮奥斯陆会谈时交给巴解组织。由于在相当程度上改变了原有的协议,它引发了会谈中一场很大的危机。在突尼斯,阿布·马赞和阿拉法特一直监管着奥斯陆会谈,他后来写道,"看起来,辛格来的目的是要从零开始。"[②]愤怒的巴勒斯坦人决定回击,于7月11日提出了自己的修正方案,包括将文件中的用词"巴勒斯坦团队"改为"巴解组织",要求让巴勒斯坦人控制杰里科与约旦、加沙与埃及的交界地带,要求拥有一条连接加沙与西岸的通道,要求巴勒斯坦人控制"杰里科地区"而不仅仅是杰里科。

尽管有这次危机,挪威会谈仍持续着,并形成了一份修订过的原则声明文件,其中反映了以色列人与巴勒斯坦人所作的变动。双方还同意放弃在加沙实施托管制度的主意。总的来看,到7月25—26日的第11轮会谈结束后,以色列与巴解组织团队的原则声明继续保留着,而阻止最终签订协议的障碍已不过7条。

现在,我们要暂时放下以色列与巴解组织未完成的会谈,转向以色列同叙利亚的和谈。在拉宾总理看来,很大程度上,与巴勒斯坦人的协议取决于与叙利亚人的谈判的进展。从一开始,拉宾就希望首先解决与叙利亚人的问题,认为两国的分歧不像以色列人与巴勒斯坦人之间的那么复杂。从策略上说,他还相信与叙利亚总统阿萨德达成的协议

---

① Mahmoud Abbas, *Through Secret Channels*, p. 156; Yoel Singer, interview.

② Mahmoud Abbas, *Through Secret Channels*, p. 152; also interview with a member of the Palestinian delegation, Hassan Asfour, Ramallah, 19 February 1997, in the author's archive.

将严重削弱阿拉法特的地位，迫使他更加合作。然而，叙利亚的阿萨德也不好对付。

与叙利亚的和谈

1991年的马德里和会后，以色列开始了与叙利亚的和谈。当时，
243 以色列的代表是沙米尔总理的助手约西·本—阿哈龙，叙利亚代表是谈判老手穆瓦菲克·阿拉夫(Muwaifiq el-Allaf)。两个民族主义者花了大量时间争论历史问题，偶尔谈到未来时，他们也几乎没有任何共同立场。阿拉夫坚持道，和平方案应以叙利亚解释的联合国第242号决议为基础，即以色列需从所占领的戈兰高地全部撤离。而本—阿哈龙认为，两国未来关系的基础应是“和平换和平”，不在于以色列的撤退。根据以色列的观点，联合国第242号决议只要求从所占领土**部分**撤离。本—阿哈龙坚持说，当以色列离开西奈时，它已经实现了决议的要求。谈判走进了死胡同。

在1992年上台后，拉宾用伊塔马尔·拉宾诺维奇换下了本—阿哈龙。拉宾诺维奇是特拉维夫大学的一位教授，拉宾认识并信任他。1992年8月24日，拉宾诺维奇与叙利亚人开始了第一次谈判，宣读了一份他和拉宾总理在以色列商定的书面文件。拉宾诺维奇的话极大地鼓舞了叙利亚人；他清楚地表明，拉宾政府为换取和平，原则上同意撤出戈兰高地。这被认为是一项重大突破。到8月31日举行下一次会谈时，叙利亚人拿出了一份打算当作未来谈判基础的文件，交给了以色列人。

文件名为原则声明草案，共4页，是大马士革于1992年5月到8月间拟定的，准备作为与拉宾新政府谈判的议事日程。文件的前3页勾勒了以色列与阿拉伯邻居的总体和平计划，其余部分讨论以叙关系。叙利亚一直主张所谓的“总体和平”，要求在同以色列进行和谈时，所有阿拉伯国家组成一个共同阵线。文件首次全文发表于本书附录2，下面是其中最重要的两个条款：[1]

---

① *Draft Declaration of Principles*. Source: Syrian, in the author's archive.

5(a). 实施方案:

以色列从1967年占领的叙利亚戈兰全部撤出;撤离并拆除一切在那之后建于所占领的叙利亚领土上的定居点,它们违背了日内瓦协议、国际法准则和联合国决议。 244

7. 安全措施与监督人:

……双方宣告,在对等的基础上,愿意采纳和接受保障安全的必要措施,包括可能在两边建立的同等的非军事区或减少军备的区域,包括在不危害两国主权和两国平等权利的前提下,通过安理会从某些国家或从两国征募安全监督人。

换句话说,通过条款5(a),叙利亚人表明了要求以色列从**全部**戈兰高地**彻底**撤出的立场;如果以色列将被占领土交还给叙利亚人,则条款7就是后者愿意以安全措施的形式给予的回报。原则声明草案是一项突破,它使得谈判者有了某种进入工作状态的开关,一张可以引导人们前进的地图。虽然如此,它仍是一个将谈判者困在其中的泥潭,其原因本质上是程序性的,即从哪里开始的问题。以色列人坚持从条款7入手,急于明确在同意撤出具有战略意义的戈兰高地前,自己能得到什么样的安全措施的回报。另一方面,叙利亚人坚持先处理条款5(a),希望在探讨与以色列的安全及和平之前,自己能**先**收回戈兰高地。这样,从1992年8月到1993年8月,整个谈判都花在解决先讨论哪个条款的问题上。如叙利亚代表团的一位成员瓦立德·莫阿勒姆后来回忆的那样,"它是一个怪圈。"[①]

为打破僵局,推动叙以和谈,1993年8月3日,美国国务卿沃伦·克里斯托弗来到耶路撒冷,会见拉宾总理。这次会谈颇有意义,期间拉宾表示了愿作重大让步的姿态。他对克里斯托弗说,到了大马士革,他

① 对叙利亚大使瓦立德·莫阿勒姆的访谈,华盛顿,1997年7月19日,作者档案。

可以问问阿萨德总统——拉宾强调这是一个假设性的问题——如果叙
245 利亚得到了它想要的,即以色列从戈兰高地撤军,总统愿意与以色列实现和平吗?[1] 克里斯托弗问拉宾,这对以色列与巴勒斯坦人的谈判意味着什么?拉宾说,如果阿萨德的回答是肯定的,那将只有一个小的巴勒斯坦方案,如果是否定的,将有一个大的以色列—巴勒斯坦协议。

我们应记得,到 1993 年 8 月时,以色列政府和巴解组织的代表在奥斯陆的会谈已到了一个关键阶段,除了双方还有分歧的 7 点外,其他问题都已解决和取得一致意见,并形成了一份书面文件。如今,拉宾试图作出选择:是走完奥斯陆全程,与阿拉法特达成协议,还是再对叙利亚人作一次出价?如我们已经解释过的那样,可能的话,拉宾希望先与阿萨德签订协议。国务卿克里斯托弗出发前往大马士革,清楚拉宾的委托意义重大。"对我来说,这是一个非常重要的信息,"克里斯托弗对本书作者说,"它意味着我可以谈论(以色列撤出)整个戈兰高地。"[2]

8 月 4 日,克里斯托弗在大马士革会见了阿萨德总统,次日返回以色列向拉宾报告。如克里斯托弗向总理解释的那样,阿萨德表示愿意与以色列实现和平。然而,当克里斯托弗进行详细地说明后,事实表明总统对拉宾的表态仍是以"是的,但是……"来回答。拉宾希望从戈兰高地的撤退期限为 5 年。首先,他要有足够的时间撤出犹太定居点,第二点可能更加重要:给叙利亚一个考验期,让它证明自己对和平的坚定信念。阿萨德给拉宾的撤退时间则不超过 6 个月。拉宾要求"充分的安全措施",阿萨德同意这一点,但要在边界两边"对等"的基础上。拉宾感到难以接受,那样的话,他需要从加利利边境处的许多地方撤出以色列军队。此外,在以色列作出从戈兰的重大撤军行动之前,阿萨德反对使以叙关系正常化。国务卿克里斯托弗说:"听到这些细节后,拉宾非常失望。对于自己考虑全部撤离的表态,拉宾失望地感到阿萨德

① 作者对沃伦·克里斯托弗的访谈,洛杉矶,1998 年 1 月 23 日。
② 作者对沃伦·克里斯托弗的访谈。

并未表现出更多的良好意愿和赞赏。”在总统作出不冷不热的回答后,拉宾决定将叙利亚问题放在一边,转向奥斯陆的巴解组织。 246

完成奥斯陆协议

拉宾最初想将佩雷斯排除在双边会谈之外,但现在,总理要外长负责解决以色列与巴解组织之间尚存的问题。佩雷斯对瑞典和挪威作了一次预先安排好的访问,邀请约尔·辛格与他同行;后者于1993年6月加入了挪威会谈,并成为会谈的主要推动者。在斯德哥尔摩,佩雷斯又邀请了挪威的协调人特尔杰·拉尔森;在以色列,佩雷斯的副手贝林联系正在冰岛访问的挪威外长约翰·于尔根·霍斯特,请他到瑞典与佩雷斯会合。以色列外长的设想是,通过电话跟突尼斯的巴解组织领导人谈判,解决最后的障碍。由于以色列未承认巴解组织,谈判需要一个第三方,即挪威外交部。

1993年8月17日,晚上10点,特尔杰·拉尔森联系了突尼斯的阿拉法特。通过电话,奥斯陆会谈的最后一幕开始了。在这个晚上讨论的问题中,最复杂难解的就是奥斯陆协议草案的第5款第3段,所涉及的是最终地位谈判应包括的问题。以色列人不想提及所有这些内容,其中一些根本不愿讨论,但巴勒斯坦一方坚持道,双方签订的原则声明中应将它们列入。阿拉法特在这个问题上不肯让步,最终赢得了胜利。这关键的一条写道:“有关方同意,这些(最终地位)谈判应包括下列问题:耶路撒冷、难民、定居点、安全措施、边界、与邻国的关系及合作,以及其他共同关心的问题。”[1]另一个复杂的问题在奥斯陆协议附件2的第4段,涉及对从埃及和约旦进入加沙和杰里科的路口的控制,佩雷斯和巴解组织为此进行了激烈的争论。在奥斯陆会谈中,以色列人拒绝讨论这个问题,声称对进入巴勒斯坦地区的路口的控制属于外部安全的一部分,将由以色列继续掌握。而且,控制边界上的路口是主权问题,巴勒斯坦临时政府机构只享有自治权,不应考虑拥有主权的政府才

① Mahmoud Abbas, *Through Secret Channels*, p. 177.

拥有的权利。坚持己见的巴勒斯坦人找到了一种折中的措辞，最后，双
247 方在电话中达成了一个可以接受的含糊方案。原则声明的这部分写道："上述协议将包括双方协助安排通道问题：a. 加沙—埃及；b. 杰里科—约旦。"[①]在奥斯陆会谈的最后阶段，双方在电话中讨论的还有其他问题，持续了7个小时。佩雷斯外长后来解释道，电话费"由瑞典政府支付"。[②] 8月19日晚，有关各方在挪威举行了一个小型庆祝仪式，乌里·萨维尔和巴解组织首席谈判者阿布·阿拉草签了协议。萨维尔是以色列外交部办公厅主任，在奥斯陆会谈中发挥了重要作用。

由于这一重大协议需要美国的认可，佩雷斯建议拉宾总理去一趟美国，向克林顿总统通报所取得的突破，接受他的祝福。然而，拉宾委派佩雷斯完成这个任务。1993年8月27日，佩雷斯和挪威外长霍斯特及少数几名顾问到达加利福尼亚马古点(Point Magu)海军基地，见到了沃伦·克里斯托弗和中东和平特使丹尼斯·罗斯，告诉他们所达成的以色列—巴勒斯坦协议。由于以色列人对美国人保守了会谈的秘密，后者对此几乎一无所知。极为震惊的克里斯托弗和罗斯在同克林顿短暂通话后，表达了他们的祝福，并接受佩雷斯的请求，同意在白宫举行签字仪式。

还有一事尚待解决——承认巴勒斯坦民族解放组织。尽管以色列政府已经和巴解组织在奥斯陆达成协议，以色列人仍未正式认可巴解组织为巴勒斯坦人民的代表。1993年9月9日，亚西尔·阿拉法特从挪威外长霍斯特的办公室给拉宾总理发去一封信，确认巴解组织参与和平进程，谴责恐怖主义和其他暴力行为。阿拉法特对拉宾写道，巴勒斯坦宪章中否认以色列生存权的条款不再有效，不再使用。拉宾回了封简短的信："主席先生，作为对您写于1993年9月9日的信件的回复，考虑到其中所表达的巴解组织承担的义务，以色列政府决定承认巴解组织为巴勒斯坦人民的代表，在中东和平进程框架内开始与巴解组织谈判。"[③]这一

---

① Mahmoud Abbas, *Through Secret Channels*, pp. 178—9.

② 作者对西蒙·佩雷斯的访谈。

③ Shimon Peres, *Battling for Peace*, p. 378. 拉宾坚持信的开头用"主席先生"而不是"亲爱的主席先生"。

举措意义重大。这之前,以色列一直把阿拉法特看作恐怖分子或小丑,不愿意同他打交道,但现在,他被认可为一名政治家。 248

双方正式相互承认后,以色列政府与巴解组织可以公开签订一项协议了。1993 年 9 月 13 日,拉宾和阿拉法特作为主要签字者,坐在了贝京与萨达特于 1978 年在戴维营签字时用过的同一张桌子边。拉宾在演讲中说道:

> 我们注定要生活在一起,生活在同一个地方的同一块土地中。我们,是从血肉横飞的战场上下来的士兵,我们的亲人和朋友在我们眼前被杀,我们参加过死者的葬礼,我们不敢看那些父母和孤儿的眼睛,我们来自一个父母埋葬孩子的地方,我们曾经与你们战斗,巴勒斯坦人。今天,我们要响亮、清楚地对你们说:鲜血和眼泪已经流得太多了。够了。我们对你们不怀仇恨。我们不想报复。我们和你们一样,是些想建造一座房屋、种植一棵树的人,是些想爱的人,想和你们生活在一起的人——有尊严地,满怀同情地,作为人,作为自由的人。今天,我们给和平一个机会,对你们说:够了。让我们祈祷那一天的到来,那一天我们会说:再见了,武器。①

引导奥斯陆协议诞生的努力产生的不过是一份原则声明,一份议事日程。如今,在华盛顿的签字仪式后,人们需要进一步谈判,将框架转变为行动计划。第一件应谈判的事就是以色列军队从加沙和杰里科撤离,将这些领土交给阿拉法特和巴勒斯坦人,使其能够实施自治。签字仪式后,致力于实现这一目标的会谈立即开始了。谈判由两个委员会同时进行,一个由佩雷斯外长和马哈茂德·阿巴斯领导,另一个包括一些专家,在埃及旅游胜地塔巴(Taba)举行。

与此同时,那些反对和平进程的人也开始行动。1994 年 2 月 25

---

① Walter Laqueur and Barry Rubin, *The Israel – Arab Reader*, pp. 612 — 13.

日,在希伯伦一个主要的清真寺,定居者巴鲁赫·戈德斯坦枪杀了29名参加宗教仪式的阿拉伯人。希伯伦是埋葬族长们的地方,犹太人和穆斯林对他们都很崇敬。4月6日,在阿夫拉,一名哈马斯自杀炸弹袭击者杀死了8个以色列人,显然是为报复发生在希伯伦的屠杀。7天后,另一位哈马斯袭击者身上绑满炸药,在哈德拉(Hadera)的一辆公共汽车上引爆,杀死了6名以色列人。这些杀戮事件推迟了以、巴为实施奥
249 斯陆协议而进行的会谈,但并未使它停下来。1994年5月4日,拉宾总理和巴勒斯坦领袖阿拉法特在埃及签订了《开罗协议》。根据协议,以色列将分3个阶段把权力和土地转交给巴勒斯坦人。在第一阶段,以色列民事政府向巴勒斯坦民族权力机构移交教育、文化、卫生、社会福利和税务等方面的责任。第二阶段,以色列重新部署在巴勒斯坦人口密集地区的军队。最后阶段将在西岸和加沙地带举行选举,产生新的巴勒斯坦民族权力机构。协议签订后,随即开始实施。5月25日,以色列军队收起了自己的旗帜,撤出加沙地带和杰里科,巴勒斯坦警察进驻这些地区。7月1日,亚西尔·阿拉法特来到加沙,接管了巴勒斯坦事务。前"恐怖分子"现在成为巴勒斯坦民族权力机构主席。

与约旦的和平

以色列人与巴勒斯坦人在华盛顿签署原则声明的第二天,1993年9月14日,以色列与约旦签订了共同日程(Common Agenda),其中包括未来两国和平条约的蓝图,突出了那些将要讨论的问题,如安全、水资源、难民、边界和领土事务。

1994年5月19日,拉宾总理和侯赛因国王在伦敦秘密会面,草签了和平条约纲要。这次会晤后,以色列与约旦团队紧锣密鼓地开始填补总体和平框架的细节部分,并制定将与和平条约一起签订的15个双边协定。两个月后的7月25日,侯赛因国王和拉宾总理在白宫草坪签署了《华盛顿宣言》。这还不是一个成熟的和平条约,但向它又迈进一步。在宣言中,以色列和约旦公开宣布中止交战状态,决心寻求公正、持久、全面的和平,并致力于两国关系的正常化。10月16日,在安曼

郊外的哈舍米亚宫(Hashemiyya),拉宾总理和侯赛因国王再次会面,以解决全面的和平条约签订前的遗留问题。站在地图前,总理与国王商讨需做出的边界调整,双方同意,关于以色列在1948年占领的土地,其主权应归还约旦,但那些耕作了许多年的以色列农民可以以承租人 250
的身份继续占有它们。到10月17日凌晨4点,拉宾和国王结束了对边界的划分,去小睡一会儿,留下各自的团队敲定最后的细节。4个小时后,他们草签了这些协定。10月26日,以色列—约旦和平条约最终签订。条约获得批准后,11月27日,以色列和约旦建立了全面外交关系。

第二个奥斯陆协议和拉宾遇刺

1995年1月22日,那些反对和平的手再次举起。在拜特利德(Beit Lid)一个繁忙的公交车站,一名哈马斯自杀炸弹袭击者炸死了29名以色列军人和平民。不过,虽然很令人震惊,它并未阻止以色列人与巴勒斯坦人的谈判——目标是将在加沙和杰里科的巴勒斯坦权力扩展到西岸更多地方。这是一场艰巨的战役;在加沙地带,犹太定居点只有十多个,但在西岸有约140个,其中许多靠近将要交给巴勒斯坦人的地方。更麻烦的是西岸还有希伯伦,那里的400名犹太人生活在占人口绝大多数的阿拉伯人中间。对犹太人来说,它是仅次于耶路撒冷的圣城,同时,它也是穆斯林的一个重要圣地。

在危机重重的复杂谈判中,以色列和巴勒斯坦团队制定了一份协议,将西岸分为3个区。阿拉伯人口集中的地区完全交给巴勒斯坦人;有犹太定居点和军事区的归以色列控制;在第3个区,巴勒斯坦警察负责公共秩序,以色列主管安全事务。[①] 到1995年8月中旬,在以色列的红海旅游胜地埃拉特,忙于确定协议细节的以色列人和巴勒斯坦人有数百之多。在9月的10个紧张的日子里,佩雷斯外长和阿拉法特主席亲自接掌了会谈,一起解决希伯伦等最复杂的遗留问题。他们成功了。9月28日,在美国总统克林顿、埃及总统穆巴拉克、约旦国王侯赛 251

① 作者对乌兹·达扬将军的访谈,特拉维夫,1997年10月3日。

因的注视下,拉宾和阿拉法特于华盛顿签署了第二个奥斯陆协议(参见地图6)。厚重的协议长达410页,包括8份地图。10月5日和6日,以色列议会就第二个奥斯陆协议进行辩论,表决时以61票对59票的细微差距获得批准。在之后的数周和数月中,以色列军队从不包括希伯伦在内的6个主要西岸城市和数百个阿拉伯村庄撤出,把这些地方交由阿拉法特控制。

然而在以色列,有些人激烈地反对将土地还给阿拉伯人。既然无法"谋杀"和平进程,这些人决定谋杀和平的使者。1995年11月4日,在特拉维夫的一次集会上,右翼狂热分子伊加尔·阿米尔枪杀了总理。阿米尔来自宗教气氛浓厚的巴尔伊兰(Bar-Ilan)大学。谋杀极大地震动了这个国家,加深了社会中左翼与右翼、宗教与非宗教成分间的猜忌和紧张关系。拉宾被安葬在耶路撒冷的赫茨尔山上,他的葬礼见证了以色列与阿拉伯邻居间关系的改善:约旦国王侯赛因和埃及总统穆巴拉克等阿拉伯领袖致了悼词。

如今,成为总理的佩雷斯决心推进第二个奥斯陆协议的实施,还急于为以色列同叙利亚的和谈注入新的活力。由于拉宾将叙以和谈作为自己亲自抓的保留项目,秘而不宣,佩雷斯对已经走到了哪一步知之甚少。直到拉宾葬礼的那天,在耶路撒冷的大卫王饭店,佩雷斯才从克林顿总统那里得知以叙和谈的情况,才了解其前任有关归还戈兰高地以换取真正和平的保证。可以理解,拉宾的做法让佩雷斯很受伤害,虽然如此,他仍向克林顿总统表示,他将信守拉宾先前的诺言。1995年11月19日,佩雷斯在耶路撒冷会见了中东和平特使丹尼斯·罗斯,交给他一封亲笔信,请他转给阿萨德总统。"这是一封友好的信,我表达了进行光荣的、平等的谈判的意愿。"佩雷斯对本书作者解释道。通过罗斯,他还邀请阿萨德进行高峰会晤,以便两人一起推动和谈。对于佩雷斯个人的信,阿萨德说"这是一封很好的信",对于会晤的邀请,他说原则上可以,但不愿确定一个日期,事实上是拒绝了。1995年12月27日,
252 政府官员级别上的以叙和谈于马里兰州恢复了,但进展缓慢。

与此同时,佩雷斯决定提前进行原定于1996年11月的以色列大

选。这是一个明智的选择,因为他可以利用此时的气氛:拉宾的遇刺令公众同情工党,但如果太久了人们会淡忘。另外,佩雷斯感到,与叙利亚的协定和推动与阿拉法特有关领土最终地位的谈判都需要强有力的决策者,需要公众重新授权,而他只是继承了遇刺的拉宾的位置,并不是当选总理。1996 年 2 月 11 日,佩雷斯宣布,将大选提前至当年 5 月举行。

然而,每到大选的时候,佩雷斯抓到的牌似乎总要跟他作对。在宣布选举日后的几周内,佩雷斯失去了民意测验中压倒性的领先地位。随着巴勒斯坦伊斯兰组织哈马斯新一轮自杀炸弹袭击的实施,以色列死伤数十人,佩雷斯的支持率迅速下降。在某种意义上,他喝下的是自酿的苦酒:哈马斯的炸弹战役是对以色列于 1996 年 1 月 5 日暗杀叶海亚·阿亚什(Yahya Ayyash)一事的报复。后者是一名所谓的工程师,曾策划了前几次的哈马斯袭击。2 月 25 日,一枚炸弹在耶路撒冷爆炸,24 名以色列人死去;同一天,阿什克伦的一枚炸弹炸死一名妇女;24 小时后,还是在耶路撒冷,公共汽车上的一枚炸弹炸死了 18 人。接着,一枚炸弹在特拉维夫市中心的一辆公共汽车上爆炸,造成多名以色列人死伤。在大选前不久的关键时刻,这些恐怖袭击对佩雷斯来说是灾难性的。3 月 13 日,为表达对佩雷斯政府与和平进程的支持,一次高峰会议在沙姆沙伊赫召开,出席者来自包括一些阿拉伯政府在内的 27 个国家。

然后又是真主党。从黎巴嫩南部,这个什叶派运动向以色列定居点开火,迫使加利利的居民躲进掩体。在大选前夕,佩雷斯不想被看作一个软弱的人,指示以色列国防军还击。1996 年 4 月 11 日,国防军实施了代号为“愤怒的葡萄”的大规模军事行动。4 月 18 日,国防军误炸了位于加纳(Qana)的联合国基地中一处平民躲藏的地方,那里有 105 名黎巴嫩人。当然,炮弹偏离目标不是佩雷斯的过错,不是他所能预见的,但其结果对他在以色列国内外的声望是一次严重的打击。通过以
首脑身份批准的第一次军事行动,佩雷斯获得的不是他所希望的强硬 253
形象,反倒显得缺乏有效监督军事行动的能力。更糟的是,如今领导反

对党利库德集团的本雅明·内塔尼亚胡落井下石：在美国发起的停火协议签字的 4 月 27 日，他指责佩雷斯屈服于外界的压力，抛弃了以色列的利益。在离大选还有 4 周的时候，民意测验显示，佩雷斯大幅落后于内塔尼亚胡。

本雅明·内塔尼亚胡上场

投票于 1996 年 5 月 29 日进行。此前，议会做了宪政改革，要求以色列人投票两次，一次选总理，一次选政党。工党胜利地赢得 34 席，利库德集团 32 席。但在选举总理的单独投票中，本雅明·内塔尼亚胡惊险获胜，以 1 501 023 票对 1 471 566 票的细微差距击败佩雷斯。

胜选以色列最高政治职务的时候，被称为“比比”(Bibi)的新首相年仅 46 岁。他出生于耶路撒冷，孩童时期的大部分时间在美国度过，他的父亲是那里一所大学的教授。本雅明与长兄约拿单(Yonathan)很亲近，后者在大胆的恩德培救援行动中牺牲。当年轻的本雅明到了加入国防军的年龄时，他返回以色列去了总参谋部侦察营(Sayeret Matkal)——可能是以色列最精锐的特别行动部队。服役 6 年后，他离开军队去美国学习，接着，先在美国后在以色列投身商界。内塔尼亚胡是天生的政治动物，也逐渐地被吸纳进政治生活，先是作为外交人员，然后成为政党政治家。从 1982 — 1984 年，他是驻美国大使馆副主管。1984 — 1988 年，他担任以色列驻联合国大使，表现极为出色。1988 年，他首次进入议会，开始了在利库德集团内的急速上升。39 岁时，内塔尼亚胡成为副外长，1991 年海湾战争期间，他是以色列的首席发言人。那年晚些时候，作为以色列代表团的成员，他参加了马德里和会。1992 年，内塔尼亚胡成为副总理。1993 年，在沙米尔总理辞去利库德
254 集团主席后，内塔尼亚胡获选此职。

人们经常用“魔术师”这个绰号称呼内塔尼亚胡——虽然他并不热衷追逐聪明技巧的能力，却精通使自己的声音具有穿透力的方法，掌握了与年轻人交流的技巧，还有着英俊的相貌。他的世界观的核心是只有在认识到以色列是一堵“墙”后，阿拉伯人才会与之实现真正的和平。

内塔尼亚胡一直对奥斯陆协议持批评态度,到 1995 年的下半年,他领导了一个大规模的反对阵线。

当选总理后,内塔尼亚胡将宗教党派、以色列贝阿利亚(Yisrael Be'aliya)党和第三条道路党(Third Way Party)拉进了联合政府。宗教党派在大选中获得 19 席,已成为以色列政治中非常重要的一支力量。贝阿利亚党赢得 7 席,是俄国移民建立的右翼新党,由拿单·夏兰斯基领导。第三条道路党由叛出工党的阿维多尔·卡哈拉尼领导,它反对从戈兰高地撤退。1996 年 6 月 18 日,内塔尼亚胡向议会提交新政府名单并获得批准。

对内塔尼亚胡来说,不得不同阿拉法特打交道是一副难以下咽的苦药。虽然在胜选之后,他立刻与埃及总统穆巴拉克和约旦国王侯赛因等阿拉伯领袖通了电话,却很不情愿把电话打给阿拉法特。然而,无论如何,会面是不可避免的。1996 年 9 月 4 日,在挪威协调人特尔杰·拉尔森的安排下,两人在埃雷兹(Erez)检查站见了面。拉尔森曾为奥斯陆会谈作出巨大贡献。按照总理办公室的请求,拉尔森把一张很大的桌子拖进会议室,这样,两位领导人握手的时候就不得不将身体前倾,将胳膊伸直。[①] 这是一次正式而冷淡的会晤,对改善巴以关系毫无帮助。自内塔尼亚胡上台以来,巴、以关系一直在走下坡路。两人会面不久,一次大规模的暴力事件便发生了。

在耶路撒冷市长埃胡德·奥尔默特的鼓动下,9 月 24 日,内塔尼亚胡下令开通了一条古地道的北出口。古地道位于离圣殿山不远的旧城地下,靠近耶路撒冷旧城中神圣的阿克萨清真寺。在一个敏感的时期,在以色列人和巴勒斯坦人对耶路撒冷仍有争议的时候,这是一种挑衅。巴勒斯坦人倍感挫折,决定诉诸暴力。在 3 天的冲突中,15 名以色列士兵和 80 名巴勒斯坦人被杀,两边还有许多人受伤。事态急需外部调解以停止流血冲突,于是,克林顿总统将内塔尼亚胡和阿拉法特请到了 255

① 作者对特尔杰·拉尔森的访谈,特拉维夫,2000 年 3 月 31 日。

白宫。双方同意控制局势,中止暴力行为。虽然如此,这次耶路撒冷事件对双方的伤害都很深,令以色列人与巴勒斯坦人之间残存的一点点信任感荡然无存。而在着手解决面前的复杂问题时,这种信任感是必不可少的。

希伯伦与哈尔霍马

希伯伦之事尚未完结。虽然前工党政府签订了协议,承诺以色列将从希伯伦绝大部分地方撤退的协议,但协议还没有实施,以色列人的理由是巴勒斯坦人的暴力行为持续不断。内塔尼亚胡上台后,希伯伦便成了他施展拳脚之处。他不顾原先作出的遵守前政府所签协议的公开保证,决心修订希伯伦协议。阿拉法特虽然反对,却毫无办法。经过3个半月的艰苦谈判,一份修改后的协议出炉了,其主要内容如下:希伯伦的绝大多数地方被称作H-1区,有10万巴勒斯坦居民,将转交给阿拉法特的巴勒斯坦民族权力机构,由它负责安全与民事。另一处称为H-2区,有2万巴勒斯坦和400名犹太居民,它拥有一种独特的地位,由以色列负责安全、公共秩序及一切有关犹太居民的事务,阿拉法特的权力机构负责与巴勒斯坦人有关的民事。双方在希伯伦市中心画出分界线,制定出一份复杂的分割计划。

对于希伯伦协议,内塔尼亚胡最突出的贡献大概是一份他坚持的"记录按语",其中,他的政府和巴勒斯坦民族权力机构保证,双方在互惠基础上致力于和平大业。以色列将继续重新部署军队,释放关押的巴勒斯坦人,并在实施希伯伦协议的两个月内开始最终地位谈判。就巴勒斯坦民族权力机构而言,它将完成对巴勒斯坦宪章的修订,放弃反
256 以条款,加强与以色列的安全合作,禁止煽动行为和敌意性的宣传,"系统地、有效地"打击恐怖组织,起诉和惩罚恐怖分子,没收非法武器,以及其他一些谅解措施。①

---

① 有关记录可参见 Dan Naveh, *Executive Secrets* (Tel Aviv, 1999), pp. 217—20 (Hebrew)。

1997 年 1 月 15 日,内塔尼亚胡将希伯伦协议提交政府。虽然有强烈的反对意见,特别是阿里埃勒·沙龙和本雅明·贝京部长表示反对,政府还是通过了协议。本雅明·贝京后来提出辞职,以示抗议。经过辩论后,议会也批准了协议:87 票赞成,17 票反对,15 票弃权。

毫无疑问,修改希伯伦协议,在其中加上"记录按语",政府和议会不顾强烈的反对予以通过,这些是内塔尼亚胡的成就。然而,这一胜利很快被总理的定居点政策抵消了。1997 年 2 月 28 日,政府决定在哈尔霍马(Har Homa)——阿拉伯人称之为贾马尔·阿布·格内姆(Jabal Abu Ghneim)——建造 6 500 套住房。哈尔霍马是耶路撒冷西南方向的一块土地。之所以在这里建犹太定居点,政府的意图是设置一处实际的障碍,阻止伯利恒与东耶路撒冷的通连。然而,这块土地仍在以色列人与巴勒斯坦人的争议之中,政府的建筑计划令巴勒斯坦人很沮丧。在好几个星期里,双方对哈尔霍马的争执占据了以色列国内外的报刊头条。更加糟糕的是,内塔尼亚胡政府此时又作出决定,对于以前与巴勒斯坦人的协议中规定的撤军,以色列下一阶段撤出的区域将不超过西岸土地的 2%,远远少于巴勒斯坦人所期望的。

在相当紧张的局势下,巴以关系陷入低谷,和平进程处于崩溃的边缘。雪上加霜的是,1997 年 7 月 30 日,一名哈马斯的自杀炸弹携带者在耶路撒冷杀死了 14 人,导致 160 人受伤。内塔尼亚胡指责阿拉法特没有遵守希伯伦协议的"记录按语",没能阻止恐怖袭击,宣布冻结对第二个奥斯陆协议的实施。他还指示军队加强安全措施,并推动政府作出一个秘密决定,授权摩萨德暗杀住在约旦的一名哈马斯领导人哈立德·马沙尔(Khaled Mashal)。这是一次拙劣的尝试,几个月后,它将根
本动摇以色列与约旦的关系。 257

劳德秘密渠道

和以前的总理们一样,内塔尼亚胡希望在与阿拉法特达成任何重大协定前,先与叙利亚敲定一项协议。这里既有个人的原因,也有出于实际考虑的因素。就个人而言,内塔尼亚胡无法忍受阿拉法特。在更

实际的层面上，总理相信，同叙利亚总统阿萨德的一项协议将增加他在面对阿拉法特时的筹码。

为使叙利亚同意对话，内塔尼亚胡派出了摩萨德局长丹尼·亚托姆，让他跟叙利亚驻美国大使瓦立德·莫阿勒姆接触和商谈此事，但没有什么结果。在过去与工党政府的和谈中，莫阿勒姆担任叙利亚代表团团长。后来在 1997 年 5 月 16 日，内塔尼亚胡在大卫王饭店会见了美国中东和平特使丹尼斯·罗斯，请他去大马士革带信给阿萨德总统，其主旨是内塔尼亚胡急于进行秘密谈判，就以色列与叙利亚有分歧的基本问题实现初步的相互谅解。但阿萨德没受愚弄，立刻意识到内塔尼亚胡的提议顶多是些空话。他拒绝了。

然而到第二年，通过一条秘密渠道，与叙利亚的和平的确取得了一些进展。秘密渠道的主导者是一位美国百万富翁，商人罗纳德·劳德。1998 年夏，在乔治·纳德尔的协助下，劳德乘着一架私人飞机，携带着一份文件，穿梭于大马士革和耶路撒冷之间。乔治·纳德尔是住在华盛顿的一个黎巴嫩人，在叙利亚关系广泛。罗纳德·劳德携带的是以色列与叙利亚的和平条约，由他与内塔尼亚胡拟订。通过总理与阿萨德总统的这种间接谈判，条约作了多次修改。在 1998 年 8 月 29 日，和平条约的导言是这么写的："在安全、平等、互相尊重主权与领土完整与政治独立的原则基础上，以色列与叙利亚决定实现和平。"文件最重要的部分大概是第二条，它描述了从戈兰高地撤军的程度；如果阿萨德同意全面和平，内塔尼亚胡总理打算照此撤退以色列军队。这一条写道："联合国第 242 号与第 338 号决议确认各国享有安全、公认的边界的权
258 利，确认了'土地换和平'的方案。根据这些决议，以色列将撤出 1967 年获得的叙利亚土地，撤到一条受到广泛认可的、**基于 1923 年国际分割线**的边界。……"①

然而，阿萨德总统是位老到的、固执的、经验丰富的谈判者，很快认识到内塔尼亚胡的方案价值不大。以色列总理提出的撤退线"基于"

① 以色列与叙利亚和平条约，1998 年 8 月 29 日，作者档案。（着重提示为作者所加）

1923 年的国际分割线,这意味着内塔尼亚胡甚至不想从这条边界完全撤出。更重要的是,阿萨德从未承认过 1923 年的国际边界,一直坚持以色列撤到 1967 年 6 月战争前存在的界线。两条线的差别意义重大。1923 年的国际界线从加利利海的东部划过,在最接近水面的东北部离水边仍有 10 米,使得叙利亚人无法利用加利利海的水资源。1967 年 6 月战争前的界线则在一些地方从水面划过——这条线产生的基础是叙利亚人于 1967 年前非法获得的土地,但以色列也做过同样的事。对阿萨德总统来说,收回全部失地事关荣誉、尊严和得到宝贵水资源的通道,而内塔尼亚胡认为,加利利海提供了以色列 40%的用水,让叙利亚人靠近它是不能想象的。这是一个死结。经过在大马士革和耶路撒冷间的 10 次穿梭后,劳德秘密渠道被放弃了。

怀伊协议备忘录

1998 年春,主要在丹尼斯·罗斯的率领下,美国外交人员试图说服内塔尼亚胡总理,作为实施 1995 年 9 月 28 日的过渡协议的一部分,让他同意再从西岸多撤出 13%的土地。过渡协议即第二个奥斯陆协议。内塔尼亚胡拒绝了美国人的要求,只同意撤出 10%。为解决这一难题,一个新方案设计出来,以"绿区"或"自然保护区"的概念为基础。新方案的要点是以色列撤出 13%的土地,其中 10%交给巴勒斯坦人,剩下的 3%将称作"绿区"或"自然保护区",不准巴勒斯坦人在其中建房,由以色列负责这个区的安全。根据新方案,内塔尼亚胡可以辩称,他并 259
未放弃 13%的西岸土地,与此同时,美国可以告诉巴勒斯坦人说,13%的西岸土地到手了。然而,在以色列实现撤军之前,还有其他一些问题要商讨。为此,克林顿总统邀请内塔尼亚胡和阿拉法特去怀伊庄园,期望在那里进行一场戴维营式的谈判,直到协议达成为止。内塔尼亚胡不是很积极,但如同被拖进马德里和会的利库德总理沙米尔一样,他觉得无法对美国总统的邀请说不,只好默许了。

1998 年 10 月 14 日,高峰会议开幕。经过 9 天半的艰苦谈判,10 月 23 日,双方签订了《怀伊协议备忘录》。如以前所同意的那样,以色列放弃13%的土地,10%交给巴勒斯坦人,其余部分变成自然保护区。作为回报,内塔尼亚胡要求阿拉法特承担一些义务,包括采取措施防止恐怖主义行动、犯罪和对以色列的敌意,公开宣布"绝不容忍恐怖与暴力"的政策。阿拉法特还同意拘押进行暴力与恐怖活动的嫌犯,以作进一步的调查,并惩罚一切卷入暴力与恐怖活动的人。在怀伊,内塔尼亚胡提出,巴勒斯坦人应实施"一套系统的方案,以收集和适当处理所有非法行为",并要求巴勒斯坦警察人数从36 000名减到30 000名,阿拉法特答应了。此外,阿拉法特同意重申他于1998年1月22日写给克林顿的信,宣告在双方的新关系下,巴勒斯坦宪章的一些条款不再适用。根据《怀伊协议备忘录》,最终地位谈判将恢复并加快进程,以便在1999年5月4日前达成协议。

虽然有人乐观地认为怀伊备忘录将成为和平的新动力,但事与愿违,主要原因是阿拉法特不仅没能信守在怀伊庄园作出的承诺,还过分地表明了一个意图,即在与以色列达成的协议之外,他要单方面宣布成立巴勒斯坦国。为此,1998年12月20日,内塔尼亚胡召集政府,决定
260 中止实施《怀伊协议备忘录》,直到阿拉法特宣布他将不宣布建国,将制止暴力行为,将收缴武器,将坚守他在怀伊庄园峰会所承诺的义务。巴以关系开始走下坡路。到这个时候,以色列公众已对和平完全失去了希望。虽然许多人指责阿拉法特应为和平进程的失败负责,内塔尼亚胡也在以色列国内外受到了严厉的批评。随着政府在议会中支持者的减少,随着其地位的动摇,内塔尼亚胡宣布提前进行大选。

埃胡德·巴拉克上场

在1999年5月17日举行的大选中,"一个以色列"党的领袖埃胡德·巴拉克赢得对内塔尼亚胡的压倒性胜利,成为以色列第10位总理。"一个以色列"党由工党与两个小党米马德(Memad)和格什尔(Gesher)合并而成。

1942年,巴拉克出生于巴勒斯坦的米什马哈夏伦(Mishmar Ha'Sharon)基布兹,那时他叫埃胡德·布罗格(Brog)。巴拉克在巴勒斯坦

长大,18 岁时加入了国防军,被吸收进神秘的突击队总参侦察营。他在那里表现出众,后来成为它的指挥官。巴拉克亲自率领突击队执行过多次大胆的行动,如 1972 年 5 月 8 日的那一次。当时,一架比利时航空公司的客机被巴勒斯坦人劫持,降落在特拉维夫附近的一个机场,巴拉克的突击队出动后解救了 100 多位乘客。后来在 1973 年 4 月 10 日,巴拉克利用金发头套和假造的丰满胸部装扮成女人,率领突击队在贝鲁特市中心发起袭击,以报复 1972 年 9 月慕尼黑奥运会期间 11 名以色列运动员被杀一事。作为一名优秀的军人,巴拉克在国防军晋升很快,到被占领土上的"因提法达"爆发时,他已经是副总参谋长了。实施对阿布·吉哈德的暗杀行动时,他在一架波音 707 上进行空中指挥。阿布·吉哈德是仅次于亚西尔·阿拉法特的巴解组织第二号人物,他控制着被占领土上的"因提法达"。1991 年 4 月 1 日,巴拉克成为以色列国防军总参谋长,将近 4 年之后,当他于 1995 年 1 月 1 日退役的时候,他是以色列军队中获得勋章最多的军人。

在退役军官投身政治的法定间隔期过了之后,1995 年 7 月 16 日,巴拉克加入工党,第二天加入拉宾内阁,成为内政部长。拉宾被暗杀一事加速了巴拉克的上升。在新总理佩雷斯的内阁中,他成为外交部长。261
1997 年,他挑战佩雷斯的工党主席一职,经过难分难解的选战后,击败佩雷斯成为工党领袖,并赢得 1999 年大选。他是一个旧钟表收藏者,这或许解释了他总是喜欢设定最后期限的做法。巴拉克人很聪明,战斗精神旺盛,但却不善从事政党政治。他的身边围满了从军队里带出来的对他忠心耿耿的人,而很少去寻求党内的支持或建议。

上台第一天,巴拉克就明确了自己的首要任务:实现与阿拉伯人、巴勒斯坦人的和平。但如他在竞选中说过的那样,他也强调推进"社会正义方案"——在以色列被称为巴拉克的"社会革命"——其核心是使以色列政教分离。这一观点是为回应世俗以色列人的诉求,反对宗教党派和机构在以色列越来越大的影响;在非宗教的以色列人看来,它们正在将世俗的以色列变为偏狭和不宽容的犹太国。不过,巴拉克很清楚,他的世俗方案要缓一缓,实现和平这一更重要的任务需要他全力以赴。

完成联合政府的组建后，巴拉克立刻开始了他的和平使命，与有关的各国领导会面：1999年7月9日，在亚历山大见到胡斯尼·穆巴拉克；7月11日，在埃雷兹路口会见了亚西尔·阿拉法特；7月13日，在亚喀巴会见约旦国王侯赛因。7月14日，巴拉克在华盛顿会见了克林顿总统，花了5个小时解释他的和平计划。按照克林顿的说法："我听他说了一晚上。"巴拉克说，他急于在巴勒斯坦人与叙利亚人两条战线上推动和平进程，尽管在说到后者时让人感觉他更热情一些。他特地强调，与阿拉伯人和巴勒斯坦人的和平协议应在克林顿的任期内签订，因为在新任总统的第一个任期内，没有哪位会在中东问题上花很多时间和精力。或许巴拉克还觉得，下一位白宫的主人不大可能像克林顿对以色列那样友好。在事后的新闻发布会上，巴拉克总结了他作为总理对美国的第一次访问，称赞了克林顿，还说——克林顿劝他别这么说，
262 以免事实证明他是错的——希望在15个月内实现与巴勒斯坦人的和平，与叙利亚人的和平，从黎巴嫩撤出以色列军队。后一个目标巴拉克曾在选战中提出来。

正是在访问华盛顿期间，巴拉克和叙利亚总统哈菲兹·阿萨德开始公开地相互吹捧，互致一大套令人惊讶的言辞，其热情程度在这两个敌对国家的领导人间是前所未有的。巴拉克称赞阿萨德创建了一个"强大的、独立的、自信的叙利亚"，说"叙利亚对于中东的稳定非常重要"。阿萨德则夸巴拉克是个"强有力的、真诚的人"，说他"按照一个精心策划的战略行动，想与叙利亚实现和平"。[①] 然而，这些非同寻常的夸赞并未能打破僵局，将双方带到一张谈判桌上。阿萨德仍坚持说，与以色列的和谈应回到"1996年停下来的地方"，巴拉克应公开表示信守拉宾关于撤到1967年6月4日边界的诺言，并宣告他愿意退出加利利海岸边的**全部**戈兰高地，使叙利亚人能直接走到水边。拉宾和继任的佩雷斯曾通过美国人向阿萨德保证，如果他能满足以色列的要求，后者

① Ahron Bregman and Jihan El-Tahri, *Israel and the Arabs, an Eyewitness Account of War and Peace in the Middle East* (New York, 2000), p. 345.

将从戈兰高地全部撤出。巴拉克知道这些,却坚持先谈安全安排、关系的正常化等其他问题。他当然想推进与叙利亚的和谈;同他的导师拉宾和其他之前的总理一样,巴拉克一直相信“叙利亚第一”,将与叙利亚的和平置于麻烦得多的巴勒斯坦和谈之前,后者牵涉的事务过多,太过复杂,其中某些事务被赋予太多象征意义,几乎没有消解的可能。[①] 与叙利亚的协定还将带来与黎巴嫩的和平,确保大马士革对南黎巴嫩的真主党这一极端什叶派游击队的控制,这样,巴拉克还将能实现另一个目标,即从黎巴嫩撤出以色列军队。但在这个时候,尽管阿萨德和巴拉克都有一些积极的表态,两国的谈判仍泥足深陷,止步不前。于是,有些失望的巴拉克不得不像前任们一样,转向阿拉法特。

与巴勒斯坦人的谈判

如之前一张嘴巴说两样话的内塔尼亚胡一样——一边说遵守前任政府签订的协议,一边又要求修改希伯伦协议——巴拉克也表示,他将遵守怀伊备忘录,但坚持要作一些改动。备忘录是在克林顿总统的撮合下,内塔尼亚胡与阿拉法特于 1998 年签订的。巴拉克为什么要修改?他很不放心以色列的分阶段领土让步,认为那是在挥霍政治资本。在他看来,到了与巴勒斯坦人谈判最复杂、最敏感的事务时,如耶路撒冷的未来、难民与边界等,以色列将不再有足够的讨价还价的资本,不再有足够的土地来换取巴勒斯坦人的让步。通过修改怀伊备忘录,巴拉克希望在谈判最困难的问题时,以色列还继续控制着 60%的西岸土地。阿拉法特虽然不情愿,但巴拉克拥有土地这种有形的资产,阿拉法特所能提供的却只有常常不打算遵守的言辞和保证,他别无选择,只能默认巴拉克的做法。 263

1999 年 9 月 5 日,在埃及旅游城市沙姆沙伊赫,胡斯尼·穆巴拉克总统主持了巴拉克和阿拉法特签订《沙姆沙伊赫备忘录》的仪式。新备忘录扩大和修改了《怀伊协议备忘录》,规定了释放巴勒斯坦被关押人

① 作者对埃胡德·巴拉克的访谈。

员和处理经济问题的新时间表,以 2000 年 2 月 13 日作为达成和平基本框架的最后期限,以 2001 年 9 月 13 日作为达成最后地位协定的最后期限。至少从巴拉克的观点来看,最重要的是它设定了一张时间表,保证在谈判最艰难的问题时,西岸的绝大多数土地仍留在以色列手中。

然而,在接下来的几个月内,和谈未获得任何真正的动力。巴拉克表现得好像时间在他一边,花了好几周任命与巴勒斯坦人谈判的负责人。只是到了 11 月初的奥斯陆峰会以后,和谈才又启动起来,但仍未取得什么结果。峰会名义上是为纪念去世的拉宾而召开的,但它同时也希望成为恢复以色列人与巴勒斯坦人会谈的催化剂。阿拉法特要求巴拉克中止在所占领土上建造新定居点,将那些被遗弃的土地交给耶路撒冷附近阿拉伯城镇中的巴勒斯坦人。由于这些土地靠近耶路撒
264 冷,巴拉克立刻拒绝了这一要求。双方严守自己的防线,会谈没有什么进展。不过,令巴拉克松了一口气的是,与叙利亚的会谈取得了一次突破。

与叙利亚的会谈

突破出现在 1999 年 11 月,当时,克林顿总统和马德琳·奥尔布赖特、中东和平特使丹尼斯·罗斯率领的团队一起,在之前对大马士革的一次访问中觉察到叙利亚立场有所软化。叙利亚原来坚持,谈判应在"停下来的地方"恢复,但现在它采用了一种更含糊的辞令,同意谈判的恢复可以"过去所获得的成就"作为"出发点",并同意克林顿总统对用词作的解释。[①] 这的确是在玩弄词汇,但克林顿没有浪费其中藏着的机会。在 12 月 8 日举行的记者招待会上,他邀请叙利亚人和以色列人到华盛顿参加一次高峰会议。

1999 年 12 月 15 日,星期三,会议于白宫的玫瑰花园召开,出席者有叙利亚外长法鲁克·萨拉和巴拉克总理。美国人与巴拉克和萨拉分别进行了面对面的会谈;在布莱尔大厦,巴拉克和萨拉为更正式的谈判

---

① Ahron Bregman and Jihan El-Tahri, *Israel and the Arabs*, p. 350.

确定了时间、地点及规则,美国国务卿奥尔布赖特也参加了会谈。两国将谈判的内容是那些让以色列与叙利亚不和的问题,如边界、安全、恐怖主义、水资源、外交与经济关系等。此外,人们还考虑了以色列和叙利亚想要达成的协议。是一份原则声明?或是详细的最后和平协议?具体的事务没有进行讨论,只是含混地提到了它们。这样,到两天的会谈结束时,与会三方都声称取得了成功,虽然巴拉克和萨拉从未单独碰过面。12月16日,在白宫西翼入口处的外面,克林顿总统发表了一个5分钟的声明,宣布以色列与叙利亚之间的和谈恢复了。

2000年1月3日,在华盛顿西北70英里处的安静小镇谢泼兹敦(Shepherdstown),在其城外半封闭的克拉里昂(Clarion)饭店和会议中心,他们又会面了。巴拉克总理率领着一个55人的庞大代表团,其中有外长大卫·利维,总检察长埃亚基姆·鲁宾斯坦,前总参谋长和现任旅游部长安农·利普金—沙哈克,几十名律师、军官和技术专家。叙 265
利亚代表团由法鲁克·萨拉率领,成员约25到30名,包括两位副外长尤素福·沙库尔(Yusuf Shakkur)和马吉德·阿布撒勒(Majeed Abusaleh),叙利亚前驻美大使瓦立德·莫阿勒姆,一些将军和法律顾问等。然而,会谈进行得并不顺利。第一场危机在会议开始后不久就出现了,当时,叙利亚人坚持,"6月4日分界委员会"——以色列人称之为边界委员会——应先于所有其他委员会启动。美国人提议,所有委员会同时召集,以此解决了危机。后来,以色列从戈兰高地撤退这个麻烦的问题又再次出现,并成为首要问题。叙利亚人要求以色列完全撤离戈兰高地,直到加利利海。巴拉克拒绝了,他坚持分界线应划在加利利海以东数十米的地方。虽然其他领域取得了一些共识,如双方同意建立全面外交关系,建立贸易关系,开通两国间的公路、铁路、通讯联系,但这些不足以弥补以色列与叙利亚对未来边界的认识上的差距。会谈没有什么进展,到1月10日结束的时候,美国人拿出一份总结会谈结果的文件,其中的立场与会谈开始前的立场差别不大。离开的时候,各方决定到1月19日再次会面,但这没有实现。美国总结会谈的文件泄露给了以色列新闻界,令叙利亚人很不满;叙利亚人还坚持巴拉克应明确保证完全撤出戈兰高地——这一最后通牒式的要求被巴拉克拒绝了。

在恢复会谈的最后一次尝试中，克林顿总统提议与阿萨德总统见面，后者同意了。与美国大使马丁·因迪克通过几次电话和会面两次以后，巴拉克总理表明了他对和平的立场，使克林顿能够向阿萨德提出：如果叙利亚同意放弃到达加利利海的要求，接受在其他地方的土地补偿，巴拉克愿意从戈兰高地撤到 1967 年 6 月 4 日的边界。总理明白地说，克林顿可以提出这些意见，如果他感到阿萨德会同意作边界调整的话。

2000 年 3 月 26 日，星期六，克林顿与阿萨德在日内瓦见了面。当
266 克林顿讲了巴拉克的提议后，与往常一样固执的叙利亚总统立刻拒绝了，坚持不放弃到达加利利海的权利。“我曾在加利利海边烧烤，在水里游泳，在岸边闲坐，也吃过水里的鱼，”阿萨德对克林顿说，“我不想放弃它。”①

对巴拉克来说，克林顿与阿萨德会晤的失败是一次沉重的打击，对他在以色列的支持率产生了灾难性的后果。某种意义上，这是巴拉克自己造成的。自从上台以来，巴拉克常常过于乐观和自信地谈论与叙利亚的突破，好像它就在眼前；等这一幻象消失后，以色列人深深地感到失望，一些人甚至觉得遭到了背叛。对于巴拉克总理及其对跟叙利亚人和谈的迷恋，以色列人失去了耐心。越来越多的人不看好巴拉克，在民意测验中，他的支持率迅速下滑。

撤出黎巴嫩

如今，巴拉克不得不调整他的日程表。由于以叙和谈停顿不前，巴拉克从黎巴嫩撤军的计划前景不妙。我们还应记得，自 1982 年入侵以来，这些军队就留在了那里；1985 年，工党与利库德集团联合政府从黎巴嫩撤回了大部分以色列军队。在南黎巴嫩以色列自行宣告的“安全

---

① Ahron Bregman and Jihan El-Tahri, *Israel and the Arabs*, p. 357.

区”内,只有 1 000 人左右的部队在那里巡逻。虽然有效地阻止了对以色列的越界袭击,留守部队自身却成了真主党这一顽固对手的首要目标。真主党坚持开展游击战,对以色列军队实施了数次沉重的打击。到 20 世纪 90 年代末,黎巴嫩变成了以色列的越南。

巴拉克决心撤出黎巴嫩,但希望使之成为与叙利亚的和平条约的一部分。他认为,他可以把黎巴嫩用作同阿萨德的谈判的一张筹码:以色列同意叙利亚保持它在黎巴嫩的主导地位,作为回报,阿萨德将约束真主党,保证以色列北部边界的平静。叙利亚和伊朗是真主党的主要武器提供者和支持者。现在,既然叙利亚人没有同意这样的协约,巴拉克公开宣布,2000 年 7 月将是以色列单方面从黎巴嫩撤军的期限。可能他仍怀有希望,希望阿萨德有所行动,与以色列达成协议,维持叙利亚在黎巴嫩的霸权。然而,这只是一种幻想。甚至巴拉克关于单方
面撤军的明确威胁也无法让阿萨德改变立场——或者就算能够,叙利 267
亚总统也没有任何表示。认识到阿萨德不会有什么松动,并相信没有理由留在黎巴嫩承受更多的伤亡,巴拉克提出了离开黎巴嫩的计划:2000 年 5 月 24 日黎明前,他向以色列国防军总参谋长肖尔·莫法兹中将发出指示,命令从黎巴嫩撤军。

以耐力行动(Orech Ruach)为代号的撤退虽然很匆忙,但组织得很细致。按照计划,在真主党零星的、有时是大规模的迫击炮和火箭袭击中,行动开始了。以色列空军和炮兵提供火力掩护,在坦克的护送下,部队乘装甲运兵车撤出了位于南黎巴嫩的前哨基地,并在离开后将它们一一炸毁,免得被真主党利用。以从空中发射导弹的方式,空军的战机完成了破坏的任务。经过一夜的行驶,到上午的时候,满面灰尘的士兵们欢呼着跨过了边界,从梅图拉(Metulla)北的古范思(Good Fence)处进入以色列。这是一次平静的撤离,期间没有什么损失。它成功地翻过了以色列史上黯淡的一章,无可争议地成为巴拉克的一项成就。

第二次戴维营会议

巴拉克与阿萨德的和谈失败,而在 6 月 10 日,叙利亚领导人从政

治舞台上消失。多年来,他一直疾病缠身。于是,巴拉克只剩下亚西尔·阿拉法特这一个谈判对手了。一种想法渐渐浮出了水面:在克林顿的主持下,巴拉克与阿拉法特举行一场贝京—萨达特式的戴维营峰会。阿拉法特兴趣不大,担心在峰会中面对一个克林顿—巴拉克阵线,担心一旦会谈失败,自己会成为替罪羊。阿拉法特还认为,鉴于以色列人和巴勒斯坦人的分歧非常之大,明智的做法是进行一些较低级别的会谈,缩小两边的距离;领导人的高峰会议若不能成功,那将增强人们的绝望感,甚至会在中东导致更多的暴力事件。然而巴拉克坚信,领导人的任务就是作出艰难的决定;通过两人的会晤,他们将能直奔中心,一劳永逸地解决以巴冲突。巴拉克不断向美国总统施压,要他发出峰
268 会的邀请。就克林顿来说,作为中东和平调解人,他也迫切希望完成剩下的工作,于是请巴拉克和阿拉法特到戴维营来解决他们的问题。

与此同时,巴拉克在国内遇到越来越大的政治压力。看到他如此热心于同阿拉法特达成协议,一些人担心他会轻易地送掉以色列的利益。在巴拉克出发去戴维营前夕,以色列贝阿利亚党、国家宗教党和沙斯党三个政治伙伴离开了联合政府,使得政府在议会的支持者从 68 名骤然降至 42 名。沙龙领导的反对党闻风而动,提出了对巴拉克的使命的不信任案,企图动摇他的总理地位。面对持不同意见者,巴拉克在议会重申了他的任务,即在戴维营峰会中反对回到 1967 年 6 月以前的边界,坚持将一个完整的耶路撒冷保留在以色列主权下,反对约旦河以西外国军队的存在,坚持保有犹太定居点地区的主权,反对以色列对巴勒斯坦难民问题承担责任。在对不信任案投票表决时,利库德集团以 54 比 52 票赢得多数,虽未达到推翻政府所需的 61 票,但对即将动身完成一项最重要的外交使命的巴拉克来说,这是一个沉重的打击。在 2000 年 7 月 10 日那个星期一的晚上,巴拉克率领着一个 45 人的代表团,前往华盛顿。尽管有一些麻烦,巴拉克相信以色列人民仍然支持他。在 7 月 9 日《新消息报》做的民意调查中,52%的以色列人说巴拉克应该参加峰会,45%认为他应留在国内。

峰会于 7 月 11 日开幕。克林顿总统先与阿拉法特和巴拉克分别

举行会谈,然后把他们拉到一起。那天下午,三方会谈开始。在戴维营月桂小室(Laural Cabin)的门口,巴拉克与阿拉法特跳起了小步舞。两人固执地站在一边,好让对方先走进那间将要在里面做出决定的小屋。最后,阿拉法特用胳膊挽着巴拉克的手,先于以色列总理走进入口。在危机不断的峰会中,这是一段轻松的时刻。戴维营会谈要面对许多困难,其中最主要的有两个。第一,阿拉法特要求,巴勒斯坦难民有返回以色列的权利;第二,耶路撒冷,尤其是对穆斯林和犹太人都很神圣的圣殿山的未来。 269

应当指出的是,在早年所谓的"瑞典渠道"中,双方已经广泛而深入地探讨过难民问题。那是在戴维营峰会的两个月前,谈判者分别是以色列外长什洛莫·本—阿米和巴解组织官员阿布·阿拉。在会谈中,以方劝诱巴勒斯坦人对回归权作出历史性让步,换取以色列交还 90%到 91%西岸土地的承诺。"瑞典渠道"达成了一项原则性协议,其第一部分包括一段以色列人与巴勒斯坦人的联合声明,分别从双方过去的立场重申了回归权,措辞相当含糊。另一部分主要讨论了解决难民问题的方式,设想巴勒斯坦一方放弃全面的难民回归权,作为回报,国际社会将提供 200 亿美元,在 15 到 20 年时间里解决难民的一切要求。国际资金一方面是给难民家庭的补偿,也用作给那些愿意帮助难民恢复正常生活的国家的援助。巴勒斯坦难民有三种选择:定居在未来的巴勒斯坦国,留在所在的地方,或者移居自愿为难民打开大门的国家,如加拿大、澳大利亚和挪威。以色列同意接受 10 000 名巴勒斯坦难民。通过"瑞典渠道",虽然双方没有达成一个完满的协议,以色列人却得到一种印象,即回归权问题已或多或少地解决了。在戴维营会谈中,阿拉法特和他的团队又回到了其传统立场,要求无条件同意每一个愿意回归的难民的权利,令以色列人很吃惊。

在戴维营的各方没能成功解决耶路撒冷问题,克林顿提出的折中方案也未奏效。他设想,以色列拥有西耶路撒冷以及东耶路撒冷的大部分,巴勒斯坦则享有传统上阿拉伯东区一些地方的主权。以色列把耶路撒冷北部的阿拉伯居住区转交未来的巴勒斯坦国,允许巴勒斯坦人对旧城实施行政管理,并在以色列的完全主权之下,允许穆斯林控制圣殿山。后来,这一提议又作了有利于巴方的进一步修改,建议耶路撒
270 冷的所有阿拉伯居住区都给巴勒斯坦人,犹太临近地区仍由以色列控制,以色列拥有圣殿山的主权。这样,克林顿总统和巴拉克总理事实上是在提议分割耶路撒冷。然而,他们感到无比慷慨的姿态在阿拉法特看来却无比小气。后者还把自己看作圣城的守卫者,对所有穆斯林而不仅仅是巴勒斯坦人负责,担心如果对耶路撒冷问题让步,自己在历史上会被看作叛徒。他拒绝了这些提议,坚持巴勒斯坦人对全部东耶路撒冷享有主权,特别是圣殿山。

7 月 19 日是星期三,到这天晚上的时候,戴维营峰会已紧张地进行了 8 天,连克林顿总统也准备离开和中止会谈了。在最后时刻,巴拉克和阿拉法特决定与国务卿奥尔布赖特留在戴维营,继续会谈,让总统去冲绳参加 8 国经济峰会。7 月 23 日,星期天,克林顿于晚上回到了戴维营,但会谈的僵局仍未打破。克林顿开始了流水线式的外交作业,分别与巴勒斯坦和以色列的小型谈判队伍会面,试图解决每一个障碍。各方取得了一些进展,但到星期一晚上,也是这次峰会的第 14 天,事情变得很清楚:由于无法就难民和耶路撒冷问题达成共识,巴以双方无法签订协议。克林顿觉得,现在应是阿拉法特作出让步的时候了。7 月 25 日,星期二下午 1 点半,他派中央情报局局长乔治·特尼特去了阿拉法特的小屋,看看他能否在这两个遗留的问题上松动立场。半小时后,特尼特一无所获地回来了,告诉克林顿阿拉法特不肯退让。2 点 20 分,阿拉法特的一位助手萨伯·埃里卡特走进阿斯彭·洛奇(Aspen Lodge)的起居室,克林顿总统、国务卿奥尔布赖特、总统国家安全事务助理桑迪·伯杰都在那里。埃里卡特宣读了阿拉法特的一封信,大意是巴勒斯坦领袖认为,继续为达成协议而进行谈判已经毫无意义。峰会至此以失败告终。严肃而疲惫的克林顿总结道,“很遗憾”以色列与巴勒斯坦人这次没能达成协议。巴拉克与阿拉法特几乎立刻开始了口水战,指责对方将峰会搞砸了。克林顿总统公开站到了巴拉克一边,盛赞总理表现出的灵活性,批评阿拉法特态度过于僵硬。克林顿评论道:

“与阿拉法特主席相比,总理从最初的立场往前走得更多。”[1]

毫无疑问,这一时刻的巴拉克非常失望。自从上台以来,他执行了一条很冒险的战略,几乎将全部赌注押在实现与阿拉伯人和巴勒斯坦 271
人的和平上。如今,他看起来已经耗尽了精力,但与叙利亚及巴勒斯坦人都没能取得重大突破。

宗教与政治的分离

巴拉克的和平政策彻底失败,两手空空地回到了以色列。在戴维营峰会前夕,曾有正统派脱离他的联合政府之事发生。面对这一挑战,并急于显示政府能够取得一些成绩,巴拉克转向了计划 B,即“社会正义方案”。这是他在选战中提出的纲领的一部分,其中一个关键因素就是将以色列的宗教与政治分开。

值得指出的是,到这个时候,以色列的宗教党派已经相当强大,包括巴拉克在内的数位总理如想坐稳自己的位置,推进自己的治国方针,就不得不同意各种极端的宗教要求。在以色列政治的权力格局中,这种状况产生于一种新的平衡状态。它最初出现在 1977 年的选举中,当时工党和利库德集团在议会中席位数相去不远,相持的局面迫使它们只能依靠宗教党派的政治支持。精明的宗教党派意识到,它们能够扶植或推翻以色列的政府,便毫不犹豫地以此敲诈利库德集团和工党,作为换取政治支持的代价。于是,总理们被迫拨给宗教党派和机构越来越多的资金,同时免去越来越多的宗教学生的服役义务——这不可避免地招致来自世俗以色列人越来越大的压力——同意在法律上作一些变动,限制以色列国的世俗性。然而,令人沮丧的是,即使接受了宗教党派的过分要求,人们也不能确信在需要议会支持的关键时刻,它们会履行诺言,站在政府一边。

从失败的戴维营峰会回来后不久,2000 年 8 月 19 日,在与“一个

---

① Aluf Benn and Yossi Verter,“Summit Fails;PM says ‘Dream of Peace Still Lives’”, *Ha'aretz*,24 July 2000(希伯来文)。

以色列”党的部长们举行的会议上，巴拉克宣布，他将“推动”社会正义方案，开始以色列的世俗改革时期。在巴拉克看来，第一步应取消身份
272 证上的“民族”一款。据此，证件可以显示持有者具备“犹太性”的依据：或者根据宗教律法哈拉卡(*halacha*)，或者是来自阿拉伯国家、俄国、美国等地的犹太人，或者是非犹太人。巴拉克认为取消这一条款意义重大，可以切断正统派机构与国家法律的联系。对于正统派而言，民族条款是神圣的，它能保证以色列国的犹太性。国内安全总局辛贝特过去曾反对从身份证上消除民族条款，如今宣布，它不会因安全原因而反对这样做。对于巴拉克来说，最后一个障碍跨过了。

在消除民族条款的计划进行的时候，巴拉克对司法和代理宗教事务部部长约西·贝林发出指示，要他推进取消宗教事务部的计划，将其部分功能合并到司法部，其他功能转到行政部门、大拉比办公室或教育部。巴拉克还指示采取步骤，允许以色列航空公司的飞机和其他公共交通在安息日和别的宗教节日运行，要求免服兵役的宗教学生在公共事务部门服务两年，着手建立民事婚姻制度——以前，以色列人只能在正统派机构的监督下缔结宗教婚姻。巴拉克还指示采取措施，完成拖延许久的宪法起草工作；正统派一直反对制定宪法，担心它会同宗教戒律相冲突，甚至歧视宗教戒律。巴拉克指示，在一切政府资助的学校教授英语、数学和品德，尤其是宗教学校。

虽然由于和平努力的失败，巴拉克不那么受欢迎了，但他的“世俗革命”在国内却得到了强有力的支持。根据民意调查，多达 2/3 的以色列人声称赞同巴拉克的政策。然而不久，巴拉克从追求和平到实施“世俗革命”的转变就被另一件大事妨碍了，最终不得不停下来并彻底放弃：耶路撒冷和被占领土上的巴勒斯坦人发动了大规模反抗运动，这就是“阿克萨因提法达”。

阿克萨“因提法达”

2000 年 9 月 28 日，反对党领袖阿里埃勒·沙龙对圣殿山作了一次
273 争议很大的访问，引发了阿克萨“因提法达”。圣殿山上有耶路撒冷的

阿克萨清真寺,是以色列人与巴勒斯坦人争夺得很厉害的一个地方。沙龙此时正面对着下台总理本雅明·内塔尼亚胡的挑战,企图借访问提升自己在利库德集团内的支持率。内塔尼亚胡已经摆脱腐败指控,是最有可能将沙龙赶下利库德集团领袖位置的人。然而,访问发生在一个敏感的时刻,它引起了巴勒斯坦人的严重骚乱,这场骚乱蔓延到了耶路撒冷和所占领土的其他地方。

虽然沙龙的挑衅性访问是导火索,但这一波动乱还有更深层的原因,尤其是巴勒斯坦人对和平进程的失望。到目前为止,和平带给巴勒斯坦人的只是一个不完整的独立国家,没有人们期待的生活水平的提高。从这种观点来看,亚西尔·阿拉法特反对召集戴维营峰会是对的。他担心如果峰会失败,那将加重巴勒斯坦人的挫折感,导致暴力的发生。事实证明的确如此。另外,由于巴拉克未能认清政治局势,坚持召开戴维营峰会,也许将以色列带入一场代价高昂的战争的人并不是沙龙,而是总理本人。

在沙龙对圣殿山作有争议的访问两天后,一家法国新闻机构的电视摄制组捕捉到了 12 岁的穆罕默德·杜拉死亡的画面,在全世界播出后,他成了一名烈士,巴勒斯坦人聚在他名下,制造了更多的流血事件。一个邪恶的暴力怪圈形成了。10 月 7 日,在靠近西岸城市纳布卢斯的一处犹太圣址,一群巴勒斯坦暴徒亵渎了约瑟夫的坟墓。作为报复,在以色列北部的太巴列,以色列暴徒破坏了一座古老的清真寺。10 月 12 日,两名以色列预备役军人误入西岸城市拉马拉,被巴勒斯坦人私刑处死。一名暴徒骄傲地展示他那沾满鲜血的双手,摄像机拍下了这一幕。当这些可怕的画面出现在以色列电视上后,巴拉克总理下令立即进行军事报复,派飞机和坦克摧毁西岸与加沙地带的巴勒斯坦目标。

为阻止流血冲突,10 月 16 日,克林顿总统在埃及召集了一次紧急峰会,除巴拉克总理和阿拉法特主席外,与会者还有穆巴拉克总统、联合国秘书长科菲·安南、约旦国王阿卜杜拉、欧盟外长贾维尔·索拉纳。 274
会谈在朱莉维尔高尔夫度假酒店(Jolie Ville Golf Resort)举行,其进行往好里说像是公事公办,往坏里说简直就是相互谩骂。巴拉克与阿拉法特相互没有做出任何承诺，也没写下任何东西。这是两人关系恶化的标志。经过 28 个小时的紧张会谈，10 月 17 日，克林顿总统从阿拉法特和巴拉克那里挤出一份口头停火计划，其中，两位领导同意立刻采取措施，制止流血事件。在沙姆沙伊赫，各方还同意任命一个美国人领导的调查委员会，即后来的米切尔委员会，由它弄清发生冲突的原因，提供解决问题的方案。然而，虽然人们在旅游胜地沙姆沙伊赫达成了协议，但实施起来并不容易。在所占领土，口头协议的消息传开以后，暴力事件骤然升级，并持续了好几个星期。

与此同时，巴拉克总理也在为自己的政治生存而战。他的少数派政府在议会中只有 30 名支持者，顶多还能再拉来 10 名。巴拉克转向反对党领袖沙龙，邀请他加入一个广泛的联合政府。但沙龙要价很高，要求否决巴拉克的和平决定，使得巴拉克难以接受。10 月 30 日，巴拉克说服了极端正统派沙斯党，希望后者给他为期一个月的“安全网”。在议会中有 17 个席位的沙斯党同意了，但也同样提出了很高的价码。巴拉克不得不答应考虑它高达 10 亿美元的财政要求，停止将宗教与政治分开的世俗革命。接受沙斯党的价码——说向沙斯党投降更合适——和放弃世俗革命后，巴拉克可以在总理一职上多呆一段时间，然而，由于屈服于宗教势力，巴拉克不可避免地疏远了世俗以色列人。

2000 年 11 月 2 日，就在巴拉克与阿拉法特正要各自发布声明，准备实施一次新的停火时，一辆汽车在耶路撒冷的马哈讷耶胡达(Mahane Yehuda)露天市场爆炸，炸死两名以色列人，也消除了宣布新的停火的一切可能。

在被占领土，巴勒斯坦人的起义难以平息，在以色列本土，自杀炸弹爆炸声不绝于耳。以色列人终于不再对和平抱有幻想，不再相信巴拉克这位鸽派总理。自从上台以来，他就像个欣快症患者，一直表现得
275 过度乐观。然而，他与叙利亚的和平尝试失败了，与巴勒斯坦人和平尝试的失败还招致了灾难性的后果。如今，以色列人厌倦了巴拉克，一些人甚至指责他由于急于和平，结果带来了战争。巴拉克虽然自负和过于自信，但还不至于看不清形势。在既缺少政治支持也缺乏公众支持

的困局下,巴拉克知道游戏结束了。2000年12月9日,他向公众宣布辞职,要求进行新的总理选举——不是议会选举。他说:

> 出于对民族和对自己负责的态度,考虑到国家所处的紧急局势,议会的混乱局面,继续努力减少暴力的需要,增进和平及谈判的机会的需要,我决定再次号召公众焕发自信,选出一位新领袖,由其率领以色列走向和平、安全,走向新的公民社会计划。①

克林顿计划与塔巴会谈

在大选前剩下的不多几天时间里,巴拉克作了最后一次尝试,想要在所谓的"克林顿计划"的基础上,与亚西尔·阿拉法特达成协议。这也是在离任前,克林顿为解决以巴冲突所作的最后一项贡献。这项计划试图解决阻碍以色列人与巴勒斯坦人实现和平的尚存的一些难题。它提议,未来的巴勒斯坦国和以色列的边界应以1967年6月的六日战争前的边界为基础;以色列应撤出孤立的定居点,吞并4%到6%的西岸土地,包括那些有大量定居者的区域,再用其他地方的土地补偿巴勒斯坦人。克林顿计划也涉及安全事务,提议巴勒斯坦国不应拥有进攻性武器,约旦与未来的巴勒斯坦国之间应部署一支国际部队,以色列在这个区域应有前哨预警站。耶路撒冷问题是和平道路上的一个主要障碍,克林顿提议,阿拉伯人聚居区归属未来的巴勒斯坦国,作为其首都所在地,犹太聚居区应成为以色列的一部分。神圣盆地(Holy Basin)是一块不足3/4平方英里的地方,包括西墙、邻近的神圣地块和犹太区(Jewish Quarter),应划给以色列。圣殿山应给未来的巴勒斯坦国。巴 276
勒斯坦难民问题是另一大障碍,对此,克林顿计划提出了5种方案:难

① Herb Keinon, 'Barak Quits; Election in 60 Days', *The Jerusalem Post*, 10 December 2000.

民就地恢复正常生活;进入巴勒斯坦国;进入世界各地的其他国家;进入以色列将转给巴勒斯坦人的区域;最后,由以色列在其本土吸收双方认同的一定数量难民。2000 年 12 月 28 日,巴拉克政府宣布接受克林顿计划,愿以此作为未来谈判的基础。2001 年 1 月 2 日,在克林顿与阿拉法特参加的一次会议上,后者也表示同意接受计划。

如今,恢复和谈的道路已经开通,戴维营会议可以继续下去了。2001 年 1 月,在埃及的旅游胜地塔巴,以色列外长什洛莫·本—阿米率领的代表团和阿布·阿拉率领的巴勒斯坦代表团重开谈判。尽管会谈取得了一些成果,以色列人和巴勒斯坦人的立场仍然相距甚远,由于少了富有想象力的克林顿,负面后果也很明显。会谈结束于 1 月 27 日,双方预定让巴拉克与阿拉法特于 1 月 30 日在瑞典会晤,敲定最后的协议。但这并未发生。阿拉法特好像生活在另一个星球上,全然无视会谈达成的协议,猛烈批评起以色列来。以方也未能抓住时机,仍继续它在被占领土上的严厉政策。就这样,巴勒斯坦人和一个相对温和的以色列政府签订协议的最后机会失去了。

阿里埃勒·沙龙上场

以色列阿拉伯人、俄国人与宗教党派的报复

2001 年 2 月 6 日,阿里埃勒·沙龙赢得了大选,以 62.5%比37.4%的选票战胜了巴拉克。这是以色列历史上得票率悬殊最大的选举。另一方面,只有 62%的选民参加了投票,是以色列历史上最低的一次,比 1999 年的 78.7%下降了许多,更低于以色列 80%的平均投票率。那些不到两年前将巴拉克送上总理之位的人们对他的表现很失望,如今
277 决定用脚投票,不去选举站,这是 2001 年大选投票率低的原因。这样,与其说沙龙赢了大选,倒不如说巴拉克输掉了大选——因为未能成功动员他的核心支持者,主要是阿拉伯以色列人和俄国移民——颇具讽刺意味。

在这次选举中,阿拉伯人的投票率仅有 25%。虽然并非毫无思想

准备,巴拉克的工党阵营还是既惊愕又失望。在上一次选举中,以色列阿拉伯人显示了对巴拉克的强烈支持,现在却对总理极为愤怒:尽管保证过,但他并未在政府中任命一名阿拉伯人部长;在他任职期间,以色列警察射杀了 13 名抗议沙龙于 2000 年 10 月对圣殿山的访问的阿拉伯少年。低投票率是以色列的阿拉伯公民对犹太体制的一次不信任表决。这些阿拉伯人受够了歧视,不相信巴拉克与沙龙有什么区别,宁愿留在咖啡馆也不愿去选举站。

对于以色列的俄国犹太社群,巴拉克也未能有效地动员。自 20 世纪 90 年代初以来,大批犹太人从前苏联地区涌入,82 万俄国选民已成为以色列选举中的一个决定性因素。1992 年、1996 年、1999 年,俄国新移民 3 次参加了选举,是能够推翻或扶持总理的一支力量。1992 年,这些人将伊扎克·拉宾送上台,1996 年,其选票导致内塔尼亚胡取得胜利,1999 年,新移民把 58%的选票投给了埃胡德·巴拉克,帮助赶走了内塔尼亚胡。在 1999 年的选举中,94%的俄国选民参加了投票,而这一次,50%到 60%的新移民留在了家里,主要原因是这次只选总理,而上一次既选总理也选政党。新移民觉得,通过选举一个政党,自己在议会的力量能得到加强,但在 2001 年,新移民没有什么去投票站的动力。

俄国移民还对巴拉克极度失望,对他放弃社会改革很是不满。从俄国来的移民几乎全是世俗犹太人,受到了以色列宗教机构的恶劣对待——它们总是怀疑这些俄国人的犹太性——因而赞成将宗教与国家事务分开。但是,如上所述,巴拉克没能履行他的诺言推行社会改革方 278
案,由此疏远了俄国人。俄国移民背离巴拉克还有另一个原因,即在戴维营时,他将耶路撒冷问题摆上了谈判桌。这里需要指出,以色列俄国移民团体有着深刻的右翼民族主义意识。由于绝大多数俄国人的犹太意识和犹太复国主义意识薄弱,民族主义的象征就显得非常重要。在融入以色列社会的创伤性痛苦过程中,大多数新移民把耶路撒冷视作一个重要象征,视作构成自身身份认同的一个关键组成部分。因此,当巴拉克要在戴维营出卖这一象征时,以色列的宗教势力和世俗俄国人都感到灰心丧气。此外,由于阿克萨"因提法达"导致了俄国移民较高的伤亡率，巴拉克的支持基础进一步削弱了。许多俄国移民住在加利利，那里的以色列阿拉伯人发生了骚乱；还有许多住在犹太人与阿拉伯人混居的城镇，如拉姆勒、卢德、阿卡，以及住在与阿拉伯村庄交界的耶路撒冷郊区。在这些地方，暴力行为相对严重。这样，虽然在整个国家中，所有以色列人都为个人安全担心，但俄国移民尤其如此。另外，巴拉克对待巴勒斯坦起义的政策比较克制，在多数俄国移民看来，这是软弱的表现。

在这次选举中，进一步锁定巴拉克命运的还有极端正统派哈雷迪(*Haredi*)的选票。的确，一般来说，哈雷迪派总是支持右翼候选人，这是以色列政治生活的现实。但在这一次，正统派拉比们特别积极，动员追随者支持沙龙，赶走巴拉克，以报复他进行世俗革命的尝试，报复他——在他们看来——放弃耶路撒冷和把犹太人的土地交给阿拉伯人的打算。

2001 年 3 月 7 日，沙龙把一个包括左右翼的广泛联合政府名单提交给议会，其中，与巴勒斯坦人达成奥斯陆协议的设计师西蒙·佩雷斯被任命为外交部长。以色列人认为，在某种意义上，这可称作民族联合政府。

新总理阿里埃勒·沙龙的一生与以色列的历史密切交织在一起。在希伯来语中，阿里埃勒是狮子的意思。1928 年，沙龙出生于巴勒斯
279 坦的合作农庄马拉村(Kfar Malal)莫沙夫，那时他姓施奈尔曼(Sheinerman)，是一对俄国移民夫妇两个孩子中较小的那个。14 岁的时候，他加入了哈加纳，后来参加了 1947 年的巴勒斯坦内战，表现突出，被认为是一名勇敢、自信、有感召力的领导。他有着迅速而准确地判断战斗重心和最大限度地利用地形的天分。到战争后期，沙龙在莱特龙战役中与约旦军团作战，所率部队伤亡惨重，35 人中有 15 人被杀，他也两次被子弹击中。1953 年，沙龙建立了番号为 101 部队的突击队，并于 10 月 15 日率领它进攻了约旦的基比亚村，以报复一位犹太母亲及其两个孩子被杀一事。沙龙的小队携带着 600 公斤炸药，攻入基比亚村，爆破了 45 座房屋，杀死了 69 名约旦人，其中有一半是妇女、儿童，然后撤退了。1956 年的西奈战役爆发时，沙龙已是一名旅级指

挥官,率部与埃及人作战,参加了惨烈的米特拉山口之战,损失了 38 人,后来被指责投入战斗过于仓促。数年之后,在 1967 年 6 月的战争中,沙龙是一名师长。在进攻阿布阿吉拉(Abu Ageila)和乌姆卡提夫(Umm Katif)的坚固堡垒时,沙龙策划并出色地实施了一次复杂的夜间行动,其中要求装甲部队、炮兵和伞兵在时间上密切配合。1970 年到 1971 年间,身为南部军区司令的沙龙发动了一场残酷的战役,目标是根除加沙地带的巴勒斯坦抵抗行动。通过杀戮和爆破,他成功地恢复了这个地区的平静,当时的国防部长摩西·达扬非常满意。

在数年后的赎罪日战争中,沙龙率部首先跨过苏伊士运河,攻入埃及,一时成为新闻明星。战后,沙龙参加竞选,进入了议会。1977 年,他的什洛兹昂党赢得两席,与贝京的利库德集团一同组建了政府,沙龙成为农业部长。1981 年 8 月,贝京第二次当选总理,沙龙被任命为国防部长,策划了以色列对黎巴嫩的灾难性入侵。1983 年,巴勒斯坦人于萨布拉和夏蒂纳被大批屠杀,卡汉委员会调查了以色列的问题,认为沙龙应对屠杀事件间接负责,他被迫辞职。在以后岁月中,沙龙于利库德集团上台时担任过一系列政府职务。内塔尼亚胡辞去利库德集团主 280
席以后,沙龙接管了这个党,领导它击败了巴拉克。

沙龙体形庞大,并在其他很多方面都不同于常人。他缺乏纪律性,为人冲动,反叛性强,是个粗暴甚至残忍的军人和政治家,出言无忌,不在意任何传统规则。贝京总理曾说过,“沙龙是个出色的将军,但是个邪恶的人。”这令人想起以色列第一位总理本—古里安对沙龙的评价,“他是个出色的军人,但不大讲真话”。

对付“阿克萨因提法达”

到阿里埃勒·沙龙成为总理的时候,起初不过是巴勒斯坦示威者与以色列安全部队的冲突已升级为各种暴力活动及对他们的报复行动:在建筑物密集的地方,交火和狙杀事件越来越多;犹太定居者和巴勒斯坦人的冲突时有发生;在以色列城镇,人们不断听到汽车炸弹和自杀炸弹的爆炸声。

巴拉克希望同阿拉伯人及巴勒斯坦人达成和平，结束阿以冲突，恢复地区的平静。沙龙与他的前任不同，不相信可以实现和平，只想控制暴力，然后与巴勒斯坦人签订无限期的临时协议。在一个敏感的时候，他对耶路撒冷作了一次有争议的访问，这轮暴力活动就是由此引起的。沙龙发誓“不在火力下谈判”，相信巴勒斯坦人最终会屈服于军事压力，因此不断扩大武力的使用，派 F－16 战机和直升机轰炸西岸和加沙地带，允许以色列军队深入巴勒斯坦人控制的地区。他的政府还越来越多地实施了对巴勒斯坦活跃分子的暗杀行动。

与此同时，2001 年 5 月 20 日，米切尔报告发表。我们还记得，在 2000 年 10 月，克林顿总统在沙姆沙伊赫召集了一次首脑会议，讨论平息中东地区的暴力活动。这次会议决定成立一个委员会，调查冲突的起因，提供解决的建议。委员会主席是乔治·J. 米歇尔，美国参议员和
281 多数党领袖，曾成功地调解了北爱尔兰冲突。委员会访问了以色列和被占领土，发布了一份文件，建议从中止相互的敌意开始，采取一系列步骤，逐渐恢复和谈。报告呼吁以色列政府和巴勒斯坦民族权力机构“果断有力地行动起来”，制止流血冲突，重建信心，恢复谈判。报告呼吁巴勒斯坦民族权力机构以实际行动向巴勒斯坦人和以色列人表明，不赞成恐怖主义，并“全力制止恐怖行动”。对于以色列人，米切尔报告要求“冻结一切定居点建设，包括原有定居点的自然扩大”，使用武力更加谨慎小心，尽可能地“减少伤亡”。报告呼吁巴勒斯坦民族权力机构阻止武装人员利用巴勒斯坦城区向犹太聚居区开火，说这种做法“将两边平民都置于不必要的危险之中”。希望以色列“放松封锁，交还所有应给巴勒斯坦民族权力机构的税款，允许以前受雇于以色列的巴勒斯坦人恢复工作，确保安全部队和定居者不破坏住房和道路，以及树木和巴勒斯坦区域的其他农业资产”。考虑到暴乱局势对神圣处所的破坏，报告呼吁两边“采取保留与保护神圣处所的联合行动”，批准和支持巴勒斯坦与以色列的非政府组织在混居区域的工作。①

① The Michell report.

报告很公正,明智地推荐了一些可行措施。5 月 22 日,沙龙总理迅速回应,宣布单方面停火,保证以色列国防军只在自卫的情况下开火,不再执行挑衅性的行动。巴勒斯坦人的反应不是很配合。6 月 1 日,在特拉维夫的一家夜总会里,一名自杀炸弹携带者杀死了 21 名以色列人,大多数是俄国少年移民。国际压力立刻涌向阿拉法特,要求他宣布立即停火。第二天,阿拉法特宣布停火。

几天以后,布什政府派中央情报局局长乔治·特尼特去中东地区,试图稳定那里的局势,将以色列与巴勒斯坦民族权力机构各自宣告的
停火以协议形式固定下来,恢复双方的安全合作,奠定实施米切尔报告 282
和走向政治会谈的基础。与比尔·克林顿时期不同,布什政府之前对中东冲突一直袖手不顾。中情局局长访问的成果是所谓“2001 年 6 月 13 日特尼特停火计划”,或者叫“特尼特谅解”。这一计划相当重要,它同米切尔报告一起构成中止阿克萨“因提法达”的行动路线图,构成开始以政治谈判解决巴以争端的行动路线图。

然而,特尼特计划尽管全面,却仍不足以阻止暴力与流血。2001 年 8 月 9 日,一名自杀炸弹袭击者用钉子、螺丝、螺栓将 5 至 10 公斤炸药绑在身上,在耶路撒冷商业区的斯巴罗匹萨店(Sbarro Pizzeria)引爆,造成 15 人死亡,130 人负伤。第二天,以色列的反应是占领东方大厦,关闭其他 9 座巴勒斯坦建筑。东方大厦是巴勒斯坦人在耶路撒冷的非正式总部,其独立国家梦想的象征。以色列的 F-16 战机向拉马拉的警察总部发射火箭并摧毁了它,坦克夷平了加沙地带的一个警察局。暴力的怪圈发动起来。8 月 13 日,在海法克亚特莫茨金(Kiryat Motzkin)区的华尔街咖啡馆,一名自杀炸弹袭击者杀伤了 15 人。

实施耶路撒冷和海法袭击的巴勒斯坦人来自杰宁,一个西岸的巴勒斯坦城镇,根据奥斯陆会谈所通过的临时和平协议,以色列于 1995 年将它交给巴勒斯坦民族权力机构。如今,杰宁成了目标。2001 年 8 月 14 日,沙龙总理派遣军队和坦克进入这个西岸城市。自从阿克萨“因提法达”以来,这是以色列对巴勒斯坦人控制区域的第一次大规模入侵。在直升机的空中掩护下,以色列坦克和装甲推土机摧毁了巴勒

斯坦人的一个警察局，两个检查站，离开前还在市长官邸外建立了阵地。对巴勒斯坦领袖的暗杀行动也在进行中。8 月 27 日，以色列直升机向西岸的阿布·阿里·穆斯塔法办公室发射了两枚激光制导导弹，炸死了这位解放巴勒斯坦人民阵线的总书记。

2001 年 9 月 11 日，本—拉登的基地组织实施了对纽约和华盛顿的恐怖袭击。为平息中东地区局势，动员更多的国家参与反对恐怖主义的战争，布什总统向以色列和巴勒斯坦人施加压力，要求举行会谈，中
283 止暴力。9 月 26 日，外交部长西蒙·佩雷斯和巴勒斯坦民族权力机构主席阿拉法特在加沙地带国际机场会面，保证将恢复安全合作，尽最大努力实施停火。如以前经常发生的那样，当地的事态总是令任何停火协议都不可能长期执行。10 月 2 日下午 5 点 30 分左右，巴勒斯坦人潜入位于加沙地带的阿雷西奈(Alei Sinai)犹太定居点，开枪杀死两名以色列人，打伤至少 15 人。沙龙取消了佩雷斯与阿拉法特谈成的停火，派出部队进攻加沙地带。又一份停火协议寿终正寝，巴以之间继续着邪恶的暴力循环。

2001 年 10 月 17 日，解放巴勒斯坦人民阵线的武装人员暗杀了以色列旅游部长利哈瓦姆·泽维，暴力冲突由此骤然升级。右翼政治家泽维是祖国党的领袖，曾是一名将军，他的党主张将西岸和加沙地带的巴勒斯坦人“移出”。泽维的挑衅性言词和右翼政治观点激怒了巴勒斯坦人，他被列为一个重要目标。解放巴勒斯坦人民阵线后来声称，杀死泽维是给 8 月 27 日被以色列暗杀的总书记阿布·阿里·穆斯塔法报仇。虽然很多人不同意他的政治观点，泽维之死还是震动了这个国家。在以色列的历史上，这是重要的政治家第一次被阿拉伯人暗杀。沙龙总理指责阿拉法特鼓励了对以色列人的袭击行为，领导他的内阁对这位巴勒斯坦领袖发出了最后通牒，要求逮捕和审判暗杀以色列部长的凶手。由于阿拉法特拖延着不肯回应，沙龙命令部队侵入在巴勒斯坦民族权力机构直接控制下的城镇——后来又撤了出来——命令炸毁阿拉法特的私人直升机，还派出部队包围了阿拉法特位于拉马拉的总部。

资产负债表：社会与经济

阿克萨“因提法达”是以色列社会的头等大事，其他一切事务根本无法与其相提并论。仅在 2001 年一年，以色列与被占领土上就发生了 1 794次恐怖袭击，208 名以色列人被杀，1 563 人受伤。对于社会和以色列人、阿拉伯人、巴勒斯坦人之间的关系，这场战争带来了强烈的冲击。“因提法达”开始 6 个月后，在一次民意调查中，58%的以色列人说 284
自己对巴勒斯坦人的观点变糟了，37%的人说自己由于战争而更多地倾向于鹰派，只有 13% 的人说变得更倾向于鸽派。关于和平前景，63%的以色列人说不可能与巴勒斯坦人达成和平协定，51% 的人声称阿克萨“因提法达”减少了和平的机会。根据调查，在使用武力方面，多达 71%的人支持暗杀与恐怖活动有牵连的巴勒斯坦领导。[1] 对于以色列人来说，阿拉法特是这场战争的主要政治受害者，完全失去了作为一个追求和平的人的形象。甚至以色列人中的左派也这么看，如最重要的和平党派梅雷茨党。总的来看，阿克萨“因提法达”将以色列政治地图的重心偏向了右边。

随着以色列犹太人和阿拉伯人之间暴力冲突事件的增加，两个社群的关系也恶化了。根据调查，55%的以色列犹太人说对以色列阿拉伯人的印象变坏了。不过，调查也显示出较为积极的一些方面。在试图理解以色列的阿拉伯人抗议活动的动机时，许多犹太人认识到，阿拉伯人的骚乱不仅是因为意识到与被占领土上军事压迫下的人们的同胞情，也是对自己在以色列遭受的历史歧视与不平等待遇的反应。2000 年初，在以色列所有的族类群体中，阿拉伯人的平均收入是最低的，而婴儿死亡率几乎是犹太人的两倍：9.6‰比 5.3‰。在涉及社会安全和其他福利待遇问题时，以色列阿拉伯人也总是受到歧视的一个群体。在阿克萨“因提法达”的后果中，或许最重要的是，以色列社会对和平进程感到灰心丧气：它不仅没有带来安全，反倒带来了战争和破坏。

---

① 民意测验的结果发表在 *Yediot Aharonot*, 30 March 2001。

作为战争的后果，以色列经济受损严重，于2001年陷入衰退的泥潭，其糟糕程度大概可与1953年经历的那一次相比。在这一年，以色列的失业人口达到258 000人，生活水平下降7.2%，投资下降33%，经济总体上缩水了0.5%。

本书写作的时候，"阿克萨因提法达"仍在继续着，以色列经济形势
285 仍然不好。城镇中爆炸声不绝于耳，国家的士气相当低落。以色列社
会分歧显著，40%的人希望军队重新占领巴勒斯坦民族权力机构掌握
的土地，强硬派要求政府推翻阿拉法特。在另一边，以色列的鸽派呼吁
286 政府从被占领土单方面撤军，开始新的一轮和谈。

附录 1 达扬—图哈米备忘录(1977)

这份会谈备忘录以前从未发表过。会谈在以色列外长摩西·达扬和安瓦尔·萨达特总统的特使哈桑·图哈米之间进行,地点在摩洛哥。与人们通常相信的不同,备忘录显示在萨达特总统访问以色列前,后者并未事先保证他能收回西奈。

概况

1. 1977 年 9 月 16 日 19 点 15 分,(以色列)外长乘专机抵达拉巴特,随行人员有他的保镖、(上校)达利米(Dalimi,以色列与摩洛哥间的联络官)的副官及我们在摩洛哥的代表……

2. 到达后,客人们被带到国王私人别墅中的客房。

3. 过了一会儿,在 20 点 45 分时,经过一道通常供特别的、秘密的客人使用的后门,达利米将达扬和我们的代表带到国王的住处。

4. 宫廷大臣接待了达扬一行,请他除去伪装,恢复本来面貌。达扬一行被带到一间现代化的客厅,在那里,国王及其随从正等待着他们。

5. 如达利米(对我们)解释的那样,图哈米要求会见(达扬)前先见国王,这样,在我们到达前,国王已经同他谈过了……大家呈半圆形坐

287 着,茶几摆放在各处。两名仆人站在一边……由于是达利米本人领着我们(进入会议室)的,除了这两名仆人,没有其他人见过达扬。会谈不间断地进行了4个小时,甚至在国王离开去见来看他的母亲后,会谈仍持续了一会儿。……从一开始,会谈的气氛就很轻松友好。……与图哈米的会谈开始前,达扬送给国王一套迦南的武器,是他的私人藏品。

会谈

国王。在开场白中,他说图哈米得到萨达特的全力支持,为(实现)和平这一最高目标而来(到摩洛哥),将举行建设性的、非正式的、绝对保密的会谈。只有(总统)萨达特和他的副手(胡斯尼·穆巴拉克)知道这次会谈。会谈将开启一个直接接触的新时期,(以色列与埃及)双方将澄清一切有关事务……这些直接会谈非常重要,但在(以色列与埃及)达成一项基本协定前,一定不要让美国知道。……一旦达扬和图哈米扫清道路后,贝京将过来与萨达特会谈。达扬不要让更多的人知道秘密(会谈),下次来时不要带其他任何人。如果达扬觉得对会谈进程有利,他可以将摩萨德局长(伊扎克·霍菲)带来。归还(被占)领土给主权所有者是最重要的。国王承认(他转向图哈米),以色列掌握的(所占)领土是(以色列)安全的唯一保障,因此,通过双方协商,必须找到其他同等的安全保障。必须为圣城(耶路撒冷)找到一个可以接受的解决方案……使其不再成为和平的障碍。巴勒斯坦(问题)最复杂。国王同意达扬的看法,即(巴勒斯坦人)对以色列的未来和约旦国王都是一种威胁。但必须面对(巴勒斯坦)问题并以令人满意的方式解决。事实上,巴勒斯坦(问题)是阿拉伯国家(需要共同解决)的一个问题,它们能
288 够控制(巴勒斯坦人)……巴勒斯坦问题基本上是一个阿拉伯问题……

图哈米。在国王这里见到你,达扬,我感到很荣幸。这么多年里,我一直觉得会在战场上碰到你……然而,感谢国王的努力,感谢萨达特对贝京(总理)和你的信任,现在我们是要一起寻求和平。你们是些坚强、勇敢的领导人,我们相信你们敢于为和平作出重要决定……萨达特

不相信你们以前的(工党)政府,但相信你们。……萨达特对待和平非常认真……在这个阶段,会谈应在我们之间进行,不要美国参加。晚些时候,等问题解决后,我们再告诉他们。萨达特相信,现在是讨论一切问题的时间了。以前,(罗马尼亚总统尼古拉·)齐奥塞斯库曾向他建议,安排一次(与拉宾工党政府的)会谈,当时,萨达特觉得那没有什么意义。现在,他相信有可能与你们一起找到解决方案……不过,主要问题是归还(被占)领土。这是一个事关主权、国家尊严和萨达特继续(统治)的问题。……如果贝京接受撤退这一原则,以后可以讨论所有(其他)重要事务。可以纠正激进巴勒斯坦人的危险倾向,可以让阿拉伯国家负责监督。如果我们不能为其民族诉求找到一种解决方式,巴勒斯坦人将(在消极意义上)成为一个更具影响力的因素……东部的(指西岸——作者)巴勒斯坦飞地可以和约旦联合,沙特阿拉伯和埃及将一起控制激进派(巴勒斯坦人),维护约旦国王的统治。南部由埃及提供保证,将巴勒斯坦人控制在埃及范围内。你们(考虑以)美国和苏联(作为你们的安全保障),很好,但我们一起将后者排除会更好……为了我们国家间的和平,让贝京同意撤退的原则吧。否则的话,我们的一切真诚愿望都不会有什么结果,因为它是打开通向光明未来的唯一一把钥匙……主要问题是(被占)领土。……除了我们的领土主权,萨达特可以谈判所有其他问题。……

摩洛哥外长。(对图哈米说)如果萨达特和贝京的进展令人满意,而叙利亚总统(阿萨德)不加入(和平进程),那会怎么样?我们是否需要统一阿拉伯的立场,避免这种可能性?对此,国王和图哈米的回答是否定的,相信在(摩洛哥)国王和(沙特阿拉伯国王)法赫德的积极支持下,叙利亚总统会追随萨达特的领导。 289

摩西·达扬。考虑到自己不过是贝京的使者,他需要将这些事务提交给贝京,在听到贝京的指示前(他)不能(作出任何保证)……萨达特希望以贝京承诺(以色列)撤退作为进一步会谈的条件,我们需要将这个要求转达贝京……(达扬转向国王和图哈米)“你们应该理解,无论贝京最后的决定是什么,他都要把问题提交政府和议会(请求批准)。没有哪位以色列领导……可以在不问议会的情况下作出这样的决定。这是我们体制的规则……”(转向图哈米)“我说不准贝京会不会接受你们的要求……也许我们答应,也许不答应……如果撤退的话,我们在(西奈)南端的定居点会怎样？你们愿意让定居者生活在你们的主权之
290 下吗？”

附录2　以色列—叙利亚原则声明草案(1992)

这是一份从未发表过的原则声明草案，是大马士革于1992年5月至8月间拟定的。1992年8月31日，叙利亚人将它交给以色列人，希望以此作为工作计划。在华盛顿会谈中，以色列人和叙利亚人讨论了草案，主要集中于第5(a)段和第7段。

总则

和平进程已进入第11个月份，还没有取得任何重要的进展。在第6轮会谈前，人们曾对以色列政策的改变怀有一些希望和期待，但到目前为止尚未成为现实。

如果真想实现和平进程的目标，我们认为现在应有一份公正的、不偏不倚的文件，清楚而毫不含糊地列出那些没有它们就没有和平的基本原则，以及双方为履行这些原则所应承担的责任和义务。

为给双方提供一个建设性的公正文本，回应那些向双方提出的基本而合法的要求，我们拟定了今天的这份文件。它不是对以色列代表团以前拿出的两份材料的回答，因为它们或者仅仅列举了以色列的要求和条件，或者是关于所谓“被广泛接受的观点”的不准确假设。 291

这份文件并未涉及广义阿以冲突的各个方面。另外还有一些基本问题，其他阿以双边小组已在讨论，如从别的阿拉伯被占领土的撤离、巴勒斯坦的民族权利、在别的被占领土上的定居点活动、巴勒斯坦难民的回归权，等等，它们的解决对于实现真正的全面和平至关重要。

我们的这份声明草案是一个公平、公正的文本，没有忽略双方关心的任何一个关键问题。它的目标是实现公正、全面、持久的和平。

原则声明草案

1. 和平的目标

双方宣布，通过真诚而毫不迟疑地圆满实施安全理事会第 242 号和 338 号决议，履行归还阿拉伯领土以换取和平的原则，它们决心实现全面、公正、持久的和平。

2. 解决方案的全面性

双方承认，真正持久的和平必须将阿以冲突的各有关方都包括在内，必须是全面的。因此，虽然双方认为，参与阿以双边谈判的各个小组面对的困难和问题的细节各自不同，他们仍确信，和平进程的最终结果应是给阿以冲突的各有关方的一个全面解决方案，应实现上述和平目标。

3. 安全

双方承认对方的安全权利，承认不能以牺牲另一方的安全来要求
292 和保证己方的安全。

4. 谈判的严肃性和连续性

双方以严肃和积极的态度实施双边谈判，决心尽可能早地实现达成全面解决方案的预定目标。为此，双方表明坚持谈判的意愿，只要它对完成上述目标是必要的，只要谈判是严肃的、真诚的。

5. 实施方案

根据声明的第一段，双方应立刻展开讨论，检视落实安理会 1967 年第 242 号决议的必要步骤与方案，制定一份精确的时间表。这一实施计划必须遵守步骤的同时性，遵守双方依照“土地换和平”的原则应承担的义务，遵守双方基于联合国宪章和国际法准则的义务。这些步

骤应明确包括下述公平与对等的各项:

A. 以色列从 1967 年占领的叙利亚戈兰全部撤出;撤离并拆除一切在那之后建于所占领的叙利亚领土上的定居点,它们违背了日内瓦协议、国际法准则和联合国决议。

B. 中止双方的敌对状态和一切敌意宣传。

C. 双方承认并尊重这一地区所有国家的主权、政治独立和领土完整,承认在国际法原则基础上,所有国家的平等权利和在安全与公认的边界内和平生存的权利。

6. 工作组

在实施前一段所规定的步骤的框架下,双方建立军事、技术及第五 293
段提到的落实第 242 号决议各步骤所需要的任何其他工作组。

7. 安全措施与监督人

为表明诚意,表明相互尊重领土完整和政治独立,双方宣告,在对等的基础上,愿意采纳和接受保障安全的必要措施,包括可能在两边建立的同等的非军事区或减少军备的区域,包括在不危害两国主权和两国平等权利的前提下,通过安理会从某些国家或从两国征募安全监督人。

8. 尊重国际原则和人权公约

双方确认自己尊重联合国宪章和国际法的原则及目标的意愿,以及,不分种族、性别、语言和宗教,尊重 1949 年《日内瓦公约》和所有人权公约及协定的意愿。

9. 协定在联合国备案

以上详述的对 242 号和 338 号决议的实施步骤及之后应承担的义
务将写进和平协定,并在安理会批准后,由联合国秘书处备案。 294

进一步阅读书目

出于篇幅考虑，这份书目已经经过重重筛选，并且主要列举的是英文著作和读者比较容易找到的作品。其他相关文献可以在下面这些著作的参考文献部分和注释中找到。

Abbas, Mahmoud, *Through Secret Channels* (Reading, 1995).

Adan, Avraham, *On the Bank of the Suez: an Israeli General's Personal Account of the Yom Kippur War* (London, 1980).

Alami, Musa, *Palestine is My Country* (London, 1969).

Allon, Yigal, *Shield of David: the Story of Israel's Armed Forces* (London, 1970).

Arens, Moshe, *Broken Covenant* (New York, 1995).

Arian, Asher, *The Second Republic: Politics in Israel* (Chatham, 1998).

Arian, Asher et al. *National Security and Public Opinion in Israel* (Boulder, 1988).

Ashrawi, Hanan, *This Side of Peace* (New York, 1995).

Avineri, Shlomo, *The Making of Modern Zionism: the Intellectual Origins of the Jewish State* (London, 1981).

Avriel, Ehud, *Open the Gates* (New York, 1975).

Baker, James A., *The Politics of Diplomacy: Revolution, War and Peace 1989 – 1992* (New York, 1995).

Barnaby, Frank, *The Invisible Bomb: the Nuclear Arms Race in the Middle East* (London, 1989).

Bar-On, Mordechai, *The Gates of Gaza: Israel's Road to Suez and Back, 1955 – 1957* (London, 1994).

Bar-Siman Tov, Yaacov, *The Israeli-Egyptian War of Attrition, 1969 – 1970* (New York, 1980).

Bar-Zohar, Michael, *Ben-Gurion: a Biography* (London, 1977).

Beckman, Morris, *The Jewish Brigade: an Army with Two Masters 1944 – 45* (London, 1998).

Begin, Menachem, *The Revolt* (London, 1951).

Ben-Gurion, David, *Israel: A Personal History* (New York, 1971).

Ben-Gurion, David, *Israel: Years of Challenge* (New York, 1963).

Ben-Gurion, David, *Rebirth and Destiny of Israel* (New York, 1954).

Bialer, Uri, *Between East and West: Israel's Foreign Policy Orientation 1948 – 1956* (Cambridge, 1990).

Black, Ian, and Benny Morris, *Israel's Secret Wars: a History of Israel's Intelligence Sennces* (London, 1996).

Breecher, Michael, *Decisions in Israel's Foreign Policy* (London, 1974).

Bregman, Ahron, *Israel's Wars: a History since 1947* (Routledge, 2002).

Bregman, Ahron, and Jihan el-Tahri, *The Fifty Years War:*

Israel and the Arabs (London, 1998).

Bregman, Ahron, and Jihan el-Tahri, *Israel and the Arabs: an Eyewitness Account of War and Peace in the Middle East* (New York, 2000).

Brzezinski, Zbigniew, *Power and Principle* (New York, 1983).

Bull, Odd, *War and Peace in the Middle East* (London, 1976).

Bulloch, John, and Harvey Morris, *Saddam's War* (London, 1991).

Carter, Jimmy, *Keeping Faith* (New York, 1982).

Churchill, Randolph, *The Six Day War* (London, 1967).

Cobban, Helena, *The Palestinian Liberation Organization* (Cambridge, 1984).

Cohen, Israel, *The Zionist Movement* (London, 1945).

Collins, Larry, and Dominique Lapierre, *O Jerusalem* (Bnei Brak, 1993).

Dayan, Moshe, *Breakthrough: A Personal Account of the Egypt-Israel Peace Negotiations* (New York, 1981).

Dayan, Moshe, *Diary of the Sinai Campaign* (London, 1991).

Dayan, Moshe, *Story of My Life* (London, 1976).

Dayan, Yael, *Israel Journal: June* 1967 (New York, 1967).

Eban, Abba, *An Autobiography* (London, 1977).

Eban, Abba, *My Country: the Story of Modern Israel* (London, 1973).

Eban, Abba, *Personal Witness* (New York, 1992).

Eisenberg, Dennis et al., *The Mossad, Israel's Secret Intelligence Service: Inside Stories* (New York, 1978).

Elon, Amos, *A Blood-Dimmed Tide* (London, 2000).

Elon, Amos, *The Israelis: Founders and Sons* (New York, 1983).

El-Shazli, Saad, *The Crossing of Suez: the October War (1973)* (London, 1966).

Engle, Anita, *The Nili Spies* (London, 1959).

Eytan, Walter, *The First Ten Years: a Diplomatic History of Israel* (New York, 1958).

Fahmi, Ismail, *Negotiating for Peace in the Middle East* (London, 1983).

Farid, Abdel Magid, *Nasser, the Final Years* (Reading, 1994).

Fein, Leonard, *Politics in Israel* (Boston, 1968).

Finkelstein, Norman, *Image and Reality of the Israel-Palestine Conflict* (London, 1995).

Fisk, Robert, *Pity the Nation: Lebanon at War* (Oxford, 1990).

Flamhaft, Ziva, *Israel on the Road to Peace: Accepting the Unacceptable* (Boulder, 1996).

Flapan, Simcha, *The Birth of Israel: Myths and Realities* (New York, 1987).

Frankel, Glenn, *Beyond the Promised Land: Jews and Arabs on the Hard Road to a New Israel* (New York, 1996).

Freedman, Robert (ed.), *Israel in the Begin Era* (New York, 1982).

Friedlander, Dov, and Calvin Goldscheider, *The Population of Israel* (New York, 1979).

Friedman, Thomas, *From Beirut to Jerusalem* (London, 1993).

Gabriel, Richard, *Operation Peace for Galilee: the Israeli-PLO War in Lebanon* (New York, 1984).

Gerson, Allan, *Israel the West Bank and International Law* (London, 1978).

Gilbert, Martin, *The Arab-Israeli Conflict: Its History in*

Maps (London, 1974).

Golan, Galia *Yom Kippur and After* (Cambridge, 1977).

Golan, Matti, *The Secret Conversations of Henry Kissinger* (New York, 1976).

Golan, Matti, *Shimon Peres: a Biography* (London, 1982).

Goldmann, Nahum, *The Autobiography of Nahum Goldmann: Sixty Years of Jewish Life* (New York, 1969).

Goldscheider, Calvin, *Israel's Changing Society: Population, Ethnicity, and Development* (Boulder, 1996).

Gorny, Yosef, *Zionism and the Arabs, 1882 – 1948: a Study of Ideology* (Oxford, 1987).

Grossman, David, *The Yellow Wind* (New York, 1988).

Harkabi, Yehoshafat, *Fedayeen Actions and Arab Strategy* (London, 1969).

Hart, Alan, *Arafat: Terrorist or Peacemaker?* (London, 1984).

Hass, Amira, *Drinking the Sea at Gaza* (London, 1999).

Hazony, Yoram, *The Jewish State: the Struggle for Israel's Soul* (New York, 2000).

Heikal, Mohamed, *The Road to Ramadan: the Inside Story of How the Arabs Prepared for and Almost Won the October War of 1973* (London, 1975).

Heikal, Mohamed, *Secret Channels* (London, 1996).

Hertzberg, Arthur, *The Zionist Idea* (New York, 1977).

Herzl, Theodor, *The Jewish State: a Modern Solution to the Jewish Question* (New York, 1970).

Herzog, Chaim, *The War of Atonement: the Inside Story of the Yom Kippur War, 1973* (London, 1998).

Hiro, Dilip, *Sharing the Promised Land: an Interwoven Tale of Israelis and Palestinians* (London, 1996).

Hirst, David, *The Gun and the Olive Branch* (London, 1977).

Hirst, David, and Irene Beeson, *Sadat* (London, 1981).

Horowitz, Dan, and Moshe Lissak, *The Origins of the Israeli Polity: Palestine under the Mandate* (Chicago, 1978).

Joseph, Dov, *The Faithful City: the Siege of Jerusalem, 1948* (New York, 1960).

Katz, Samuel, *Days of Fire* (New York, 1968).

Kedourie, Elie, *Britain in the Middle East 1914 – 1921* (London, 1956).

Kimche, Jon and David, *Both Sides of the Hill* (London, 1960).

Koestler, Arthur, *Promise and Fulfilment: Palestine 1917 – 1949* (London, 1983).

Kollek, Teddy, *For Jerusalem* (London, 1978).

Kornberg, Jacques, *Theodor Herzl: From Assimilation to Zionism* (Indiana, 1993).

Kurzman, Dan, *Genesis 1948: the First Arab-Israeli War* (New York, 1970).

Laqueur, Walter, *A History of Zionism* (London, 1972).

Laqueur, Walter, and Barry Rubin, *The Israel-Arab Reader: a Documentary History of the Middle East Conflict* (London, 1995).

Lewis, Bernard, *Semites and Anti-Semites* (London, 1986).

Litvinoff, Barnet, *The Story of David Ben-Gurion* (New York, 1959).

Litvinoff, Barnet, *Weizmann* (London, 1976).

Lorch, Nethanel, *The Edge of the Sword: Israel's War of Independence, 1947 – 1949* (New York, 1968).

Love, Kenett, *Suez* (New York, 1969).

Lucas, Noah, *The Modern History of Israel* (New York, 1974).

Luttwak, Edward, and Dan Horowitz, *The Israeli Army* (London, 1975).

Mcdonald, James, *My Mission in Israel* (New York, 1951).

Marlowe, John, *Rebellion in Palestine* (London, 1946).

Masalha, Nur, *Expulsion of the Palestinians* (Washington, 1992).

Medding, Peter, *The Foundation of Israeli Democracy, 1948 – 1967* (New York, 1990).

Meir, Golda, *My Life* (London, 1975).

Monroe, Elizabeth, *Britain's Moment in the Middle East, 1914 –1956* (London, 1963).

Morris, Benny, *1948 and After: Israel and the Palestinians* (Oxford, 1990).

Morris, Benny, *The Birth of the Palestinian Refugee Problem, 1947 – 1949* (Cambridge, 1988).

Neff, Donald, *Warriors at Suez* (New York, 1981).

Ninio, Marcelle, *Operation Susannah* (New York, 1978).

Nuseibeh, Hazem Zaki, *Palestine and the United Nations* (London, 1981).

O'Ballance, Edgar, *The Arab-Israeli War, 1948* (London, 1956).

O'Ballance, Edgar, *No Victor, No Vanquished: the Arab-Israeli War, 1973* (California, 1997).

Ovendale, Ritchie, *The Origins of the Arab-Israeli Wars* (London, 1984).

Oz, Amos, *In the Land of Israel* (New York, 1983).

Pappe, Ilan, *The Making of the Arab-Israeli Conflict 1947 – 1951* (London, 1994).

Parfitt, Tudor, *Operation Moses: the Untold Story of the Secret Exodus of the Falasha Jews from Ethiopia* (New York, 1985).

Pasha, Glubb, *A Soldier with the Arabs* (London, 1958).

Patai, Raphael (ed.), *The Complete Diaries of Theodor Herzl*, 5 vols (New York, 1961).

Pearlman, Moshe, *The Capture of Adolf Eichmann* (London, 1961).

Peres, Shimon, *Battling for Peace: Memoirs* (London, 1995).

Peres, Shimon, *David's Sling* (London, 1970).

Peretz, Don, *Israel and the Palestine Arabs* (Washington, 1958).

Peretz, Don, *Palestinians, Refugees and the Middle East Peace Process* (Washington, 1993).

Perlmutter, Amos et al., *Two Minutes over Baghdad* (London, 1982).

Prittie, Terence, *Eshkol of Israel: the Man and the Nation* (London, 1969).

Prittie, Terence, *Whose Jerusalem?* (London, 1981).

Quandt, William, *Camp David: Peacemaking and Politics* (Washington, 1986).

Rabin, Yitzhak, *The Rabin Memoirs* (London, 1979).

Rabinovich, Itamar, *The Road not Taken: Early Arab-Israeli Negotiations* (Oxford, 1991).

Rabinovich, Itamar, *The War for Lebanon, 1970 – 1983* (New York, 1984).

Rafael, Gideon, *Destination Peace, Three Decades of Israeli*

Foreign Policy: a Personal Memoir (London, 1981).

Randal, Jonathan, *The Tragedy of Lebanon* (London, 1990).

Razin, Assaf, and Efraim Sadka, *The Economy of Modern Israel: Malaise and Promise* (Chicago, 1993).

Reeve, Simon, *One Day in September: the Story of the 1972 Munich Olympics Massacre* (London, 2000).

Reinharz, Jehuda, and Anita Shapira (eds), *Essential Papers on Zionism* (London, 1996).

Riad, Mahmoud, *The Struggle for Peace in the Middle East* (New York, 1981).

Rose, Norman, *Chaim Weizmann: a Biography* (New York, 1986).

Rubinstein, Amnon, *The Zionist Dream Revisited* (New York, 1984).

Rubinstein, Danny, *People of Nowhere: the Palestinian Vision of Home* (New York, 1991).

Sachar, Harry, *Israel: the Establishment of a State* (London, 1952).

Sachar, Howard, *Aliyah, the Peoples of Israel* (New York, 1961).

Sachar, Howard, *A History of Israel* (Oxford, 1987).

Sadat, Anwar, *In Search of Identity: an Autobiography* (New York, 1977).

Safran, Nadav, *Israel, the Embattled Ally* (Cambridge, 1981).

Said, Edward W., *Peace and Its Discontents* (London, 1995).

Said, Edward W., *The Question of Palestine* (New York, 1980).

Samuel, Herbert Viscount, *Memoirs* (London, 1945).

Savir, Uri, *The Process* (New York, 1998).

Schiff, Zeev, and Ehud Ya'ari, *Intifada, The Palestinian Uprising, Israel's Third Front* (New York, 1989).

Schiff, Zeev, and Ehud Ya'ari, *Israel's Lebanon War* (London, 1984).

Seale, Patrick, *The Struggle for Syria* (Oxford, 1965).

Segev, Tom, *The Seventh Million: the Israelis and the Holocaust* (New York, 1993).

Shamir, Yitzhak, *Summing Up: an Autobiography* (Boston, 1994).

Sharon, Ariel, *Warrior: the Autobiography of Ariel Sharon* (London, 1989).

Sheffer, Gabriel, *Moshe Sharett: Biography of a Political Moderate* (Oxford, 1996).

Shimshoni, Daniel, *Israeli Democracy* (New York, 1982).

Shipler, David, *Arab and Jew: Wounded Spirits in a Promised Land* (New York, 1987).

Shlaim, Avi, *The Iron Wall: Israel and the Arab World* (London, 2000).

Shlaim, Avi, *The Politics of Partition, King Abdullah, the Zionists and Palestine 1921 – 1951* (Oxford, 1988).

Silver, Eric, *Begin: the Haunted Prophet* (New York, 1984).

Slater, Robert, *Rabin of Israel: Warrior for Peace* (London, 1996).

Smith, Charles, D. , *Palestine and the Arab-Israeli Conflict* (New York, 1992).

Spiegel, Steven, *The Other Arab-Israeli Conflict: Making America's Middle East Policy From Truman to Reagan* (Chicago, 1985).

Stein, Leonard, *The Balfour Declaration* (London, 1961).

Steven, Steward, *The Spymasters of Israel* (London, 1980).

Stevenson, William, *90 Minutes at Entebbe* (New York, 1976).

Sykes, Christopher, *Cross Roads to Israel: Palestine from Balfour to Bevin* (London, 1965).

Sykes, Christopher, *Orde Wingate* (London, 1959).

Syrkin, Marie, *Golda Meir: Woman with a Cause* (New York, 1961).

Tessler, Mark, *A History of the Israeli-Palestinian Conflict* (Bloomington, 1994).

Teveth, Shabtai, *Ben-Gurion and the Holocaust* (New York, 1996).

Teveth, Shabtai, *Moshe Dayan* (London, 1972).

Touval, Sadia, *The Peace Brokers* (Princeton, 1982).

Tuchman, Barbara W., *Bible and Sword: How the British Came to Palestine* (New York, 1956).

Urquhart, Brian, *Ralph Bunche: an American Life* (New York, 1993).

Vital, David, *The Origins of Zionism* (London, 1975).

Wasserstein, Bernard, *Herbert Samuel, a Political Life* (Oxford, 1992).

Weizman, Ezer, *The Battle for Peace* (New York, 1981).

Weizman, Ezer *On Eagles' Wings* (London, 1976).

Weizmann, Chaim, *Trial and Error: the Autobiography of Chaim Weizmann* (New York, 1949).

Wilson, Harold, *The Chariot of Israel* (London, 1981).

Winer, Gershon, *The Founding Fathers of Israel* (New York, 1971).

Ya'ari, Ehud, and Eitan Haber, *The Year of the Dove* (New

York, 1979).

Yaniv, Avner, *Deterrence without the Bomb: the Politics of Israeli Strategy* (Boston, Mass. , 1987).

Young, Peter, *The Israeli Campaign, 1967* (London, 1967).

索　　引

（索引条目后数字为原书页码，即本书边码）

以 Al、El、The 开头的名字或名称，请按第二部分查找。

C

D

E

F

G

J

K

M

N

O

P

Q

R

S

T

Y

Z